中国猎头史

先秦

宋斌 著

中山大学出版社
·广州·

版权所有　翻印必究

图书在版编目（CIP）数据

中国猎头史·先秦/宋斌著. —广州：中山大学出版社，2017.8
ISBN 978 - 7 - 306 - 06148 - 5

Ⅰ. ①中… Ⅱ. ①宋… Ⅲ. ①人才竞争—历史—中国—先秦时代 Ⅳ. ①C964.2

中国版本图书馆 CIP 数据核字（2017）第 194696 号

出 版 人：徐　劲
策划编辑：周建华
责任编辑：刘丹萍
封面设计：林绵华
责任校对：陈俊婵
责任技编：何雅涛
出版发行：中山大学出版社
电　　话：编辑部 020 - 84110771，84113349，84111997，84110779
　　　　　发行部 020 - 84111998，84111981，84111160
地　　址：广州市新港西路 135 号
邮　　编：510275　　传　　真：020 - 84036565
网　　址：http：//www.zsup.com.cn　E-mail：zdcbs@mail.sysu.edu.cn
印 刷 者：广州家联印刷有限公司
规　　格：787mm × 1092mm　1/16　13.25 印张　235 千字
版次印次：2017 年 8 月第 1 版　2017 年 8 月第 1 次印刷
定　　价：60.00 元

如发现本书因印装质量影响阅读，请与出版社发行部联系调换

前　言

迄今为止，整个人类社会的历史就是一部持续累进的文明史，一部励精图治的改革史，一部惊心动魄的猎头史。

天才、英雄与精英，乃是人类文明的精华、革故鼎新的主力、永恒绵长的时代焦点。苍天之下、厚土之上，他们登场、演绎、谢幕，再登场、再演绎、再谢幕……或救民于水火，或纵横捭阖，或建树超凡，或非议蜂起……世人褒贬不一、评说纷纭，却无法湮没其自强不息的坚定背影，震古烁今的豪言壮语，如歌如泣的人性光芒……

一

猎头的本义是捕杀，始于远古，延续至今。期间，含义几经变迁、不断丰富，演化为猎才、引智和借脑。这与生产力的永恒发展，生产关系的不断调整与变迁，经济基础与上层建筑交互博弈，信息和高科技时代的全球经济一体化，是密不可分的。

商朝以降，搜英猎俊、野无遗才，向使文王不猎贤、一竿潦倒渭河边，翘车猎彦、束帛旌贤等表述，文字隽永、含意优雅，饶能体现应有之义。中国的姜太公钓鱼、周公三吐三哺、伯乐相马、羊皮换相、月下追韩信、唯才是举、三顾茅庐、科举取士等人才典故，更是耳熟能详、妇孺皆知。

1776年，美国独立以后，移民法律和规定相继问世。1881年，美国制定的移民法，开创以国家为主体的国际猎头范式。1820—1920年，3500万来自世界各地的熟练工人和农民进入美国。巨大的移民浪潮，带来了丰富的文化活力，也给美国的发展提供了动力。1920年，美国人口总数超过1亿，自由移民时代结束，开始实行有配额的限制性移民政策。

1926年,一家名叫迪克·迪兰的人才搜索(Executive Search)公司在美国成立,专门为客户物色中高层管理人员。这被视为现代意义上的商业猎头发端。

20世纪40年代,美国组建"阿尔索斯突击队",绑架、俘虏德国为首的"轴心国"核物理学家、科学精英和工程技术人员,实施有组织、有计划的规模化军事猎头。"二战"后,欧美地区的猎头公司重拾升阶,非营利猎头组织遍地开花。60年代初期,中国香港地区引入"head hunter",直译"猎头",意指寻访和搜罗高级人才的行为。台湾地区意译"猎人头",表明搜猎领头人、带头人的意思。90年代中期,美国、英国、法国、瑞士的猎头公司扩张欲望强烈,融资力度加大,遂掀起上市浪潮。海德思哲、光辉国际、万宝盛华、亿康先达、任仕达、仕达富等国际猎头随之登场、迅猛扩张。

进入21世纪,中国加入WTO。全球猎头市场骤然扩大,大中华区份额超过25%,行业蓬勃发展。猎头公司四处出击、防不胜防,一时间声名鹊起、风起云涌。动辄震惊全球的猎头事件,新奇而另类。貌似平静的开局,出其不意的思路,隐蔽诡异的手法,利润惊人的斩获,且惊且喜、莫衷一是。人们突然发现:猎头来了。

二

现代意义上的猎头,亦称高端人才寻访服务,系指开放有序的目标组织在管理控制边界以外,搜寻、甄别和吸纳高端人才的过程方法。广义上,包括猎头、反猎头两种类型。

当前,猎头是发达国家制定和实施人才战略的主力载体,也是兼顾宏观、中观和微观的战略方式,多体现于高端人才领域的重大计划、重大政策与重大项目。

猎头产业结构完整、市场趋于成熟,已然占据人力资源服务行业的顶端。许多国家、政府、企业和非营利组织纷纷借鉴与采取猎头方式,参与国际人才的市场化竞争,不断调整宏观的人才政策与导向,强化中观层面的政府规制和行业管理,指导微观层面的实际运作和协同。

在世界政治多极化、全球经济一体化的时代背景下，猎头公司、非营利猎头组织的实际操作更加柔性、更加隐蔽，搜寻渠道、数据架构、甄别技术、游说手法、解聘处置与时俱进、日新月异，现代化、专业化和技术化特征日益突出。

三

经久以来，世界四大文明古国，独有中国尚存。实无其他，本性犹在，性情所致，血性使然。

170多万年前，中国就有人类活动的迹象。中国5000多年的文明史、2500多年的文字记载史，更是举世闻名。历经原始社会、奴隶社会、封建社会、资本主义，时至社会主义，连绵不断、薪火相传，营造猎头研究的丰沃土壤及广阔空间。

以铜为鉴，可以正衣冠；以人为鉴，可以明得失；以史为鉴，可以知兴替。认知中国猎头，就等于认识世界猎头；厘清中国猎头史，就等于理顺世界猎头史。

《中国猎头史》的总体思路是，基于现代猎头的视角，依照时间顺序，串联历史的珠玑、散落的轶事，刻画血肉丰满、性格鲜明的人物形象，展示惊心动魄、波澜壮阔的历史画卷，总结高端人才的发现、任用和处置的一般原理，探索民族强衰、国家兴亡、社会进退与高端人才交互耦合的特殊规律。

《中国猎头史（先秦）》是整部著述的开篇之作。上起远古的炎黄时期，下至秦朝建立之前，4000多年时间，跨度最长、史料最少。远古到夏朝，时间久远。商代后期，遂有史记载，却是寥若晨星。西周以来，春秋、战国时期，史料始得丰富，时间线条日益清晰、人物描述日渐丰满、事件始末日趋完整。

这是中国猎头从低级到高级、从简单到复杂的展开期，光怪陆离、匪夷所思。这是一粒种子，并不是大树，却包含着大树的基因，主要表现于以下几个方面。

人才需求不断增加。生产力的持续发展，促进社会分工越来越细。综合型人才仍然稀缺，吏治、礼制、农业、水利、军事领域的专业型人才大量空缺。特别在春秋战国时期，外交型人才需求旺盛。

人才意识不断提升。孔子的尊贤、老子的大器晚成、孙武的国宝、管仲的用人不疑、晏子的人不同能等观念，都以不同的角度探讨和强调高端人才的重要性。

人才机制不断强化。炎黄时期，德才成为主要的考核指标。姬昌的六征之法、商汤的三宅三俊、周公的九德之行、管仲的三制考核、李悝的选贤任能、商鞅的军功爵位制等措施，初步建立了选拔、任用和考核人才的基本机制。

人才竞争不断加剧。商朝以前，这体现于部落首领、国君的权位争夺。西周时期，诸侯国的人才竞争始现。春秋战国时期，国家林立，士阶层崛起，高端人才流动频繁。战国时期，诸侯国先后革新和变法，大举招揽人才，唯才是举、庭燎招士、卑身厚币……花样繁多，令人眼花缭乱。客卿们东去西来、待价而沽。

人才表现不断惊艳。伴随视野的开阔、舞台的扩大，高端人才屡有上乘表现。国家与国家的较量，政策与政策的攀比，门客与门客的斗法，人才与人才的挤兑，此起彼伏、愈演愈烈。出将入相、挂六国相印、诛杀三族、车裂于市……变幻莫测、惊心动魄。死士、刺客和间谍的培养与使用，陡然增加机巧惊险的观感。

四

《中国猎头史》各卷单独成书，可以自由分合阅读，并无特别需要强调的内在逻辑，力求通俗易懂、深入浅出。行文的时候，仅以时间为主要参考系数，朝代、人物、事件等，予以顺势安置，不再拘泥于特定的体例和写法，近似行云流水、家常闲话的"史话"。

一些案例的史实，各方说法出入很大。人物的活动记载，相差百年。许多细节，说法不尽、考证不一。加之评述，众说纷纭、莫衷一是。无妨粗略观之，取其义理；不必囿于方寸，过于较真。

民族的复兴、国家的强盛、人物的成功，都是经年累月的叠加，都是自强不息的结果，都是百折不挠的应得。关注苦难、正视痛苦、警觉血腥，着力避免故伎重演、重蹈覆辙，与执着追求幸福美好的生活，貌似两枝、实出一理。

高端人才是一柄左面锃亮、右面闪光的双刃剑。充分发掘与信任高端人才，就可以充分展示人性的光彩，带来翻天覆地的人间奇迹；纵容、滥用高端人才，乃至失控，往往又导致民不聊生、饿殍千里，动辄伏尸百万、流血漂橹。为此，从容不迫、拿捏有度，顺利破解高端人才密码，还需假以时日。

是为序。

目　　录

第一章　上古时期 ………………………………………… 1
　第一节　神话传说 ……………………………………… 1
　第二节　原始猎头 ……………………………………… 2
　　一、早期起源 ………………………………………… 2
　　二、猎头本义 ………………………………………… 3
　第三节　部落联盟 ……………………………………… 4
　　一、炎黄 ……………………………………………… 5
　　二、尧、舜、禹 ……………………………………… 6

第二章　夏朝、商朝 ……………………………………… 10
　第一节　夏朝 …………………………………………… 10
　　一、启 ………………………………………………… 10
　　二、少康中兴 ………………………………………… 11
　　三、桀 ………………………………………………… 13
　第二节　商朝 …………………………………………… 17
　　一、汤 ………………………………………………… 17
　　二、盘庚中兴 ………………………………………… 22
　　三、武丁中兴 ………………………………………… 23
　　四、商纣 ……………………………………………… 24

第三章　西周时期 ………………………………………… 29
　第一节　早期 …………………………………………… 29
　　一、文治武功 ………………………………………… 29
　　二、选士观念 ………………………………………… 32
　第二节　中后期 ………………………………………… 36
　　一、国人暴动 ………………………………………… 36

二、宣王中兴 …………………………………… 37
　　三、烽火戏诸侯 ………………………………… 38

第四章　春秋时期 ……………………………………… 41
第一节　春秋霸主 …………………………………… 41
　　一、齐桓公 ……………………………………… 41
　　二、晋文公 ……………………………………… 53
　　三、秦穆公 ……………………………………… 61
　　四、楚庄王 ……………………………………… 70
　　五、吴王阖闾 …………………………………… 75
　　六、越王勾践 …………………………………… 79
第二节　人才思想及主张 …………………………… 82
　　一、管仲 ………………………………………… 82
　　二、老子 ………………………………………… 86
　　三、孔子 ………………………………………… 88
　　四、晏子 ………………………………………… 90
　　五、孙子 ………………………………………… 92

第五章　战国时期 ……………………………………… 97
第一节　士阶层 ……………………………………… 97
　　一、士的兴起 …………………………………… 97
　　二、养士风尚 …………………………………… 100
　　三、天下第一士 ………………………………… 106
第二节　东方六国 …………………………………… 110
　　一、韩国 ………………………………………… 111
　　二、赵国 ………………………………………… 117
　　三、魏国 ………………………………………… 127
　　四、楚国 ………………………………………… 132
　　五、燕国 ………………………………………… 139
　　六、齐国 ………………………………………… 145
第三节　秦国崛起 …………………………………… 154
　　一、百年激荡 …………………………………… 155
　　二、人才强秦 …………………………………… 156
　　三、迅猛崛起 …………………………………… 163

第四节 千古第一帝 …………………………………………… 170
  一、引贤：指向明确 ………………………………………… 170
  二、广揽：任人唯能 ………………………………………… 173
  三、明察：有过则改 ………………………………………… 180
  四、礼贤：宽容优待 ………………………………………… 185
  五、治军：驱虎赶豹 ………………………………………… 186
  六、谍战：事半功倍 ………………………………………… 189
  七、罚恶：不妄诛能 ………………………………………… 194

后　　记 ……………………………………………………………… 198

第一章　上古时期

中国古代的神话传说，上涉天文，下及地理，既有根源，又有深意，是西方童话故事无法企及的。

第一节　神话传说

很久以前，浩渺的宇宙漂浮着一个鸡蛋形状的巨大物体，这就是地球。过了很久，一个名叫盘古的人慢慢长大了。可是，他发现周围一片黑暗，无法识辨。于是，他拔下一颗自己的牙齿，变成威力巨大的神斧，抡起来劈砍。又过了很久，突然发生一声巨响，地球顿时分为上下两半。上面的部分，不断上升，成为蔚蓝的天空；下面的部分，渐渐下沉，变为苍茫的大地。从此，天和地之间，每天都拉开三尺（1米）的距离，一直到今天。

盘古死去的时候，左眼飞上天空，变成太阳；右眼飞上天空，变成月亮；眼泪撒向天空，变成万点繁星；汗珠掉落地面，变成湖泊；血液变成江河；毛发变成森林和草原；呼气变成清风和云雾；声音变成雷鸣……

之后，女娲出现了。她按照自己的模样，用泥土分别捏出男人、女人，繁殖后代。她每天都要制造许多东西，如衣服、房屋、弓箭、乐器……指导人们采摘食物，躲避风雨，驱赶野兽，治疗疾病……世界逐渐丰富多彩。天破了，她就炼出五色石，修补天空；洪水泛滥成灾，就修筑河道，好让洪水流入大海；山林着火，树木燃烧，就率领众人扑救……在她的指导、引导和庇护下，万物万灵始得安居。

后来，天上出现10个太阳，炙烤大地，名叫后羿的猎人挺身而出，与它们谈判。太阳们不听，非常狂妄。后羿果敢地拉开弓箭，先把最大、最圆的太阳老大射了下来；然后出头的是太阳老二，也被射中，接着是老三、老四……最后只剩一个最小的，也是最听话的，留在天上。

然而，太阳照彻大地，大地龟裂，江湖干涸，鱼儿都快渴死了。夸父大怒，拿着手杖，要打太阳，想把它从天上摘下来。太阳急忙逃跑。追呀追，夸父直到累死，眼睛仍然瞪着太阳。丢在一边的手杖，化成桃林，次年就结下满树的果实。从此，备受惊吓的太阳，按时出现，按时降落，周而复始，从不偷懒。

盘古、女娲、后羿、夸父……这些神话人物，为民请命，为民做主，为民服务，遂被长久地尊重和怀念。

第二节　原始猎头

神话人物是最早的，也是最主要的图腾形式。图腾直译于印第安语的"totem"，本义是指（自然的）亲属或者标记，也指神的载体，具有通灵和佑护的功能。

一、早期起源

人类是自然之子，生于自然，依赖自然，灭于自然。时至今日，自然世界不时展示巨大的、几乎是不可抵抗的超级力量。浩繁无际的星空、雷声万里的地震、咆哮扑来的海啸……始终迫使，也始终值得人类敬畏。

（一）图腾

远古时期，地大物博，人烟稀少，先民们意识到，几乎所有能够妨碍、伤害和杀死自己的力量，都来自外部。于是，日月星辰、动物和植物，甚至是虚无缥缈的徽号或象征，都成为图腾的源泉。熊、狼、蛇等活蹦乱跳的动物，更加具有直观性。鄂伦春族的公熊，被称为"雅亚"，意为祖父；母熊则是"太帖"，意为祖母。这符合人丁兴旺、族群繁衍的心理，寄情长远、益寿延年的美好愿望。

部落是最早的社会组织，具有团结群体、密切血缘关系、维系社会组织和互相区别的职能。建立统一的图腾标志，期望平等认同，得到共同保护，成为部落人群的自发要求。比如，耸立在部落门口的图腾柱，雕刻神灵和动物图案，既是民众的图腾，又是部落的象征。美洲的印第安人部落，中国的古越人，非洲的原始村落，几乎都有发现各种图腾。

外部图腾演变成人的自身及其寄托物图腾，具体时间和过程无从考证。前者，包括人体的视觉、听觉、生殖等器官；后者，包括人体画像、雕塑、遗物等衍生品。这是一种基于本能的自我认识，属于生物进化。

（二）头颅崇拜

上古时代的猎头，本义是捕杀。猎获动物、采摘植物乃是人类的本能，也是赖以生存的基本方式。即使在耕种时代，植物采摘多样化，肉食多来自家畜养殖，狩猎属于专业技能要求较高的活动，仍然具有生产、生活和娱乐意义，也方便训练和选拔人才。一些动物的尸骨，剔除肉毛、清洗干净，或被用来做装饰品，或被勒画在墙壁上，或者干脆挂在腰带上，也算是生活情趣。

先民们相信，凝视、抚摸和膜拜死者（包括动物）的头颅，能够将死者的灵魂和勇气传递给自己，获得某种神奇的庇护，从而具有超凡的智慧、力量和技能。为此，他们割取并保存死去的首领、亲戚朋友乃至敌人的头骨，或祭祀神灵，或顶礼膜拜，或彰显尊贵，等等。

头颅祭祀延续至今。比如，云南佤族流行"人头祭谷"风俗，长达千年之久。部落事先安排一些人，埋伏在村庄外面的道路，遇到路过的行人，无论男女老幼都绑架回来。等到全村的人都到齐了，巫师当众砍下人头，经过简单的清洗，插上一些鲜花，抹上动物的油脂，进行必要的包装后，放在供桌上。于是，全体村民下跪磕头，祭祀部落的谷物神，以求取下一年的好收成。如果找不到村庄外面的人，就要通过占卜、抽签等方式，在内部进行物色，引致许多家庭悲剧。直到1958年，这种风俗才被彻底废绝。

头颅也是威慑和恐吓的标志力量。上古时期，黄帝杀死蚩尤后，把他的头像画在部落的军旗上，鼓励军队勇敢作战，威慑敌对的部落首领。一些部落看见画像，不战而降。公元前11世纪，周武王攻入商国都城时，找到纣王的人头，悬挂在旗杆上示众，借以庆贺胜利，招揽他的部下前来投降。

头颅计算简单而方便。战国时期，秦国商鞅变法的时候，明确规定按人头计算军功；人头的数量和质量，决定军功的多少和大小，多劳多得、上不封顶。因此，战场上经常看见凶猛无比的秦国士兵，腰上系着血淋淋的人头，挥舞刀剑冲锋。后来鉴于割取和携带人头妨碍继续作战的效能，遂代以更加简单、方便和快捷的割耳法。

二、猎头本义

伴随文明的演进、社会的发展和历史的积淀，人类的语言增添了一个特殊的专业词汇：猎头。它的含义几经变迁，内涵不断丰富，外延不断扩展。一般来说，包括以下三种含义。

（一）捕杀

捕杀或冻结具有重要地位和身份的头领、首领和辅佐，使之丧失战斗力、指挥力和影响力，借以破坏指挥系统、打乱行动部署，取得竞争优势，提振己方士气。斩首攻击（瘫痪攻击）、斩首行动、定点清除等，都可归入此类。

基于此，猎头也有广义，即反猎头。它的本义，与捕杀外部的高端人才相反，就是内部的处决间谍、追杀叛徒。一旦出现高端人才变节和叛逃，导致损失难以估量，这时的反猎头就会不择手段、不惜代价地维持核心机密，控制事态扩大，防止高层内乱，极力避免外部力量的侵害与摧毁。

（二）猎才

搜寻和俘获高端人才，为己所用。张说《〈唐昭容上官氏文集〉序》之"搜英猎俊，野无遗才"；元代刘祁《戏题太公钓鱼图》之"向使文王不猎贤，一竿潦倒渭河边"；唐朝骆宾王《对策文三》之"翘车猎彦，束帛旌贤"提到的"旌贤""猎彦"，表述更为高雅、隽永。特别在你死我活、此消彼长的竞争态势下，直接猎得对手的高层领袖、重要精英和支柱人物，往往能够起到四两拨千斤的神奇效果。

与之对应，反猎头是指通过控制流程、健全机制，有效管制己方涉及战略部署、核心机密和关键技术的高端人才，并衍生出人才遏制、管制、冻结，以及企业界的同业禁止（竞业禁止）等多种形式。

（三）引智

和平时期，竞争的一方迫切需要获取对方的某些高端人才，但又不能实施绑架、策反、敲诈等强硬手段，只有通过交流、访问和合作，甚至间接购买等手段，柔性接近高端人才，不求所有，但求所得，进而获取己方所需要的才智成果。

综上所述，猎头至少具有两个基本特征：一是目标性，就是针对高端人才，不是普通的民众；二是主动性，都是一方主动计划、布置并付诸实施的。

第三节　部落联盟

公元前4000年至前2070年，中国完成三次社会转型，一是从母系社会进入父系社会；二是从父系社会管理体制趋于结束，进入部落联盟体制；三是部落联盟体制逐步瓦解，奴隶制的国家治理形态萌芽。

一、炎黄

公元前3000年前后，地处渭河流域的炎帝、黄帝部落，有着各自的民众、地盘和势力，并被部属们所拥戴。炎帝生于烈山石室，长于姜水，据说少而聪颖，三天能说话，五天能走路，三年知稼穑之事。他教百姓耕作，百姓得以丰食足衣。为了解除百姓的疾病之苦，他亲自尝制许多药材，曾经在一天之内中毒70多次。又作乐器，让百姓懂得礼仪。这些都为后世所称道。相比之下，黄帝是后辈，地位较低，但是经过一番艰苦治理，部落也开始兴旺起来。

炎帝与蚩尤打仗，结果败退。遂与黄帝联手，趁着漫天的大雾，突然发动进攻，在涿鹿打败、俘获蚩尤，劝降不成，就将其处死。传说，蚩尤有八只脚、三头六臂，性情豪爽，勇猛无比。大家害怕蚩尤死后寻机复活，特意将其头和身子分葬在相距遥远的两个地方。

后来，炎、黄部落发生争斗，随即大打出手。足智多谋的黄帝打败炎帝，并把他流放到偏远的地方。炎帝部落与黄帝部落合并，组成华夏族。部落合并，这也是平常的。可是，事情并没有完。一次，黄帝巡视部落的时候，发现许多人一边劳作，一边流泪。于是，黄帝找来其中的首领，询问原因。首领说，我们现在成了战俘，白天耕种，晚上搬运，根本得不到休息。以前，炎帝在的时候，非常关心和爱护我们，宁可自己吃苦，也不让我们忍饥挨饿。想到这儿，我们禁不住流泪，怀念那些好日子。听到这些，黄帝默默无语，率领随从们离开了。

第二天黎明，黄帝驾车出发，赶到流放炎帝的地方。距离很远的时候，黄帝就能够听到农夫们在欢笑、唱歌，走近发现，炎帝一边种地，一边和大家交谈，显得十分开心。

黄帝很高兴，和炎帝聊了很久，并邀请他和自己一起回去，辅佐治理部落事务。炎帝同意了。这是一次成功的猎头活动，堪称最早的经典案例。首先，黄帝有着治理自己的部落、联盟其他部落、引进外部高端人才参与的实际需求。其次，作为黄帝部落的外部高端人才，炎帝深得民众拥护，也是众望所归，且能够与群众打成一片。再次，两人能够也愿意合作。此后，黄帝部落、炎帝部落和其他部落实质性融合，形成了以黄帝为主导的炎黄部落。这就是华夏民族的主体。

炎帝、黄帝被尊奉为中华民族的人文始祖，这个时期，发明了车、船、锅、镜子等，还制造了威力强大的弩。贤能的人才听到黄帝不计前嫌、说服炎帝共同治理部落的消息，纷纷前来。于是，黄帝和炎帝大喜，根据各人的特长，分工协作、各司其职。那时，仓颉创造文字，伶伦制出乐律，大挠计定甲子（年岁），岐伯撰写医书……民众安居乐业，部落欣欣向荣。

不久，黄帝提出，整个部落不能没有图腾，而且图腾必须非同凡响。于是，最强大、最有势力的6个部落（一说9个），遴选出狮头、蛇身、鱼鳞、龟尾、鹿角、鹰爪等图案，绘制代表大团结、大融合的新图腾，定名为"龙"。中华民族是"龙的传人"，由此而来。

夏、商、周和诸代帝王，均声称是炎帝、黄帝的直系子孙。许多人的远祖追溯到炎帝、黄帝和他们的臣子。匈奴、鲜卑、契丹等少数民族，也都如此。民国时期，孙中山倡导"中华民族之全体，均皆黄帝之子孙"。1912年，孙中山公祭黄帝陵，宣读"世界文明，唯有我先"。抗日战争时期，"炎黄子孙"的信念激励海内外华人共同抗战。

二、尧、舜、禹

炎帝、黄帝之后，黄河流域得以开发，部落联盟的势力越来越大。先后出现许多德才兼备的部落联盟首领（也称帝，或者共主），最为有名的就是尧、舜、禹。

（一）尧

尧又称陶唐氏，是帝喾的儿子、黄帝的五世孙。尧当上部落联盟的首领之后，生活非常简朴。古书记载，他忙于工作，也十分爱惜民力，房子上面的茅草和芦苇没有修剪过，橼子也没有刨光，吃的是粗粮，喝的是野菜汤，冬天披着鹿皮取暖，夏天只穿粗麻衣。老百姓非常拥护他，视其如"父母日月"。

尧在位70年。等到年纪老了，也走不动了，他不得不着手考虑部落首领的继承人问题。儿子丹朱是现成的人选，但是性情暴躁。尧决意通过部落联盟会议，共同决定下代首领。果然，有人推荐丹朱。大家又推荐一些其他人才，有会打仗的，有会打猎的，有会种菜的，有会算账的，还有会建房的……尧平静地说，我们是在挑选能够当部落首领的候选人，不是比爹妈，不是比武功，也不是比手艺，更不是比口才。全场默然。

这时，有人提名舜。举例说，舜从小失去母亲，受到后母和后母之子象的欺负，吃不饱，穿不暖，却仍然孝敬父母、爱护弟弟，从来没有怨言。长大以后，舜在历山脚下耕种，打鱼、打猎都是一把好手，烧制陶器、修补鞋子等，都十分在行。农闲的时候，他也做一点小生意。因为品德高尚、为人友善，人们有了纠纷，都愿意请他主持公道。以前，历山百姓为了田界争斗，现在都很谦让。他搬离父母的房屋之后，独自住在偏远的地方。可是，人们都愿意靠近他，与他做邻居，没过几年，那儿竟然成了远近闻名的部落。

尧非常高兴，决定亲自考察舜。到了历山，果然和大家说的一样。于是，尧邀请舜出来辅佐自己，打理部落联盟的朝政。舜不肯，尧十分无奈，只好回去。不久，他又到历山，恳请舜念及天下苍生，到部落担任要职，能够更好地为人民服务。舜思考再三，终于同意了。

但是，尧开始担忧。首先，黄帝死前曾经有一个规定，下任帝王必须与前任帝王同姓（当然，包括自己的儿子）。然而，尧是姓伊祁的，舜是姓姚的。其次，舜明显缺乏多部门、多口径的统筹水平，也不具备协调各个部落利益的经验，还不能让各个部落的首领心服口服。再次，只是让几个身边的百姓喜欢，和让所有部落联盟的大多数百姓拥戴，几乎是两码事。最后，舜的出身过于低贱和贫寒，辈分高、资历老的首领们不一定会给面子，说不定还会砸场子。

尧思考了很久，拿定了主意。他将自己的两个女儿娥皇、女英嫁给舜，结成翁婿。这无疑是动用个人的影响力，主动抬升舜的社会地位与形象。两个女儿同嫁一人，既是姿态，又是决心。与此同时，还让9名男子侍奉左右，既是照顾日常起居，又是进行暗中考察。不久，尧让舜掌管五典，管理百官，负责迎宾礼仪，观察他的才能。遇到山洪、火灾、斗殴之类的紧急事件，尧都授权舜前去处理。这些事情，舜都做得很好，百姓也很喜欢。尧命令舜全权负责处理日常事务，赏赐虞地作为封地。

3年后，尧召开部落联盟会议，宣布舜是帝位的继承人，全体通过。这种容纳不同姓的人，公正、公平、公开、和平、非暴力地继任帝王的现象，就是"禅让"。

（二）舜

尧死后，舜离开都城，想让尧的儿子丹朱继承帝位，表明自己的心迹。但是，部落首领们闻讯，都跑去找他咨询大事，闹纠纷的双方也要请他主持公道，甚至普通民众仍然唱歌赞扬他。舜只得复出，继承帝位。

这种"扶上马，送一程"的猎头策略是正确的。作为尧的双料女婿，舜能够借助尧的威望和名声，协调部落之间的关系。加之，在尧三年的指导下，舜管理部落联盟的实战经验逐渐丰富，也取得了一定的资历和人脉，树立了良好的正面形象。况且，家庭有了两位夫人的照料，也没有什么后顾之忧。

舜严于律己，宽厚待人。摄政的时候，通过部落联盟会议，挑选贤能的人参与政务：八元丈量土地，八恺管理教化，契主管民事，伯益治理山林和川泽，伯夷主持祭祀，皋陶制定刑罚……进一步完善了国家和社会管理制度。先后巡行四方，平定叛乱的部落。

皋陶被舜任命为掌管刑法的"理官"。他制定刑法和教育，实施"五刑""五教"。用独角兽獬豸治狱，坚持公正；刑教兼施，要求父义、母慈、兄友、弟恭、子孝，使社会和谐，天下大治。后世奉其为中国司法鼻祖，常为狱官或狱神的代称。

舜执政时期，自然灾难频发，洪水泛滥。舜安排鲧负责治理。鲧带领大批的民工，挖掘石头和泥土装进袋子，采用堵塞的办法，反而导致多次决堤。百姓十分不满，舜只得下令，在羽山杀死鲧，平息民怨。这时，鲧的儿子禹自告奋勇，主动要求治水。

禹和他的父亲不同，采取疏通河道的方法，让河水顺畅地流向大海。这也是高难度的。治水期间，禹率领衣衫褴褛、手足胼胝的民工们，跋涉在草莽榛榛、野蔓横道，与洪水、野兽搏斗。由于连年劳累和营养不良，他小腿肌肉的皮都磨破了，大腿上连汗毛也都磨掉了。他三次路过自己的家门，都没有进去。就这样，从温暖的南方走到冰雪的北方，从太阳升起的地方跑到太阳落下的地方，他不顾风吹雨打、艰险劳累，13年之后，洪水终于被治理好了。

舜年迈的时候，也仿照尧，决定不传位给儿子。于是，召开部落联盟会议，会议一致推选禹作为帝位的继承人。因为禹已经担任治水的官员很多年了，受到大家的拥戴，没有必要花费时间和精力，再从外部领域引进候选人。也就是说，舜已经不需要猎头。

晚年的时候，舜不顾身体多病，依旧到湿气很重、道路崎岖的南方巡视，死在苍梧。他以生命的代价，证明了尧的眼光和赏识，进而捍卫禅让制度的尊严。

（三）禹

舜死后，禹躲了起来。旋即派人带话，说他不想干，推荐舜的儿子商均继承帝位。听到这个消息，部落首领们纷纷拜访，希望他遵照舜的旨意。但是，禹又提出条件，要求为舜帝守丧3年，然后复出。大家只得同意。

公元前2070年，禹即位，分封舜的儿子商均于虞，也就是尧分封舜的那个地方；联合姒姓夏后氏、有扈氏、有男氏、斟郭氏、彤城氏、褒氏、费氏、杞氏、缯氏、辛氏、冥氏、斟灌氏等30多个氏族部落，共同确定国号为夏（外译：众国之中心，即中国），采用统一的夏历，并以建寅之月作为正月,也就是新年的第一个月,还亲自制定了帝王居室、衣食、仪仗、音乐的标准,修筑象征国家权力的宝鼎,放在广场上面。

在治水的过程中,禹走遍天下,对各地的地形、习俗、物产等了如指掌。为此,他重新将天下规划为9个州,并制定了各州的贡物品种。根据各州与帝都的距离远近,进贡的物品不同,负担的劳务也不同。至于最远的州,可以根据当地的习俗进行管理,不再强制推行中原地带的教化与管理制度。

禹带给人们一个新生事物,那就是"国家"。这是一件意义重大的事情。国王是夏朝的最高统治者,集军政大权于一身。下属的军队、官吏和监狱等,是维系国家政权的支柱。在广袤的国土上,生活着成千上万、大小不等的氏族和部落。尽管社会的基层组织没有摆脱氏族部落的烙印,但是,对于整个社会来说,朝廷职能部门的出现,行政体系的开始建立,法律制度的制定和实施,军队的组建与训练体制化,足以说明奴隶制国家的基本框架已经出现。这也标志着原始社会部落联盟走向新型的社会政治形态,走向以文明更替野蛮的时代,由此阶级社会代替了原始社会。

统治集团以君主为中心,由百官组成。君主与地方首领有着规范的礼仪制度,存在等级差别,受到"礼"的约束。贤能的人才通常会被推荐给君主,推荐人必须具有一定的社会地位。重要的职位人选必须经过部落联盟会议讨论,君主才能任命和委派。至于官员的选拔、任用和考核,也开始有了相应的规定。

尧、舜、禹三代,勤政务实、治理有方。生产力得到一定的解放,社会文明也获得很大的进步,呈现一片安宁、祥和的太平景象,"天下大和,百姓无事",他们一并被后人尊奉为圣贤。

第二章 夏朝、商朝

夏、商、周被尊称为"三代",主要活动在河洛一带。"夏商周断代工程"之《夏商周年表》,大致考证夏代在公元前 2070 年至前 1600 年,商代在公元前 1600 年至前 1046 年,周代在公元前 1046 年至前 256 年。

第一节 夏朝

鉴于史料十分匮乏,夏朝是否真的存在,曾被许多名人怀疑,甚至武断地否决。现代考古确有所发现,但尚没有直接证据。史书记载,禹传位于儿子启,破废原始部落的禅让制,开创中国近 4000 年王位世袭之先河。

夏朝作为中国传统历史的第一个王朝,拥有较高的历史地位。后人常以"华夏"自称,使之成为中国的代名词。

一、启

禹年迈的时候,依照尧、舜的做法,选拔皋陶作为自己的继承人。可是,皋陶先于他去世。无奈,又举荐皋陶的儿子益继位。他是禹的重要助手,善于治理水土,开垦荒地,种植水稻,凿挖水井。

传说 100 岁的禹,死在旅途。他的儿子启不服,开始闹事。这是禅让制本身存在的问题。简单地说,帝位候选人的选择标准,到底是什么,为什么不能挑选最强者?年富力强的启认为自己比益强得多,应当让自己登位;而且,候选人皋陶虽然没有正式做帝王,毕竟也是挂名的帝王,让他的儿子益继位,就是破坏禅让制。

1500 多年后,前 561 年,吴王寿梦去世,定下"兄终弟及"的规矩。三个儿子依次上台,到了四子,却不愿意做,只好选择三子夷昧儿子僚,作为国君。这时,长子诸樊的长子公子光不愿意了。理由大致一样。前 514 年,公子光选派刺客专诸杀吴王僚,随即上台,这就是吴王阖闾。可见,启、公子光二人,并不是胡搅蛮缠。

想到这里,夏启率领精兵强将攻打益。后者也不服气,带领自己的部落奋起反抗。双方惨烈交战。夏启杀死益及其推举者、家丁、百姓,血流成河。有扈氏仗义起兵,率领部族联盟讨伐,结果战败,死伤无数。益的儿子玄仲,带领帝尧、帝挚、帝舜、契、后稷等部落,移迁今山东沿海地区。原始部落联盟全面瓦解,禅让制就此中止。

夏启继位之后,进一步完善国家治理制度。中央设置相、卿士、卜、祝、史、师等高级职位,地方设置侯、伯。"胤"是临时委任的高级官吏,代表国王执行专门的任务,犹如特使、钦差大臣。掌管具体事务的官吏通称"正",如车正、牧正、庖正等,分别管理车辆、畜牧和膳食。官吏也分得比较细,包括记史的、巡逻的、占卜的、征税的等。

军队设有六事之人、左、右、御等官职。每次打仗,国王亲自出征的时候,要带祖庙的"社主",也就是保护社稷、土地的神位一起出发。有功的,在牌位前赏赐;投降、逃跑、败仗的,不但自己受到惩治,子女也要被牵连。军队主要采取车战,一辆兵车由左、右、御三人组合而成,延至商、周时期。

夏朝非常重视占卜。如果出现日食、月食、地震、洪水、大旱等极端自然现象,通常要举行祭祀、占卜活动。很多时候,国王杀死失职或者不力的高级官吏,代表自己直接向天神禀报。该习俗一直延续到秦朝。那时,重臣和将领们必须运气很好,才能风调雨顺、官运亨通;否则,人头落地。

夏启晚年的时候,5个儿子为了争夺帝位,爆发武观之乱,政局动荡,民不聊生。帝位最终传给长子太康,这等于彻底废除禅让制,改为"父死子继、兄终弟及"的世袭制,"公天下"也随之变成"家天下"。

禹、启父子两代,使得先前松散的部落联盟,演变成为多民族统一的国家,奠定800多年的夏、商、周三代奴隶王朝的政治、经济和军事基础。

二、少康中兴

太康继位之后,耽于饮酒、游猎,不理政事。东夷族部落首领羿,乘机夺得大权,拥太康之弟中康、中康的儿子相先后登基。后来,羿自立为王,却被大臣寒浞杀死。相的遗腹子少康,躲藏在外公有仍氏部落,慢慢长大成年。

少康开始谋划复国,先和逃亡有鬲氏的夏臣伯靡取得联系,收抚斟灌氏、斟寻氏被伐灭时逃散的族人,组建、发展武装力量。然后,"使女艾谍浇，使季抒诱豷，遂灭过、戈，复禹之绩"①。也就是说，他选派名叫艾的女子，靠近寒浞的儿子浇，进入宫廷当了间谍。又让少康之子季抒出面，邀请寒浞的另外一个儿子豷，出来打猎、喝酒，然后诱杀。

　　传说，浇非常勇猛，"多力，能陆地荡舟"②。《楚辞》提到，间谍艾得到命令，在夜间行刺，没有想到浇的内衣也缝有柔软的盾甲，失手而死。后来，少康寻找机会，在浇外出打猎的时候，故意放出老虎、野羊，勾引他一个人单枪匹马出来逗能，追击到一片树林，遂中了事前的埋伏。不久，联军发动猛攻。寒浞自杀未遂，被活捉了。伯靡也不客气，历数寒浞各项罪状，将他赤身裸体绑在柱子上，拿着锋利的小刀，说一条罪状，就割一片，直至白骨。

　　少康建都纶邑（今商丘虞城县），执政期间，吸取教训，勤政爱民，部落拥戴，天下安定，史称"少康中兴"。

　　简单说，奴隶社会的稳定要素，取决于帝王的"家教"和贵族的"和睦"。家教好，兄弟们不争夺王位，天下就少些动乱；帝王与奴隶主、奴隶主与奴隶主之间彼此制衡、和睦相处，天下自然就太平无事。少康的后代杼、槐、芒、泄、不降先后继位，内政和睦、关系融洽，与东方部落交好，多次率兵征讨西方，疆域不断扩大，势力也不断增强。

　　奴隶社会的早、中期，形成绵延数百年的"人才禁锢"，也称"猎头盲区"，基于以下原因。

　　上层被奴隶主把持，实行"王位世袭"和"世卿世禄"制。与生俱来的帝王继承人身份，方便开展后天培养（养成）计划，提前铺设未来的道路。高级官吏由贵族世袭，享有封地及其赋税收。教育只限于贵族子女，排斥平民和奴隶。

　　中层的官吏，数量较少，加之所有的知识分子几乎都在上流社会，而国家治理根本不屑于起用来自中层官吏、平民阶层的人才，哪里谈得上什么人才需求。

　　下层的平民，主要包括个体经营的农民、小手工业者、小商人等。他们享有人身自由，拥有一点私人财产。但是他们还要受到奴隶主、高利贷者、大商人的盘剥和压榨，缴纳苛捐杂税，兵役和劳役沉重，生活极不稳定。想成才，还真不容易。

　　生活在社会底层的奴隶，数量众多，但没有人身自由，没有政治权

---

① 〔先秦〕左丘明：《左传·哀公元年》。
② 〔西晋〕皇甫谧：《帝王世纪》（上）。

利。作为奴隶主的私人财产，奴隶很难脱离紧张而繁重的体力劳动，从事脑力劳动。由于不能接受教育，他们几乎没有文化，即使有些才能，最多充当家丁，吃得好些，穿得多些，就不错了。

加之，夏朝刑罚非常残酷。"五刑"包括墨刑（额头刺黑字）、劓刑（割去鼻子）、刖刑（砍去手或足）、宫刑（男性去势，女性幽闭）、大辟等。大辟是死刑，执行方式却十分残忍，包括剖腹、棒杀、剥皮、醢、脯、戮、斩、焚、踣、磬、辕、辜等。

鉴于此，出身平民和奴隶的，在奴隶社会的高压政策和体制下，想接受教育，没门；想升官发财，没门；想自由流动，没门；想不干活，没门；想装病偷懒，没门……总之，就是没有什么人才流动领域的猎头，只有国王祭祀、奴隶主宴席上的猪头。

三、桀

少康到不降六代，多是勤勉之主。不降的儿子孔甲当上帝王的时候，已经是累年不知兵、饱暖思淫欲。孔甲的儿子发，沉迷于音乐和舞蹈，不思朝政。

前17世纪，发的儿子夏桀在位。这人与上几辈君主的确有所不同，不但才智过人，还能够生擒野牛、老虎，空手可以把铁钩拉直，堪称文武双全。冷兵器时代，他应当成为威震四海、开疆拓土的神武君主。然而，历史很少有应当，只有事实。

（一）才散道尽

《通鉴外纪》描述，夏朝末年，由于连年作战，奴隶主们颇有微词，平民百姓负担十分沉重，奴隶们叫苦连天。但是，豪爽的夏桀很会享乐，修建一个很大的池子，然后倒上酒，池中能够行船。废弃的酒糟垒成长堤，蜿蜒10多里，很远就能够闻到酒气。酒池一次可以同时容纳3000多人喝酒。有些人喝多了，争着闹着划船，淹死在酒池，反而赢得一片叫好。桀又命人建了一个很大的深池，酒肉堆积、瓜果排列，男女裸体入池，歌舞升平、彻夜狂欢，直到太阳升起。一些狡诈小人潜心研制名目繁多的酷刑，邀请大家一同观赏。如此种种。

贵族和高级官吏阶层开始警觉。出于种种考虑，一些既得利益集团的贵族、官吏们前去劝诫。

太史令终古，拿着描述禹治水、启打仗的法典，一边哭一边劝说。桀很不耐烦，斥责他好管闲事，还威胁要杀死他。终古出逃。商汤得意地说，夏桀无道，残害百姓，逼迫父兄，侮辱功臣，轻慢贤人，抛弃礼义，听信谗言，众人都十分怨恨他。现在可好，掌管法典的大臣都跑了，还有什么人愿意效力呢！

汤，商部落的首领，看到夏桀日益堕落的样子，派遣大臣伊尹前去，讲述尧、舜、禹的治国之道，顺便打探虚实。夏桀不听，把他赶走了。第二次，商汤不死心，又让伊尹去，仍然被赶走。然后，伊尹又去了第三、四次。第五次的时候，夏桀勃然发怒，挥舞长剑乱喊乱叫，吓得伊尹赶紧逃跑。大家只好作罢。

大夫关龙逄，出身奴隶主家庭，生性善良、深明大义，对奴隶富有同情心，一度指挥将士英勇善战，边界得以巩固，官至大夫。眼看帝王腐化堕落，多次进谏，都没有见效。于是，他捧着绘制夏朝的先祖先帝功绩的"皇图"求见。夏桀不听，反而邀请他一起观赏新发明的火刑。炭火熊熊燃烧，受刑的奴隶在火中惨叫哀号，令人毛骨悚然。关龙逄说，国家就是这个样子呀，在烈火中燃烧了！夏桀笑着说，国家灭亡是以后的事，今天，我现在就要你先走一步！关龙逄彻底心死，抱着"皇图"慷慨赴火。关龙逄被视为中国有史以来第一位因为直言进谏而遭杀戮的忠臣。同时，夏桀放话出去，再有臣子进言，一律杀死。一些大臣如伴虎狼，胆战心惊，日夜思念另投他处。

夏桀身边的马仔和爪牙们，想着各种方法作乐。国库逐渐被消耗，诸侯也日益离心，士兵的粮食供应也跟不上了。严格的国家管理制度，尽职的官吏，疯狂的刑罚，顺从的奴隶……使得夏朝仍然是饿死的骆驼比马大。夏桀自比是天上的太阳，太阳不会灭亡，自己也不会灭亡。百姓得知，不敢点破。只好有意无意对着太阳说，太阳呀，太阳呀，什么时候让我和你一起完蛋呀！人才尽失、民心尽丧，败亡也就是迟早的事。

（二）第一女谍

夏桀勇武有力，精力充沛。有一年，他借口进贡不力，召集几个诸侯国，讨伐东方的有施氏。后者见势不妙，请求投降，随即献出奇珍异宝，挑选年轻美貌的姑娘，一并呈上。这是不得已的应对方法。

没料到，这招很有效果。有诗歌写妹喜："有施妹喜，眉目清兮。妆霓彩衣，袅娜飞兮。晶莹雨露，人之怜兮。"她被部落首领收为义女，予以特别推荐。第二天早晨，天蒙蒙亮，夏桀宣布撤兵，抱着妹喜回到都城。

妹喜进贡之前，似乎已经被洗脑。这是有史记载以来的第一位"色谍"。这也是特殊的猎头。在激烈的竞争，特别是你死我活的对抗过程中，直接从对手处挖取高端人才，增强己方、削弱对方，改变竞争的局势，向来被认为是最有威力的猎头。其实不然。一方选送具有特殊才能的高端人才，进入敌对方的内部，一阵胡来乱搞，反而起到惊人的破坏效能，堪称超级猎头。

50多岁的夏桀与不到20岁的妹喜，如胶似漆、日夜荒淫。妹喜说，王都宫殿太陈旧。夏桀兴造倾宫，还做了一个瑶台，玉石装饰，富丽堂皇；还按照有施氏的房屋样式，建造高仿真的民宅民舍，消除妹喜的思乡之苦。

不久，夏桀又找到借口，率领军队攻打岷山氏。后者自然不敌，也学着有施氏，献出一对年轻貌美、能歌善舞的姊妹花。妹喜逐渐受到冷落，被安置在洛水一带。过了期的美女，多数只能在冷宫等死。然而，妹喜却是例外。因为，庭院响起了敲门的声音。妹喜打开一看，不是别人，正是伊尹。

伊尹与妹喜密谈很久。谈判内容不详。推算一下，有备而来的伊尹，晓之以理、动之以情，一堆的金银财宝摆在面前，外加救济民生疾苦、解除国家危难的鼓励，国家包养父母、兄弟姐妹的许诺，再加点煽动老女人斗年轻女人的佐料，也不排除杀死全家的威胁和恐吓。似乎，失魂落魄的女人，通常容易搞定。

效果显现，推进迅速。首先，漂亮的姊妹花迅速失宠。年轻的小姑娘哪里知道，她们面对的不再是一度失宠的妹喜，而是背后巨大的推手。这由商部落的首领汤、大臣伊尹等一班贤能人才组成，能够调动整个部落的国力资源，包括间谍、钱财、物资和军队的黑手。对阵方面的力量悬殊，结局自然明了。其次，妹喜居然很快得到夏桀的深情召唤，重新回到王宫。远离国都的妹喜，心里自然明白，调令与自己无关。再次，她打败所有的后宫候选人，很快就争得正妻的地位，遂得统率所有的女人，成为母仪天下的王后，具有无可争辩的排她性。以及，她玩出以前没有的花样，挑逗和撒娇技术明显提升。这一切，显然不是普通人能够想到和做到的。毕竟，要让沉湎酒色的夏桀下决心，少不了做足事前的功课。

妹喜重返王宫，就开始折腾。简单说，不要什么国际视野，也不要什么超前意识，没有什么科技含量，也没有什么专业水平。除了折腾，还是折腾，胡乱折腾就是。

她说，我们住在倾宫，的确很漂亮，但是没有歌舞，就不好玩了。于是，数以千计的民间美女被拉着、押着到来。没有人管你哭叫、发疯和拼命，至于跳楼、投水等，也不在话下。反正，人头是要凑齐的，东家不行，抓西家。一时间，怨声载道。

她说，舞女的衣服是乡村非主流，没有王家气派，惹得贵族夫人们笑个不停。于是，王室派出专员，督做刺绣的舞衣。到了时间，交不出绣衣的手工艺人，就要被严刑拷打。从此，作坊日夜加班、灯火不息，干着有订单、无工资的活。

她又说，帝王的身体不好，冬天的座椅是冰凉的，不如坐在人的身上，既保暖，又不热。于是，"人肉椅子"也被率先"发明"。屁股坐在屁股上，当然舒服。随从们苦不堪言。

她还说，天下最好听的声音，莫过于撕裂绢帛（名贵的丝织品）的声音，清脆无比、十分悦耳。于是，夏桀下令，每天进贡100匹帛，然后，吩咐力气较大的几十个宫女，两个人一组，对面撕扯，让跷着二郎腿的妹喜，歪着头享受。废帛堆积如山，直到宫殿的门口。

她还说，前线的将领非常辛苦，必须轮番回来休息，而且要强制执行。于是，稍有才能的将领，今天被强令回到国都陪酒作乐，次日又赶到前线。第三天，重新回来。往返折腾，身心疲惫，别说打仗，走路都歪歪倒倒的。将领们敢怒不敢言。

国防也出了大问题。商汤是一代枭雄，孔武有力、善于打仗，加之为人豪爽、出手大方，狐朋狗友自然众多。部落首领里面，谁是夏桀的铁哥们，谁是仇人，谁是墙头草……这些属于绝密级的国家情报，却被商汤、伊尹搞到，提前做了许多工作。

前1601年，伊尹建议，再次试探性地停止进贡。夏桀大怒，号召其他部落同时出兵。第一次试验的时候，许多部落随军出战。这次有点不同了，"九夷之师不起"。也就是说，张三说军队出门捞鱼了，李四说和老婆商量一下，王五说正在拉稀进行中，麻六回复您稍等……就是不出兵。商汤起兵，势如破竹、摧枯拉朽。

夏桀也不含糊，带着妹喜和精锐卫队，一边抵抗，一边撤退。逃到南巢地带，最终饿死（一说病死）。第一个奴隶制国家、400多年的夏朝，就此完结。

妹喜被列为"红颜祸水"的第一例证，又与商代妲己、周代褒姒、春秋时期晋之骊姬，并称"四大妖姬"。柏杨的《中华古籍之皇后之死》说，妹喜只是"一个可怜的女俘""……为了宗族的生存，像牛羊一样地被献到敌人之手"。《中国女性沉冤录》指出，"……好像一个王朝的灭亡，一场动乱的发生，全是由女性造成的一样……人们却往往忽略了背后的真相：要不是帝王们昏庸好色，将相腐败无能，又何至于斯呢"？

第二节 商朝

商朝，又称殷、殷商，是中国历史上的第二个朝代，也是中国第一个有着同期文字记载的王朝。国都频繁迁移，盘庚迁殷（今安阳）后，国都才稳定下来，繁荣达270多年，故此得名。伴随殷墟的不断发掘，确证商朝处于奴隶制社会的鼎盛时期。

一、汤

舜的时候，契辅助禹治水有功，而封于商（今河南商丘）。汤是八世孙。"汤有七名（字）"，常见的，包括成汤、商汤、成唐等。[①] 史书记载，商部落先后8次迁居，直到建都亳邑（今河南商丘）。

夏朝虽然腐败，却是百足之虫，死而不僵。1万多个部落当中，汤并不显眼。

（一）立威

猎头的主角是高端人才。想得到高端人才的高档服务，人家也得看看你是什么人，有什么作为，想干什么。对此，汤很清楚，享受猎头这个传说中的奢侈品服务，必须有些实际行动，增加吸引力。

葛部落地处汤的西面，并不算大。葛伯对朝廷十分忠心，进而有恃无恐。对于虎视眈眈的汤，这反而是好事。不怕你有优点，就怕你没有缺点。葛伯好吃懒做，祭祀天地神鬼这样的大事，都不大愿意举行。汤得知，派了使者东一句西一句，最后问葛伯祭祀祖宗是国家的大事，为什么多年都不举行呢？葛伯的智商并不低，眼睛一转，无奈地说道，我们穷呀！不像你们部落，良草遍地、牛羊满坡。每次祭祀都要用许多牛羊。我们没有牛羊，拿什么祭祀呢？使者听了，摇头不语。

汤挑选了一群上好的牛羊，赶紧送去。葛伯很高兴，全部杀了，弄了一些凉拌牛肉、白切羊肉等，送东家、给西家，还是懒得祭祀。商汤再次派出使者。葛伯说，我们的地里种不出粮食，一无酒，二无饭，只有牛和羊，贡品太寒碜，哪里能够举行祭祀。于是，一些熟练奴隶，当然也是外国专家，被派遣过去种植庄稼。

葛伯堪称人间奇葩。他命令就地解决外国专家们的食宿。也就是说，汤部落的农业专家到了哪里，那里的民众就要多出一些钱，保障他们的日

[①] 见《竹书纪年》《金楼子·兴王篇》。

常生活。可是，老百姓已经被残酷盘剥，自己都吃不饱，哪里支付得了。于是，大家不敢反抗，只得暗中抵制。专家们衣食没有着落，连夜回报。汤听了，拍着胸脯说，大家兄弟一场，不容易！算了，我们自带干粮，行不？葛伯回复一个字：谢。

汤部落精心安排送饭菜的，不是老人，就是小孩。饭菜也是出奇的好。然而，等到老人、小孩一走，饭盒还没有打开，葛伯的人就冲了上去，夺去一大半，拿回去自己吃了。专家们只能忍饥挨饿。一次有个送饭的小孩，特意带了一点酒、一块肉，递给父亲。想必，也是过生日什么的。他的父亲十分高兴，赶紧搓手，准备过去拿。没有想到，葛国的边境官看到了，一把夺了过去。义愤填膺的小孩，大骂了几句，竟被砍死。在场的人，看在眼里，记在心里。

连续挑拨成功，时机比较成熟，于是汤率兵讨伐葛部落。民众争相加入，或带路，或参军，或做饭，或挑担……葛伯被杀，军队投降。夏桀和其他部落的首领默认事实。汤顺理成章地占有葛伯所有的土地、奴隶、财物。他们打开葛伯的部落仓库，看见金银财宝堆积如山，珍贵的绢帛腐乱发臭，青铜兵器都锈得掉渣……既惊叹不已，又惋惜不已。

汤灭葛伯的行动，本来是诸侯之间的争斗，却赢得相当的称赞和美誉。一些部落、方国主动结交的时候，均赠以玉珠，包括制作冕冠的玉串和玉圭。显然，这根本不是什么哥们义气，而是拉帮结派。

一棵精心设计、标新立异的梧桐树，慢慢长大了。贪图钱财、穷凶极恶的葛伯，无疑是最好的肥料，也是最好的口碑。所以，树长得还不错。

（二）伊尹、仲虺

商朝的建国大业，不是外国人来演的，而是外国人来做的。凤凰慢慢地飞来了，其中来了两个人，出身大不相同，一个是低贱奴隶，一个是名门望族。

1. 伊尹

有莘氏部落的女子去采桑，在桑林中拾到一个婴儿，于是带回来，献给首领。首领看着这个来历不明的孩子，没有吩咐扔掉，一时兴起，随口取了阿衡的小名，交给厨师养育。后来，阿衡成名，被封在伊川，官至尹，史书通称伊尹。

奴隶的儿女，仍然是奴隶。伊尹非常幸运。史料记载，他自小在厨房长大，做得一手好菜，喜爱谈论尧舜之道，名声渐渐传开。商汤听说，备好丰厚的金银、玉、帛、马、皮，前去礼聘。

彭氏的儿子给汤驾车，半路上就问主人，您要到哪儿去呢？汤回答，我要去找伊尹。车夫不屑地说，伊尹只不过是一个奴隶，您想见他，下令就是了！这是很大的恩惠了！汤回答说，你不知道呀！如果有一种药，吃了它，耳朵会更加灵敏，眼睛会更加明亮，那么，我一定要找到它。伊尹，对于我和我的部落来讲，就是这服好药。而你慢腾腾地开车，东绕一下、西绕一下，明摆着是不想让我早点见到伊尹。你的良心哪里去了！于是，叫彭氏的儿子立即滚开，换了一个新的车夫，继续赶路。

有莘氏部落的首领收下礼物，就是不同意放人。汤只好回去。不久，又带着礼金过来，又是不同意……如此四趟。

这是猎头常见的问题。我想要一个合适的候选人，本人同意；候选人的东家，却不同意。交涉无果。常规情况下，只得放弃，免得引起纠纷。假定如此，猎头和普通的掮客又有什么区别，价值又在哪里？然而，猎头就是因为有了问题，特别是高难度的问题，才会出现。因为，其任务就是破局。

汤急得没有办法。一个臣子突然说，我们没有办法了，您可以考虑，问一问伊尹。使者私下找到伊尹，当时这个还是奴隶的候选人非常感动。他想了一下，轻轻地拉近使者，如此这般几句。

汤第五次出发。这次，汤戴着红帽、穿着红袍，亲自驾着豪车，几个部落首领紧随，彩色旗帜迎风飘扬，护卫、侍从精神抖擞，奴隶们衣着光鲜，牛羊披着红花。一行人敲锣打鼓、浩浩荡荡、再次开到有莘氏。

有莘氏整个部落顿时轰动。平民百姓和小孩闻讯围观，挤得水泄不通。看管奴隶的工头、奴隶们都停下手中的活，睁大眼睛、好奇地看着。有莘氏首领听到，开始非常反感，可是，碍于好几个部落首领都来了，只得相见。这时，一个德高望重的部落首领站了出来，代表汤部落祭拜祖先、相互致敬完毕，就直接提亲。这在夏朝，几乎是部落首领之间嫁娶的隆重礼节，也是找茬的常用武器。只要对方有女儿，就不能拒绝，否则兵戎相见。

有莘氏部落只得拿出最后一个，也是最小最漂亮的女儿，嫁给汤部落。小女儿哭着、喊着出嫁的时候，附送了许多的布匹、牛羊，还有一大群工匠、侍女、奴隶。脸色平静的伊尹，默默走在奴隶行列。

汤这次赚大了。送出去的大量聘礼，与数量更多、质量更好的嫁妆相比，还不到一半。日夜梦想的伊尹，也挖到手了。白捡一个年轻貌美的妃子。然而，这不过是伊尹的主意，他展示了高端候选人的卓越才能。

2. 仲虺

仲虺是任姓奴隶主的儿子，据说出生的时候，先是雷声轰轰、闪电如蛇，然后大雨倾盆、天色如晦。这似乎不吉利。

然而，时值大旱，几个月都没有下雨。恰好公子出生，又下了大雨，守门的、打杂的、做饭的，还有田间的奴隶，纷纷讨赏、自然如愿。这个沉睡而憨笑的小孩，被取名虺（雷鸣声）。因排行老二（仲），大名叫作任仲虺。随即，家人叫来一位手艺很高的老师傅，在他全身文满赤蛇。

仲虺长大后，勤奋好学、心怀天下，又写得一手好文章，得知汤求贤求才，拿了推荐信就去了。汤赶到庭院，猛然看见一个文文静静的青年，脖子、胳膊、小腿都绣着血盆大口的红色蟒蛇，羞涩地站在那儿，顿时惊异万分。

（三）图事

汤改革管理体制，遂在部落设置尹的官职，相当于后世的丞相。文身的仲虺，被委以左相。伊尹被取消奴隶身份，获任右相。按照道理，左相的地位稍高一些。二人共同辅佐、参与国事。

大家开始作秀。汤在庭院放了一个很大、很有创意的网。通常，网在茂密的树枝丛下面，四面围起来，里面放些吃的，只有一面留出小口，等到猎物进去，关门就行。可是，汤设置的这张网只有正面，没有其他三面。每天中午，汤还要郑重其事地下跪祷告，天天吃素食，真的受不了啦！现在，好想吃点肉呀！天上飞的小鸟，地下走的兔子，赶紧钻进来吧！想往左跑的，就往左飞；想往右跑的，就往右跑；实在不想活的，不要命的，冲着正面进来吧！这就是"网开三面"。

消息随即传开。人们说，汤对待禽兽，怀有仁德之心，不会捕尽捉绝，只有少数不要命的才会被捕食。他对禽兽都是这样，何况对人呢？和残暴的夏桀相比，我们终于找到家了！从此，当时存量很少、流动性很差的贤能人才，纷纷来到汤部落。40多个部落先后派遣使者，主动示好，并结成联盟。

部落稳定，形势不错。伊尹提出，部落的事交给仲虺，仲虺外表比较柔弱，内心十分强大，文身更加吓人。他到国都小住几天，打探情况。汤同意了，准备许多土特产和贡品。几经周折，伊尹终于见到夏桀。夏桀说，我很忙，你先住下来吧。一住就是3年多。这期间，发生了两件大事。

一是妹喜被废。如前文所述。

二是汤被扣。夏桀并非等闲之辈，隐约感到汤的动作有些大。于是，漫不经心地下了诏令，让他入朝议事。这是国君与诸侯国常见的现象。汤也没有多想，也没有征询意见，简单安排一下，带着几个随从就赶到国都。夏桀得知，也不见面，直接命令将其囚于夏台。

伊尹和仲虺得知，立即搜罗珍宝、玩器和美女，送给夏桀和近臣们。随后汤被释放。部落、诸侯、方国纷纷派遣使者，前往探视，表示同情和安慰。

伊尹和仲虺认为，夏禹建国400多年以来，天下尊崇。到了夏桀的时候，暴虐无道、民众怨恨。但是，兵权掌握在部落首领的手上。这些人安于现状，不图变化，只能慢慢整治。于是，他们共同制定"剪枝去干"的策略，试探性地进攻周边的部落。汤部落出其不意，很快征服韦部落。回师之际，顺手消灭顾部落。两个部落的土地、财产、奴隶悉数收归。夏桀得知兼并的消息，犹豫不决。昆吾部落按捺不住，发兵攻打商汤，反而大败，土地、财产和奴隶随之并入。商汤的势力日益强劲。

汤部落停止朝贡，再次试探。夏桀闻讯，立即命令九夷族发兵征讨。汤、伊尹、仲虺感觉不妙，立即请罪，恢复进贡。一年后，少昊、太昊、蚩尤三族为军事主力的九夷族，发生叛乱。夏桀亲自征伐。这时，汤部落伎俩复出，公告天下、拒绝朝贡。朝廷喘息未定，也懒得管了。

夏朝发生地震，流民涌向国都。又逢百年大旱，粮食绝收。伊尹秘密潜入，继续探查虚实。妹喜告诉他，夏桀昨天晚上做了一个梦，梦见天上两个太阳一直出来，相互打架。一个太阳打赢了，另外一个逃跑了。我不知道是什么意思，请你解读一下。伊尹随即说道，美女呀，这是好事！夏桀是大太阳，遇到小太阳挑战，小太阳被打跑了！你呀，别操心了，好好陪着大太阳玩吧！当夜，赶回汤部落，高兴地说，新太阳出来了，旧太阳快要完蛋了，可以出兵了！夏朝崇信鬼神和武力，"国之大事，在祀与戎"，巫师的地位非常高，大事小情都要占卜。德高望重的伊尹，兼任部落的首席巫师；即使装神弄鬼，大家仍然深信不疑。

汤部落决定进攻。政治斗争向来是不需要，也不计算成本的，哪里还管什么百姓的死活。这种天灾未完、人祸就来，趁火打劫、极其残忍的策略，延续至今。

（四）立国

前1600年，汤、仲虺、伊尹率领70辆战车、5000名步卒出征。1万多个部落索性按兵不动、袖手旁观、隔岸观火。两军会师鸣条。开战之前，汤发表战前动员令，即著名的《汤誓》，号召部落、诸侯、方国，替天行道、救济民生。

演讲还没有完，乌云密布、狂风暴雨。汤犹豫不决。伊尹出来了，杀了一只鸡，剖开心脏观看，然后走到大家的面前，一边让大家验证，一边大声地说:"吉兆,吉兆啊!天要变了,要变了!"于是,大军斗志激昂,冒雨进攻。夏桀看见大雨如瀑,早早地洗了睡。突然,喊杀声大作,夏桀赶紧爬了起来,带着妹喜和卫队撤退,但兵败如山倒,身死他乡。7000多个部落一并被降服。胜局已定,庆功在即。3000多个部落首领前来祝贺。按照安排,汤象征性地推辞一下,遂称天子。商朝始立。

"汤武革命"的"革命"二字,本义取自"革故鼎新、顺应天命"。但是,这是一场奴隶主与奴隶主之间的争斗。奴隶们向东打,向西打,根本不知道在为谁拼命。再说,他们被牢牢地钉在土地上,日夜劳作、不得休息,没有受教育的机会,没有流动的自由,世代为奴、终身为奴。中下层的人才寂静无声。上流社会提拔和选用几个高端人才,也改变不了整个国家人才桎梏的局面。

商汤死后,伊尹辅佐汤的子孙卜丙(即外丙)、仲壬、太甲。太甲继位之后,滥杀无辜、荒淫无度。伊尹多次规劝,也没有什么用。于是,发生"伊尹放太甲"的典故。太甲被送到商汤的墓地反省,伊尹临时摄政。墓地真是神奇的地方。3年过去,太甲变得十分懂事。伊尹亲自驾车,将太甲迎回国都,还政于他。重新当政之后,太甲修德修身,诸侯归顺,百姓安宁。

太甲死了,儿子沃丁即位。伊尹继续辅佐。从汤算起,已经是第五代君王了。不久,100多岁的伊尹离开人世。他的名头很多,比如中华厨祖,有史以来的第一个教师,第一个帝王之师,第一个贤相,奴隶社会唯一的奴隶出身的圣人,等等。

忆想当年,汤戴着红帽、穿着红袍,亲自驾着豪车,第五次前去有莘氏部落的时候,他是否知道,即将捕获的,是一个新的朝代,五代君主的导师,近百年的民生福祉……然而,那些高举彩旗的奴隶们,立道旁观的平民百姓们,又在想什么呢?

二、盘庚中兴

前13世纪,建国200多年的商朝,如同一个老人,经历风雨,经历坎坷,仍然前行。然而,心有余而力不足,商朝内部争斗激烈,国势动荡、风云变幻。

契建立商部落以来,至盘庚继位的时候,先后迁都13次,主要是自然灾害、内部纷争引致。前1298年,新上位的国君盘庚,决意再度迁都,目的地是依山傍水、土地肥沃、森林茂密、野兽出没的殷(今河南安阳)。贵族、高级官吏们留恋故都,纷纷抵制。一些平民百姓也被煽动起来,闹得很厉害。盘庚开始思索，很快找到处置方法。

首先，树起"天命"和"先王"旗帜。故都连连受灾，是上天在指引我们，走向新的国都。先王们多次迁移，都是为了民生福祉。

其次，显示坚定的决心。他召见一些死硬派，严厉地说，我们搬迁，目的在于国家安定，免除祸患。你们不但不谅解我，反而制造惊慌。你们想要改变我的主意，那是办不到的。凡是奸诈邪恶、一意孤行的，就要斩尽杀绝，绝对不会带到新都。

再次，安抚重点群体。盘庚承诺，"人唯求旧，器非求旧，唯新""无有远迩，用罪伐厥死，用德彰厥善"。① 意思是，我将选用旧臣，只是换一些新的家具而已。不论亲疏，犯罪就办，立功便赏。

此外，将与广大百姓共享欢乐与康宁。"承汝俾汝，惟喜康共"。又说，聚敛财宝的贪官污吏，一概斥用；爱护民众的贤能人才，予以重用。他亲自率领大批平民和奴隶，最先出发。

这种分而治之的策略，取得成功。强大的反对势力，打击一批、缓和一批、拉拢一批、安抚一批、裹挟一批，抱团的局面被瓦解。特别是盘庚率先示范，调集几个忠心耿耿的部落前来护送，带领平民和奴隶们先行，旧都遂成空城。

迁都之后，政局开始平稳，王室矛盾暂时缓解，贵族利益得以保全，诸侯分封制度渐渐确立，生产力得以恢复，百姓的生活逐渐好转。史称"盘庚中兴"。

三、武丁中兴

武丁继位的时候，大家并不看好他。这是一个没有什么水平，也没有什么能力的人。少年时期，武丁在民间和大家一起种地，也学会了打猎，水平还不错。后来，他又当了士兵，与普通人一样，起得比鸡早，干得比牛多，吃得比猪差。

执政期间，武丁平定土方、鬼方、羌方，击败荆楚，征伐夷方、巴方、蜀方及虎方，使得商朝成为西起甘肃，东至海滨，北及大漠，南逾江汉流域，众多部族臣服的泱泱大国。武丁在位 59 年，也是少有的得到善终的国君之一。史称"武丁中兴"。

据说，武丁善于识才、用才，这是其成就帝业的关键。这种识人能力可以理解为，我不会做这事，但是我能够找到会做这事的人。

---

① 《尚书·盘庚》。

《尚书》记载，武丁住在墓地，守孝3年。传说，他梦见一个人拿着刀，在自己的面前，醒来后派人到处搜寻，可惜没有专业的猎头帮忙，无果。于是，他只好找到巫师，最后找到与梦中相貌大致的傅说。傅说正拿着刀砍石头、修建房屋，一身的泥土。武丁拜他为相，得以建功。

这属于人才发现，并不是猎头。猎头是不会把一个"民工"，直接推荐给国君的。因为，作为人才需求方和候选人的第三方，猎头机构没有办法罗列既往的业绩，也没有办法写推荐意见，更做不了同行同业的评估和鉴定。现代猎头是把一个已经成功，甚至非常成功的人，推荐到另外一个地方，让他继续成功；至少，也是一个到了新岗位之后成功可能性很大的候选人。

傅说的史料不详，难以判定他的才能从何而来，又有什么作为。而禅宗六祖惠能大师，其实也不怎么识字的。林纾（林琴南）采用文言体，翻译《茶花女》《伊索寓言》《鲁滨孙漂流记》《黑奴吁天录》（亦名《汤姆叔叔的小屋》）等40余部世界名著。其实，他的外语水平也很寻常。

四、商纣

商纣也称帝辛，天资聪颖，闻见甚敏，记忆力超级好，又能够倒拖水牛，是少见的文武全才，深得帝乙的欢心。他于前1075年即位，前1046年死去，在位30年。

他宠爱妲己，修筑鹿台，扩大园林，招来大批戏乐，聚集在沙丘，用酒当做池水，把肉悬挂起来当作树林，让男女赤身裸体，在其间追逐戏闹，饮酒寻欢，通宵达旦。

由于连年征战，一些诸侯不堪忍受沉重的兵役和劳役，发生叛乱。于是，他发明一种奇特而残忍的酷刑，让受到处罚的人在涂满油的铜柱上爬行，炭火在下面熊熊燃烧。他煞有其事地许诺，爬过去的，可免除死罪。几乎所有的人，都掉了下去，痛苦翻滚、凄厉惨叫。

由于缺乏足够的史料，事实的真相无从得知。在高端人才领域，商纣做了很多貌似正确、实则失策的事。

（一）微子

微子是帝乙的长子，纣的庶兄，宋国的第一代国君。微子劝谏，不被采纳，就和太师箕子、少师比干商量。箕子说，真的要想把国家治理好，死了也不足惜，可是看局势的发展，就是死了，也治理不好了，还不如逃跑。

听到这儿，微子逃到自己的封地，经营自己的一亩三分地，倒也有些政绩。武王灭商之后,微子手捧祖宗的祭器,光着臂膀,脖子上套着绳子,左手牵着一只羊,右手拿着矛,跪着向前移动,向武王投降。后者无语,"复其位如故"。

这种选择无可指责。每个人都有权利选择自己的生活方式,尽管可以理解为高明或懦弱。商纣算是比较开明,微子逃跑后并没有追杀他。

(二) 箕子

箕子是商末贵族,帝乙的弟弟、纣王的叔叔,官至太师(丞相),与微子、比干齐名,史称"殷末三贤"。

辅佐纣的时候,他看见国君每天要吃5顿饭,必用象牙雕刻的筷子,顿时感慨很多。他叹息道,用了象牙筷子,就得有玉杯配套;有了玉杯,就得罕见的食物配套;有了罕见的食物,就得有千里马乘坐;有了千里马,就得有华丽的马厩……从此,王宫的奢靡,是不可避免的了。

箕子苦心谏阻,反而被软禁。有人劝其逃跑。他说,作为人臣,远离君主,是没有仁义的。但是,他随时面临被杀的危险。不久,箕子披散头发、假装发疯,动不动就一边弹琴一边哭。纣听说了,以为他疯了,也不再理会他。

武王攻灭商纣后,箕子隐居起来。朝廷多次邀请,都不肯出来。无奈,武王将其封于偏僻的朝鲜(今朝鲜半岛),算是一种征服者的姿态。没想到箕子却兴奋起来,动员一些商朝诸侯、贵族、亲戚、朋友和学生,还有大批的农耕者、养蚕人、织作工匠、商人,一共5000多人,载着各种大大小小的青铜器、陶器,前呼后拥地赴任去了。

前11世纪的朝鲜,荒凉苦寒,人烟稀少,生产力十分低下。箕子事必躬亲、精心运作,大量吸纳外来的人口前来开垦、置业,成功"研发"了商朝的朝鲜版。几年下来,政事清正廉明,百姓丰衣足食,路不拾遗、夜不闭户,被中原民众誉为"君子之国"。至今,朝鲜民族的许多风俗习惯,甚至崇尚白色,缘于商代遗风。

箕子非常有个性。商纣执政的时候,你乱来瞎搞,我就劝告你,听不听是你的事;你想杀我,我就装疯卖傻,麻痹你、糊弄你;换了新朝代、新国君,你也别指望我过去请安;随便找个偏远的地方安置我,我很接受,也很乐意,免得你烦我、我烦你;等到了自己的地盘,就重新建设一个新商朝,让你看看!这就是箕子的行为方式。

诚然,箕子点燃朝鲜历史的文明之灯,揭开半岛开发的新篇章,史实详多、记载丰富。《东史纲目》记载,箕子王朝历时900多年。前194年,箕子的后代箕准失国,逃至朝鲜南部,建立新的国家,又传国220年。祭拜箕子的香火，至今不绝。

商朝末年，箕子的人品、才干和影响算是权贵人物之中的佼佼者。在商纣手下，他是一边唱歌、一边流泪的疯子；而到了周武王手上，却是独当一面、英明神武的诸侯。如此说来，商纣的用人失策，甚于诛杀贤能。

（三）比干

比干是帝乙的弟弟、商纣的叔叔，官至少师（丞相）。他从政40多年，主张减轻赋税徭役，鼓励发展农牧业生产，提倡冶炼铸造，富国强兵，多有政绩。

眼见商纣日益堕落，比干叹息道，主公有了错失，臣子不进谏，不是忠诚的做法，如果怕死，不敢说，就没有勇敢可言。最多，也不过是劝谏不成，自己反而被杀死。假如这样，也算是臣子尽忠了。

于是，他来到无比豪华的摘星楼，连续3天围追堵截商纣。商纣很不耐烦，恶狠狠地说，你凭什么这么牛气！比干回答两个字：仁义。纣大怒，我听说圣人的心通常有很多的心窍，是真的吗？比干并不胆怯，又回答两个字：当然。商纣震怒，命令武士挖出比干的心脏检验。比干遂惨死在宫殿。众人无不惊悚、骇然掩泪。

很难知道，当时的场面到底是多么惨烈。然而，任性的商纣，执意做了自己认为正确的事情。从此，天下的贤能人才，听到比干的悲惨故事，都不敢接近商纣；少数不怕死的人，也只是嘴上说说而已，都敬而远之。

比干的夫人有孕在身，闻讯赶紧逃出朝歌。武王得了天下，派人到处寻找，方才得知，比干夫人躲避在长林的时候，生得一子。武王大喜，遂赐林姓，封于博陵，又封比干为国神，后来追封"文曲星"。这是主管文运的天上星宿，凡是文章写得漂亮、被朝廷征用为官的，乃是文曲星下凡。其后，魏孝文帝拓跋宏、唐太宗、宋仁宗、元仁宗、清高宗、清宣宗等帝王，立祠建庙、追赐封号。比干被视为臣子誓死尽忠的典范。

即使到今天，真的遇到比干这样的高端人才，猎头也十分为难。简单地说，录用、任用的小气候发生剧烈变化，是鼓励其继续履职，还是劝其另攀高枝？再说，谁又能够区分什么是忠贞不贰，什么是愚忠，以及彼此的界线？

清朝乾隆皇帝评价说，天地之间，万物更新，帝王与臣子团结一致，贵族与贫民相互亲近，才能使天下太平。这是中肯，也是到位的。

（四）九侯、鄂侯、西伯

九侯、鄂侯、西伯均是贤良之人，被任命为三公。这证明，商纣不是笨蛋，也是知道怎么使用高端人才的。

九侯有个美丽的女儿，献给了纣。但是，她拒绝和大家一样光着雪白的身子，在肉林、酒池与不怎么认得的人一起玩耍。这惹怒了商纣。硬脖子遇到硬刀子，只能被杀。父亲九侯愤然进言，大骂商纣。重兵在手的商纣，无视其言。九侯遂被剁成肉酱，丢在荒野。

鄂侯闻讯，十分恼怒，冲入王宫，与商纣激烈争辩，却被处以脯刑，也就是杀死之后，制成肉干。到了冬天的时候，就扔给笼子的老虎、野狼。

西伯姬昌听闻此事，叹息不已。不久，仇人告发他想谋反。纣大怒，把他囚禁起来。封地的臣子们得知后，迅速准备一批美女、珍宝和良马，连夜献上。使者痛哭流涕、发誓效忠。商纣的脸色，由阴转晴，释放了西伯。

后来，西伯之子武王集聚人才、日益强大，谋臣众多、良将无数，乘机攻打商纣。高傲无比的商纣，连败之后，穿着华丽的衣服，登上鹿台，自焚而死。他的头颅被武王的士兵找到，挂在木杆上面，号召还在抵抗的将士们投降。

商纣的历史评价不一。毛泽东评价说，把纣王、秦始皇、曹操看作坏人是错误的，其实，纣王是个很有本事，能文能武的人。他经营东南，把东夷和中原的统一巩固起来，在历史上是很有功劳的。纣王伐东夷，打了胜仗，但是，损失也很大。俘虏太多，消化不了。周武王乘虚进攻，大批俘虏倒戈，结果使商朝亡了国……当时，微子是里通外国。为什么纣王灭了呢？主要是微子反对他，还有箕子反对他，比干反对他。纣王去打东夷，把那个部族征服了……纣王是很有才干的。后头那些坏话都是周朝人讲的，不要听……纣王那个时候很有名声。商朝老百姓很拥护他。纣王自杀了，他宁死不投降。

"殷鉴不远，在夏后之世。" 元代著名散曲作家张养浩在《山坡羊·潼关怀古》发出怒吼："兴，百姓苦；亡，百姓苦！"这才是至理名言。

或许，夏桀是猎头的直接受害者。外部，汤猎获伊尹、仲虺，一边修缮内政，一边乘虚而入；内部，自己宠幸的妹喜暗中成为汤的色谍，同床异梦、里通外国。长期的人才流失，内部和外部合力夹击，不期而至的天旱、饥荒，落得国灭身死，自在情理之中。

至于商纣，却不是这样。他是反猎头的直接受害者，也就是说，商纣不屑猎头、疏于反猎头，遂得惨败。

商朝的时代，有了夏朝做借鉴，大家心里并非没有底。而且，只有诸侯、贵族和高级官吏的子女能够接受教育，数量极少的知识分子都集中在国家的上流阶层。这种结构配合残酷的奴隶统治，应当是非常稳固的。然而，商纣在流失大量贤能人才的同时，也使得新的竞争者出现，并逐渐得势，最终死于昔日的部下及其儿子的手上。

夏桀、商纣还有着致命的弱点。作为男人，其豪气、勇猛与威力都是值得称叹的。问题也就来了：一个国君是否可以拥有自己的爱好，或者说能否有一点与众不同的喜好？答案很简单：不行。为什么？因为，"上有所好，下必甚焉"；因为，"齐桓公好服紫，一国尽服紫。当是时也，五素不得一紫"；因为，"楚王好细腰，宫中多饿死"。可是，商纣不这么想，我又要当国君，又要有爱好，不行吗？历史的回复是：等到国家灭亡，你就懂了。

夏、商朝的灭亡，无疑表明，在高端人才领域，中央政权既要猎头，又要反猎头，二者同等重要。这个血的教训，多次被想起，却从来没有被牢记。

第三章　西周时期

西周是奴隶社会的鼎盛时期。初期，汉族与夷、蛮、越、戎狄、肃慎、东胡等民族和部落不断融合，一度局面大好；中后期，统治集团内部矛盾激化，社会矛盾日益突出，土地加速兼并，新兴的平民阶层发生暴动，后得短暂的中兴。前771年，幽王被杀死，西周灭亡。次年，平王东迁，遂为东周。

第一节　早期

周朝的兴起，主要是两个方面的因素造成的，一是自身力量的持续上升，一是商纣的持续堕落。

一、文治武功

这是中国的神话小说记述最全面、最系统和最完整的时期，堪称传奇连篇。

（一）姬昌

姬昌在父亲季历死后，继承西伯的爵位，又称西伯昌。据传，他是《周易》的作者。

茫茫人海，能够出人头地的人，毕竟是少数。成名很难，头条很难，但其实也很简单，要么稀奇古怪，要么惊世骇俗，要么厚颜无耻，才能赢得喜爱热闹、酷爱围观的平民百姓在茶余饭后的广泛关注、议论。这就是自我炒作。

明白这个道理并能够付诸实施的人，早在前11世纪就已经出现了。这人就是姜尚，著名的姜太公，神话传说中的姜子牙。

商纣执政后期，80多岁的老官吏姜尚主动回家，隐居在渭水河边。原因不详。

过了不久，他找来一根竹竿，挂上直钩，坐在岸边的石台，鱼钩离水面三尺多，也不挂鱼饵，每天早出晚归，风雨无阻。有时，刮风下雨的时候，老婆还得把饭菜送到岸边给他。路人感到奇怪，却也并不在意。毕竟，80多岁的老人，爱干什么，就由他去吧；过了今天，还不知道有没有明天呢。

其实，姜尚并不是一般人。如果是隐居，进深山老林就是了；如果是钓鱼，至少也得有些常识吧。可是，他选择的河边，却是十分热闹而繁华的黄金地段。一束雪白的长发，一根修长的鱼竿，一个笔直的鱼钩……这不是广告，是什么？

一个名叫武吉的樵夫，开始过来搭讪。姜尚抓住机会，打出简洁而深奥的"广告词"："宁在直中取，不可曲中求！"两人结为忘年交。即使姜太公有什么想法，凭借武吉的身世和才能，根本帮不了忙。当时，奴隶主和贵族把持政权，向朝廷推荐高端人才必须具有一定的地位和身份。这对于一个退休的老官吏，一个砍柴的普通樵夫，的确比登天还要难。

然而，高端人才就是高端人才。姜尚编了一首儿歌，让武吉拿点吃的东西，教会小孩子们，一边做游戏，一边传唱。"说你怪，你就怪，不如河边姜老怪；放长线，挂直钩，你说奇怪不奇怪！"一时间，渭河两岸的民众都知道了这首儿歌。

那时，九侯、鄂侯接连被杀死。西伯姬昌刚刚被臣子们重金赎回，受此惊吓，后怕不已。商朝处于奴隶社会的中期，诸侯是权贵，也是奴隶主，还是封地的主人。姬昌仁慈、宽厚，尤其善于招贤纳士，享有很高的知名度。太颠、闳夭、散宜生、鬻子、辛甲等人，纷纷前来投靠。对于这些，在商朝做官多年的姜尚，十分清楚。否则，他也不会专门选择渭河边。因为这里位于西伯都城的东郊，也是通向商朝国都的必经之路，人来人往，消息灵通。

果然，姬昌偶尔路过的时候，听到传唱的儿歌，非常惊讶，于是吩咐左右的人，前去打听，很快找到樵夫武吉。可想而知，经过培训的武吉，自然是对答如流。于是，姬昌派遣使者，召见姜尚。后者推辞，如此多次。

姬昌隐约感觉，这人有些非同平常。当时，西岐正处于苦闷、尴尬和仇恨的状态，姬昌想扩张，又担心附近的诸侯国联合攻打，何况商纣虽然腐败，势力仍然强大，能够支配的诸侯号称有800个之多。他想报仇，又没有正当的理由，还会损害自己的好名声，而且实力的确不足；想放弃，心里却是真的不服，也不愿意认命。

之所以想报仇，是有原因的。姬昌的长子伯邑考，很小的时候被传唤到国都做人质，后来侍候国君，负责驾车。也许，商纣已经察觉西岐的扩张和声誉对自己非常不利，找了一个借口杀了伯邑考，做成肉饼，然后当众赐给姬昌，笑着说，听说圣人不会吃自己的儿子做成的肉羹，你是圣人吗？姬昌接过肉饼，平静地吃了。商纣随即对左右说，你们看看！大家都认为西伯是圣人，可是他居然吃了自己儿子做成的肉羹，还说味道不错！从此，他对西伯比较放心，甚至赐予其自己使用的节杖，可以讨伐其他诸侯。

成功的背后，总有一把辛酸泪。每每想到此，姬昌老泪纵横、痛不欲生。环顾自己的手下，并不是没有人才。文官武将们，喝酒的时候也能够摆好几桌，可是缺乏有大智慧的超级人才，甚至是不世出的天才。整个西岐好似一座庞大的宝库，就是找不到那把打开宝库的钥匙。

姬昌决定试一下。他先是封樵夫武吉为将军，然后率领文武百官，浩浩荡荡来到渭河，寻找姜尚。不用多说，后者已经收起鱼竿，正等着他呢。二人畅谈几天几夜。姬昌大喜，封姜子牙为太师，执掌王国的军政大权。

"姜太公钓鱼，愿者上钩"的典故，主要有三个要点：不管出身、年龄如何，怀才和怀孕一样，时间长了，总会被看出来的；不管你多有本事、多有能耐，不会宣传自己、包装自己，终归是白搭；在实现人生抱负的征途中，越是远大的目标，越是宏伟的计划，简单而有效的手段越是成功的不二法门。

从此，姜太公鞠躬尽瘁，兢兢业业，先后辅佐姬昌、姬昌的次子姬发整顿吏治、修订宗法、收揽人心、积蓄力量，使得西岐成为反抗商纣的重要基地。

曾经有一次，商纣突然问左右，西伯姬昌用姜尚为丞相，是否志在不轨，想造反啊。遂命令心腹费仲、恶来二人前去打探。姜太公密令手下，务必如此如此。二人到后，发现还算正常，进了王府，却发现护卫们大多醉醺醺的，手持带锈的刀剑，歪歪斜斜、呵欠连天地值班。佣人穿着华丽的衣服，正在门口洗菜、缝补。姬昌出来迎接他们的时候，态度十分谦卑，战战兢兢地在央求他们在国君面前美言，还送了他们很多金银财宝。二人随即回复商纣，士兵经常喝酒，打仗的兵器都锈了，佣人穿着贵夫人的衣服，简直是乱套了。商纣点头，松了一口气。

姬昌死后，姬发即位，是为武王。前1046年，武王伐纣，遭遇旗帜歪倒、车轮折断、河水暴涨等反常征兆，太公坚定不移，传令继续进攻，一举攻克国都。商纣自焚，周朝始立。

姜太公也是《封神演义》的主角。传说，他死的时候对周武王说，我死了，您不要埋葬我！把我的尸首吊在宫殿的大梁上，哪里有诸侯造反，您就把我的脸对准那个方向，自然就平定了！据说，很灵验。

(二) 周公旦

周武王姬发，攻灭商朝，建都镐京，在位13年（一说19年）。他死后，儿子成王年幼，武王的胞弟姬旦（周公）摄政。

成王时期（前1055—前1021），新封的诸侯国就达71个，其中姬姓53个，总数突破300个。东南地区的商纣王的儿子武庚、管叔姬鲜、蔡叔姬度，联合一些小的诸侯国，爆发严重的叛乱。周公不得不亲自带兵出征。等到平定的时候，50多个诸侯国随之灰飞烟灭。经此一役，国力受到重创。

周公的封地在鲁国。儿子伯禽长大了，就被委派到鲁国。儿子临走的时候，周公说，我是周文王的儿子，周武王的弟弟，当今天子的叔叔，你说我的地位怎么样？伯禽说，很高，您是头号权臣。周公说，对呀！我的地位确实很高。可是，刚刚洗头，听说贤能人士到来，只好握着尚未梳理的头发，出门迎接；刚刚吃饭，听说贤能人士到来，只好吐出口中食物，出门迎接。如此三次。我之所以这样做，是担心天下的人才不肯到我这儿来呢！伯禽连连点头。这就是"三握发、三吐哺"典故的由来。

摄政7年后，成王长大，周公归政。不久，有人进谗言，周公害怕，逃到楚地。又过了不久，成王翻阅库府中收藏的文书，发现在自己生病时，周公祈祷把疾病降临到其身上，愿意代替成王承受疾病的折磨，顿时流下眼泪，立即派人将周公迎回来。周公临终时，要求葬在国都附近，表示誓死追随。但是，成王把他葬在周文王墓的旁边，以示无比的尊重。

三国时期，曹操在《短歌行》写到"对酒当歌，人生几何……呦呦鹿鸣，食野之苹……月明星稀，乌鹊南飞。绕树三匝，何枝可依？山不厌高，水不厌深。周公吐哺，天下归心"，盛赞周公吸纳人才的举动，能够使得天下的人才归服。

二、选士观念

夏朝时期，中央政权已经开始重视人才机制的框架设计，施行国家层面的人才管理制度。到了商朝，选士观念得以明晰。

(一) 三宅三俊

尧舜时期，出现联盟首领考核属下的做法，通常每3年考核一次，主要考核能力与业绩。考核3次之后，再做调整和变动。史载，"三载考绩，三考，黜陟幽明，庶绩咸熙"①。具体不详。

夏朝建立之后，国家确立宗法政治的基本形式，实行亲贵合一的组织原则，设置职位，授予官衔，行使职责，每6年组织巡视、考察一次，主要采用"三宅"法。

商汤执政的时候，继承和发展"三宅"法，明确"三俊"，提出比较完整的"三宅三俊"法。

奴隶社会时期，国君位于权力的顶端。在此情形下，考核是自上而下的。亲近国君的诸侯们没有实质性的参与，为数不多的平民、广大的奴隶则没有参与政治生活的权利。因此，考核的结果主观性很强，也无从复核和验证。这是可以理解的。

1. 三宅法

"宅"，就是度量、尺度、标准的意思。"宅乃事，宅乃牧，宅乃准"，管理政务的人，能力是否合适，做事是否熟练，是否出现过错，成绩又在哪里；管理民众的官吏，是否能够建立良好的社会秩序，是否让老百姓安居乐业；管理法令的人，量刑是否合理，轻重把握的水平如何；等等。

考核官吏的时效，从尧舜时期的9年，缩短到6年，再缩短到3年。这是生产力持续发展的需要，也加快了考核的现实性和节奏感，特别是被考核人的紧迫感。

这与现代猎头考核候选人的主要思路，很是一致。特别是以3年为周期，具有一定的科学性和合理性；重点考核既往业绩，以事实说话，以数据说话，简单明了。

2. 三俊法

"俊"，就是进用、选拔的意思，主要涉及"刚、柔、直"三个方面。

刚，可以理解为坚持法令原则。也就是说，明文规定、特别强调的法令，不管谁触犯了，根本不可能网开一面，出面说情也没用。比如，群众闹事的时候，如果只是泄愤，则可以安抚；如果是叛乱、造反，则必须镇压。因为涉及原则的问题，是不能讨论的。

柔，是一种补充。很多事情，在原则范围的边缘，甚至是法令的空白，只要符合政权稳定、百姓安定的方向，可以适当灵活一些。这也给当事人双方预留了和解、调解余地。

直，既可以理解人格的正直，也可以理解为廉洁。

这三个维度，后来逐渐演化成种类繁多的人才考核制度，也算是原始

---

① 《尚书·虞书·舜典第二》。

而系统的理论支点。

(二) 六征之法

西伯姬昌执政的时候，采取六征之法选拔和征用人才。所谓六征，就是"观诚、考志、视中、观色、观隐、揆德"。

观诚，即验证人才是否真诚。富贵的时候，要看他能否施舍；贫穷的时候，有无操守；受宠的时候，是否骄奢；失意的时候，是否沉沦；少年的时候，是否好学勤奋；中年的时候，是否廉洁无私；老年的时候，是否不失分寸；遇到麻烦，是否有勇气和才干解决问题；被派到远方，是否忠贞不贰；偶尔放纵一下，是否放荡；审查承诺，是否守信；等等。

考志，即考察人才的心志，主要是从言语考察。和一个人说话时，可以通过他的言语，判断他的心志。质朴之人，说话直率而不轻慢，不自夸，不遮掩；虚骄之人，好卖弄言词，掩饰缺点；坚定之人，不为物质所诱，不为麻烦所乱，不为威势所惧；贪迷之人，用财色即可惑心，扰乱则心志不定；善思之人，能镇静地解决突然事件；愚昧之人，则遇困境也不知变通；意志薄弱之人，易被人说动，个人心意不能坚守；心志清明之人，沉着冷静，少言寡语，遇事多思；等等。

视中，即推测人才的内心，通过显露的外象，观测他的内心世界。一叶落而知秋，就是这个道理。

观色，即查看人才的面色。仁爱的人，让人亲近；廉洁的人，不会忍受玷污。内心安宁，神色自然；内心不安，神色纷杂。

观隐，即观察人才的托辞。主要是看人才的借口，是否隐含更多的内容，以及这些内容背后可能有什么。通过识别、区分虚伪的人物，找到正直的人才。

揆德，即考察人才的道德。主要是通过考察人才的言与行，识别能否言行一致，一以贯之。

姬昌还提出，要在这些基础上，发挥人才的长处。比如，任用慈善贤惠的人，管理乡邻调理关系；任用和顺正直、善于倾听的人，掌管民间诉讼；任用作风廉洁的人，管理财物仓库；任用口才敏俐的人，负责接待宾客；任用勇猛坚毅的人，保卫边疆；等等。

与夏朝、商朝相比，六征法涉及的人才选拔和任用原则，有着明显的进步意义，也能够挑选比较合适的人才。这对于一些急功近利、不择手段的现代猎头而言，无疑有着深刻的启示和警诫作用。

(三) 太公论贤

商朝灭亡之后，周朝提出"以德配天命"，解释朝代更迭的原因。这是奴隶制国家必要的做秀。《尚书·周书·召诰》记载，"惟王其疾敬德，王其德之用，祈天永命"。这个"德"，就是"从天命，劝人事"。

《说苑·君道》记载，周武王曾疑惑地问太公，为什么选拔贤能的人才，反而让国家处于危险，进而灭亡呢？太公说，这是只有举贤之名，而没有得到真正的贤能之辈。武王追问，为什么？太公回答，国君喜欢耍小聪明。武王说，这是什么意思？太公回答，"君好听誉而不恶谗也，以非贤为贤，以非善为善，以非忠为忠，以非信为信。其君以誉为功，以毁为罪，有功者不赏，有罪者不罚，多党者进，少党者退；是以群臣比周而蔽贤，百吏群党而多奸，忠臣以诽死于无罪，邪臣以誉赏于无功，其国见于危亡"。① 武王听了拍手叫好。

关于这段对话，太公主要说了两个层面。一方面，国君不能按照个人的喜好，偏听偏信、黑白不辨，使得奸臣群党的私利和私心得逞，这不利于国家。另一方面，用人应当用其所长，不能因其有这样那样的毛病，就选择放弃。如果国君贪图举贤的名声，反而会造成更恶劣的影响，与其这样，不如不用，任其自生自灭。

（四）九德之行

在"三宅三俊"的基础上，周公旦提出"三有宅心""三有俊心"的主张，史称"三宅考吏法"。

周公还提出"敬德保民"，成为政治路线。"敬德"就是"敬天"，"皇天无亲，惟德是辅"；"保民"是指"民之所欲，天必从之"，实际上就是保卫社稷（中央政权）、保卫国家，二者不可分割。前者是理论基础，后者是实践表征。这是夏商以来，政治思想从敬鬼神转向重人事的一大转变。

西周时期，官吏选拔制度雏形已现。周公说，"先王既勤用明德，怀为夹，庶邦享作，兄弟方来"②。他明确提出，"天不可信"，治国的要义在于"唯人"，并告诫说"其汝克敬德，明我俊民，在让后人于不时"。他忠告君王要敬修文德，选拔重用人才，使之作为传统留给后人。《丰镐考信录》指出，周公制定《立政》，是因为善于治理国家的策略，都是以用人作为要害，但是用人必须以知人为前提。

为此，周公在《立政》提出"知忱恂于九德之行"。"九德"系指"宽而栗，柔而立，愿而恭，乱而敬，扰而毅，直而温，简而廉，刚而塞，

---

① 〔西汉〕刘向：《说苑·君道》。
② 《尚书·周书·梓材》。

强而义"①。大致意思是，宽宏而庄肃，温和而有主见，谨厚而恭肃，善排乱而谨敬，和顺而能果断，正直而能温和，放得开而收得住，刚正而不鲁莽，强劲而又合道义。

统治者必须恭行"九德"，主要是"官人"，即选择人才，任用官吏。唐朝的时候，魏征在《谏太宗十思疏》提出的"九德"，包括"忠、信、敬、刚、柔、和、固、贞、顺"等，表述的意思变化很大，主体及要求也相去很远。这是后话。

第二节 中后期

周成王、周康王之后，社会矛盾开始激化。许多贵族失势，工匠、商人、平民生活艰难，还有少数解除奴隶身份的下层群众。他们杂处在一起，合称"国人"，意思是居住在城市里面的人，与城外的"野人"区分开来。

一、国人暴动

西周实行"井田制"。伴随地方诸侯的不断强大，私田得以开发。国人们为了逃避沉重的税收和劳役，开始在国家控制以外的山林湖泽捕鱼、打猎营利，风气一起，不可收拾。

周厉王姬胡继位之后，为了增加财政收入，国君直接控制山林湖泽，不准国人进入。国人失去外来的收入，甚至是唯一的生活财源，顿时怨声载道。强势的周厉王命令卫队、巫师组成执法队伍，禁止国人谈论国事，违者杀死。在路上，人们碰到熟人，不敢交谈招呼，只用眼色示意一下，然后就匆匆地走开。这就是典故"道路以目"的由来。

前841年，国人发生暴动。他们集结起来，手持棍棒、农具，堵截城门，围攻王宫。周厉王下令剿杀。臣子们说，周朝的战略机动部队，多是国人。国人就是兵，兵就是国人。国人暴动，等于士兵暴动。就是要召集诸侯们，也不容易。何况，派出的使者都在路上被国人堵着呢，远水也救不了近火。我们还能调集谁呢？王宫卫队的数量哪有他们的人多呀。再说，很多卫兵还是国人的子弟呢！周厉王眼见无奈，只得带领亲信，冲出国都。不久，在外地病死。

国人攻进王宫，没有找到周厉王，开始搜寻太子姬静。召穆公将他藏

---

① 《尚书·虞书·皋陶谟》。

了起来，愤怒的国人紧紧围住召穆公、大声叫喊。召穆公无奈，让自己的儿子冒充太子，走了出来。《竹书纪年》记载，不明情况的国人，一窝蜂地冲了上去，愤怒将他当场杀死，然后离去。

大臣周定公、召穆公出面调停，国人平静地散开。二人暂时代理国政，重要的事情交由高级官吏们共同合议。史称"共和行政"。这一年，《史记》开始记年记事。中国历史有了确切纪年。

国人暴动的功过评述不一，在人才领域却是意义重大。平民百姓不再受制于强权统治，他们通过暴力手段，能够参与国家政治生活。一些知识分子自由流动，甚至可以从事脑力劳动，获取生活所需，不再被死死捆在一亩三分地。没落的贵族和富有的平民子女，开始坐在一个教室，共同接受文化教育。家庭教师的供养成本得以分摊。生产和生活物资的穿梭流动，带来人才的流动，也带来新的技能。

这等于在先前的奴隶主和奴隶阶级尖锐对立之中，形成阶层结构，并从二维分化为三层。这是因为平民作为新的耦合阶层，发出了自己的声音。在社会地位上，平民低于奴隶主，又高于奴隶的形态，市民自身的政治意识和观念得以唤醒。贵族阶层借助平民的力量，顺水推舟使出身平民的人才有机会上升，晋升通道被撕开缝隙。

简单说，国家不再是某个人说了算，大家能够共同参与、共同议政。换言之，奴隶社会的中央集权受到严重挑战，如同巨大而厚实的冰块被砸出一个小洞，清澈透亮的河水顿时涌了出来。

二、宣王中兴

姬静继位，即是周宣王。他曾经躲藏在窗户后面，亲眼看见召穆公的儿子顶替自己出门，被国人乱刀砍死。当天的惨况，使他能够正确认清形势，制订相应的策略。

国势衰落之际，他是有所作为的。政治上，他任用召穆公、尹吉甫、仲山甫、程伯休父、虢文公、申伯、韩侯、显父、仍叔、张仲一帮贤臣辅佐朝政、参与国事；军事上，他借助诸侯之力，任用南仲、召穆公、尹吉甫、方叔，讨伐猃狁、西戎、淮夷、徐国和楚国。西周的国力得到短暂恢复，史称"宣王中兴"。

晚年的周宣王自恃有了一些底子，手上也有了一些钱，开始对外用兵，却连遭失败。千亩之战，大败于姜戎。征战南方的军队，几乎全军覆没。这时，他开始独断专行，暴躁无常，不听忠言，滥杀大臣。加之自然灾害频繁，生产力受到极大的破坏，社会秩序重新陷入混乱。

三、烽火戏诸侯

前782年，周宣王之子姬宫湦上台，这是西周第12代，也是最后一代君王，他在位11年，谥号幽王。

次年，西周镐京及其附近的泾水、渭水、洛水地带发生震动，岐山崩塌。大夫伯阳甫说，周朝将要灭亡了。天地间阴阳倒转，河水的源头一定被阻塞了。土地没有水源，民众失去生活的根本，国家快要灭亡了！从前，伊水、洛水枯竭，夏朝灭亡，黄河枯竭，商朝灭亡，眼下，周朝也快完了。

周幽王无心国政，沉醉酒色。宠妃褒姒生下儿子伯服以后，幽王废除申后和太子宜臼，改立褒姒为王后，伯服为太子。为了取悦褒姒，还点燃只有在紧急时刻才能使用的烽火台。看见烽火接连而起，诸侯们率领兵马，匆匆忙忙赶到国都，不见一兵一卒，一边喘气，一边到处张望。城头的褒姒，看到大家迷惑不解、狼狈不堪的样子，顿时笑个不停。诸侯们得知缘由，虽然怒不可遏，也只得忍气吞声。

不久，眼见国库空虚，幽王就提拔狡诈的虢石父，制造各种千奇百怪的名目，加重盘剥民众。

前770年，申后的父亲申侯十分恼怒女儿、外孙被废，联合缯国，聘请凶猛的犬戎族骑兵，大举进攻西周都城。刹那间，烽火被连绵点燃，狼烟百里可见。然而，多数诸侯懒得理会，少数几个诸侯国迅速调集人马，急忙增援去了。

犬戎破城之后，大开杀戒，追杀周幽王及太子伯服于骊山之下，掳走褒姒。镐京残破狼藉。闻讯赶到的晋国、郑国、卫国、秦国，打败犬戎，稳定局面，拥立先前的太子宜臼为平王，迁都到雒邑（今河南洛阳），史称东周。

事后，暴虐无德的败亡之君周幽王居然也被厚葬，坟墓修得十分高大。据《西京杂记》，西汉的广川王刘去带着一帮人盗墓，发现100多具尸体，相互枕靠、层层叠叠。殉葬的妃子或侍女有的坐着，有的躺着，有的站着……衣服华丽、款式大方，顿时吓得一跳。

对于夏朝、商朝、西周时期，也就是前2070年至前1046年，横跨1000多年奴隶社会的人才工作，笔者可稍做概括和总结。

三个朝代的起步、兴起、发展、高潮、败亡的过程，大致相同。其原因肯定是多样的，也是不同的；而在高端人才领域，却趋于相近或者相似，不同程度地体现人才的基本规律。

起步时期。每个朝代起步的时候，往往都比较弱小，也比较艰难，必须进行原始积累。即使夏启强势争夺王位，也是经过征战多年。商汤传承部落的衣钵，有饭有酒，却不快乐。周武王比较苦命，哥哥被做成肉饼，父亲被囚禁，一点家财也被折腾几个来回。小本经营的时候，他比较谨慎，也非常小心，甚至还有一些屈辱，这时他没有什么实力，也没有什么地盘，更没有什么财力。挑肥拣瘦的高端人才，是不会进来的；再说，也请不了高端人才；即便高端人才进来，连个像样的舞台都没有，只能唱一出堂戏。

兴起时期。面对强大的敌对势力，弱者根本没有能力叫板，更不会按照强者制订的路线前进，只能反其道而行之。所有的界线被擦去，一切价值被重估。这个时期执政者求贤如渴，功利性最重、执行力最强、开放度最高。不管什么人，做菜的奴隶、文身的书生、钓鱼的老者、叛逃的贵族……只要愿意报到，只要满足需求，只要符合方向，都是国君亲自驾车前往，豪车美女跟着，高官厚禄养着，人才被委以重任，坚信不疑。于是，高端人才充分展示积攒多年的才华，尽情挥洒无尽的汗水，兢兢业业、死心塌地；甚至死了，尸体也要挂在屋梁上摇晃，还得给那些不争气的后代们镇邪。

发展时期。这是人才被任用、被重用，也是被滥用的时代。这一时期可划分两个阶段。一是攻灭敌方的时候，采取什么方法都行。喜好金银的臣子，闲得无聊的没落贵族，只要有利于自己，都可以收买和威胁。军队进攻的时候，只要打赢就好说。所有的利益集团都有足够的耐心，等待瓜分新蛋糕。二是重整朝纲。内部改革的时候，外来的和尚好念经；等到夺得政权，开始讲宇宙观、世界观、革命观，重新解释天命的内涵及外延。新的国家成立，建章立制工作也随之展开。这时开国功臣们赫然在上，寿命又很长，比如伊尹、周公、姜尚等，高端人才只能望而止步，不得不转向和分化。针对中级人才、中下级官吏的原则、指导、政策、规定等，陆续出台。政策的制定者，按照自己制定的人才政策，估计都会被淘汰。此一时，彼一时也。

高潮时期。对外，开始作战，扩张疆域、征服四方，士气旺盛的时候，还能够打到很远的地方；对内，大兴土木翻修城墙，兴建楼堂馆所。这时，上流社会玩自己的，中级阶层安于现状，下层的老百姓衣食俱足。高端人才的上升通道趋于封闭，下降道路被填塞。泱泱大国，看似繁荣昌盛。

败亡时期。高潮可能只有一次，也可能高潮迭起，最终是趋于平静。

首先上场的，通常是一个孔武有力的国君，渐渐地不再拘泥于任何规章制度，也不再相信任何劝告和进谏，只是迷信自己的本事和能力。紧随亮相的，必定是绝色美女，妹喜、妲己、褒姒等"红颜祸水"。稍后出场的，是一帮高端人才，有忠心耿耿的大臣，也有功勋卓著的将领，哭喊着要振奋精神、重整山河。等着大家都哭够了、闹够了、吵累了、打怕了的时候，人头开始落地。一些人开始怀疑、思考、装疯、叛逃、隐居……直到有一天，黄河断水，赤地千里，灾难深重，站在城外的新国君，一身正气、大义凛然。旧主终于醒悟，抵抗的抵抗，逃跑的逃跑，自杀的自杀。

伴随重重的帷幕滑落，平民百姓、奴隶们突然明白，新的朝代又来了。历史故事，不断上演、不断重复，直到清末。

第四章　春秋时期

历史永恒前行，人们的目光还停留在夏启、少康、商汤、伊尹、夏桀、妹喜、姬昌、姜尚、周公、商纣、妲己的时候，历史的车轮悄然驶入下一个时代。

东周分成春秋、战国两个时期。春秋（前770—前476）始于周平王东迁，止于周敬王死、周元王继位，跨越500多年。战国（前475—前221），止于秦王政统一中国、称始皇帝，时长250多年。

前770年，平王东迁。尘封1000多年的黑箱，缓缓被打开；无比刺眼的阳光，扑面而来。中央集权趋于崩溃，170多个诸侯国、归属国、独立国在征伐、占领和屠戮中狂欢，百姓流离失所、生灵涂炭。

长期的人才桎梏，刚刚被解锁，就焕发强劲的生机。破落的贵族、富有的平民、自由的学人渐渐融合，形成失控的中间阶层。一时间，风起云涌。主角变了，配角也变了，乐队也换了，舞美也换了。与先前相比，诸侯们尽情独唱的时候，新奇的和声也出现了。

第一节　春秋霸主

历经累年的搏杀和火并，一些诸侯脱颖而出。齐桓公、晋文公、楚庄王、吴王阖闾、越王勾践，史称"春秋五霸"。另一说，"五霸"是齐桓公、晋文公、宋襄公、秦穆公、楚庄王。

本书基于现代猎头的观点，结合已有的史实，只对齐桓公、晋文公、秦穆公、楚庄王、吴王阖闾、越王勾践六人进行述评，以这些国君的个人经历为基线，重点考察历史背景、治国方略、人才政策，以及人才发现、识别、测评、任用、管制的方式与手法。

一、齐桓公

姜姓，名小白。姜太公第12代孙，齐国第15位国君，前685年至前643年在位，执政42年。他是春秋时期的第一位霸主。

齐桓公的一生历经内乱、屈辱和拼争，跌宕起伏，既有气吞万里、指点江山的豪迈，又落得孤苦伶仃、活活饿死的结局；既是称霸天下的雄主，又是好色好酒的狂徒；既是古代猎头的正面教材，又是反面典型。这一切，都与他早期任用贤能、晚年重用小人有关。

（一）圣人之师

管仲（姬夷吾），齐国人。周穆王的后代，道家、法家的代表人物，著名的政治家、军事家和改革家，被誉为"圣人之师"和"华夏文明的保护者"，史称"管子"。言行辑为《管子》。

1. 命运多舛

管仲的父亲管庄曾经担任齐国的大夫，不幸早死，家道中衰。管仲勤奋好学，才华横溢，博通三坟五典，淹贯古今，有经天纬地之才，济世匡时之略，加之因生活所迫，游历过许多地方，见多识广。

天才的缺点和弱点，总比正常人更加严重。管仲就是这样。他流落南阳，与鲍叔牙合伙做生意，每次分红，总要找理由多分一些。鲍叔牙并不在意，说管仲有了肉，都分两次吃，赚的钱交给母亲。几年下来，管仲经商失败，毅然从军，却多次当了逃兵，多次被挂牌示众。有人讥讽管仲怯懦。鲍叔牙说，管仲还要奉养老母亲，自然惜命，可以理解。无奈，管仲花钱买了一个小官，冀望仕途飞黄腾达，却因为总是出错，先后被几个国君驱逐。有人说，他就是贫贱的命，不是当官的材料，也成不了权贵。鲍叔牙宽慰说，这些职业都不适合你，你生来就是做大官的，好好看书吧，别烦心。

齐僖公的儿子们都聘请师傅指教。师傅多是门客身份，包吃包住，偶尔还有赏钱。管仲、召忽当上公子纠的师傅，鲍叔牙、宾须无、隰朋跟从公子小白。几个人总算出了头。

过了不久，鲍叔牙感觉前途渺茫，经常称病不出。管仲劝导说，公子纠的母亲放荡不羁、恶名远扬，必定受到牵连。公子小白却不一样，自幼丧母、没有瓜葛，朝廷高层和普通民众非常同情他。表面上，他的性子急，有些傻傻的；实际上，很有主见，也有远见。公子纠做了国君，没有贤臣良将辅佐，也将一事无成。那时，小白就有机会。等到他做了国君，不指望你鲍叔牙来安定国家，还有谁呢？鲍叔牙佩服不已，改变态度、竭力侍奉。

前698年，齐僖公的长子诸儿上台，即齐襄公。齐襄公早期的时候，苦心经营，国力渐强，一度攻伐卫国、鲁国、郑国；末期的时候，荒淫无道，诛杀无辜。见势不妙，公子纠和管仲、召忽逃到外公家鲁国。公子小白、鲍叔牙等人，逃到偏僻的莒国。

前686年，大臣连称、管至父、公孙无知发动叛乱，齐心杀死齐襄公。公孙无知自立为国君，不久被杀。齐国再次大乱。由于齐襄公没有儿子、纠、小白闻讯，紧急启程，争着要当国君。

鲁庄公支持公子纠，亲自率军队护送公子纠，并派管仲刺杀小白。双方在即墨相遇。小白执意要回国，二人只好告别。两车刚刚分头行驶，管仲马上回身，偷偷地向小白射了一箭。后者大叫一声，口喷鲜血，随即倒下。管仲以为得手，折返鲁国。

公子纠接到管仲的情报，不再急于赶路，多是应付沿路的贵族和官吏。6天后，抵达齐国都城。进了王宫，端坐在宝座上的新国君，却是公子小白。

原来，管仲的逃兵经验十分丰富，又不肯吃苦和用功，射箭技术很差，当时只是射中小白铜制的衣带勾。没有想到，小白急中生智，咬破舌尖、喷射鲜血，装死倒下，随即快马加鞭赶到都城。鲍叔牙先行进城，与齐国贵族高氏和国氏达成协议，拥立小白为国君。这就是著名的齐桓公。

鲁庄公增加兵力，进行武装干涉。双方在乾时会战。鲁国军队大败。齐军乘胜追击，攻入境内。齐桓公派遣使者说，杀死公子纠，交出管仲、召忽；否则，攻灭鲁国。公子纠不愿自杀，遂死于他杀。召忽决意殉葬，死前对管仲说道，我选择死，是体现师傅应有的忠义；你应当好好活着，强盛齐国、称霸诸侯。管仲被囚。

大夫施伯进言，管仲的才干世间少有。假如放回去，齐国必定强盛，鲁国的日子就不好过了。最好的办法杀死他，将尸首送去。话未落音，使者就到了。

鲍叔牙是猎头的高手。他知道，如果鲁国杀害管仲，自己的投资就完蛋了。也就是说，自己培养的候选人还没有上岗，就被人间蒸发，前期的费用势必沉没。然而，他非常懂得鲁庄公的心理顾忌，也知道正确的营救方法。

使者的态度非常谦恭，上前叩拜说，我的主人，也就是您的好朋友鲍叔牙说了，管仲是国君的仇人、齐国的死敌，如果国君能够亲手杀死管仲，一定非常开心。请您允许我带他回国治罪。鲁庄公刚刚打了败仗，很高兴地答应了。他先让管仲吃好喝，然后关进内部围满绢布的囚车，派遣一小队士兵护送使者回去。

齐鲁边境上，管、鲍二人小聚。管仲情绪十分低落，缓缓拿起酒杯，低头说道：想做点生意，亏得裤子都没有了；当兵，几次都是临阵逃跑，被绑着示众好几次；捐了个官，又被几次辞退；偷射小白，居然没有中；辅佐公子纠，又不能尽忠而死……现在，将要辅佐公子纠的仇人，势必令天下人耻笑。鲍叔牙呵呵一笑说，真正做大事的人，不拘小节；立大功的人，不怕诽谤。你有治国的奇才，齐桓公有做霸主的愿景。今后，假如你辅佐他，功高天下，名扬四海。管仲也不再说什么，大醉而睡。

2. 管鲍之交

鲍叔牙觐见齐桓公。齐桓公念念不忘管仲一箭之仇。他上前问齐桓公，您认为我如何？桓公说，难得的人才！又问，大臣高傒如何？桓公说，世间少有！鲍叔牙继续说：如果只是治理好齐国，高傒和我两个人就足够了；如果想成就霸业，非管仲莫属。

齐桓公十分纳闷，管仲到底有什么才华，能让鲍叔牙、召忽、施伯几个名士如此佩服？

假若，管仲拿着家庭出身、学历学位、工作经历、既往业绩、领导评语和群众意见自我推荐的话，无论是齐桓公，还是鲍叔牙，感受都是一样样的：除了眼泪，还是眼泪。况且，夏、商、西周普遍实行"世卿世禄制"，隔代的没落贵族几无机会。到了春秋时期，"举荐制"出现，也只是授予国君一点特权，可以破格任用地位低下而才干出众的人。而且，举荐人必须有档次、够品位，比如权贵、重臣和成名人物等；而出身平民百姓的人才，往往咸鱼翻不了身、鲤鱼跳不过龙门。

针对齐桓公的疑问，鲍叔牙继续说，管仲宽以从政，惠以爱民；治理江山，权术安稳；取信于民，深得民心；制订礼仪，教化天下；整治军队，勇敢善战。听到这儿，齐桓公稍微有些激动。鲍叔牙名声远扬，召忽也是成名人物、施伯位居鲁国大夫……这样的推荐书，已经非常豪华了。

尽管如此，任用管仲，并非易事。其一，管仲的先祖是贵族，随着家道中落，早已沦为平民。即使曾经当过公子纠的师傅，他的身份与做小生意的商人无异。贵族政治时代的世卿世禄制度，使得低贱的管仲几乎没有仕途可言。其二，桓公姜姓，管仲姬姓。二者属于姻亲关系，却无任何亲戚瓜葛可查。"非我族类，其心必异"，任用异姓的管仲，势必遭到贵族们的反对。其三，如果不是管仲的箭法稀烂，加上自己的机敏，早被他补上一箭，命丧黄泉了，这是生死之仇。如果齐桓公执意任用，显得没有品位，也没有档次。

其实，齐桓公并没有什么余地。《国语》记载，"襄公筑台以为高位，田、狩、毕、弋，不听国政。卑圣侮士，而唯女是崇，九妃六嫔，陈妾数百。食必粱肉，衣必文绣。戎士冻馁，戎车待游车之裂，戎士待陈妾之馀。优笑在前，贤材在后，是以国家不日引，不月长，恐宗庙之不扫除，社稷之不血食。"简单说，襄公不理朝政、奢侈无度，留下一个烂摊子。齐襄公被谋杀，许多贵族和高级官吏受到牵连，一并被处决。加之，公孙无知自立之后，又被谋杀，同党被捕杀殆尽。经此折腾，齐国只有遍地的血水，哪有什么高端人才？所有的规则，所有的条令，所有的选拔，在饥渴的刚性人才需求面前，显得微不足道。

齐桓公不计前嫌，委派鲍叔牙迎来管仲。又是几天几夜的畅谈，齐桓公对管仲大为赏识、佩服不已。不久，他任命管仲为上卿（丞相），尊称"仲父"，意思是仅次于自己的父亲。至于鲍叔牙，却甘心做了助手。管仲感慨道，"生我者父母，知我者鲍子也"。"管鲍之交"和"鲍子遗风"两个典故由此而来。

（二）励精图治

齐国的改革，是自上而下的。当时，社会呈"哑铃"式结构：庞大的统治阶层、众多的奴隶阶层，中间是少量的平民、手工艺者、商人和自耕农。最适合参与国家治理、最有青春和活力的人才，恰好处于社会的中层，但是，教育投入多、见效慢，齐国根本等不及，也不愿意等待。那么，只有一个办法：直接吸纳外来人口，特别是有文化、有知识的外国人。

1. 毋忘在莒

齐桓公克勤克俭、励精图治。回到国都之后，他让人书写"毋忘在莒"四个字，放在宫殿醒目之处，抬头即见。莒是齐桓公10多年的流浪之地，他曾在此地寄人篱下、苦不堪言。他时刻警醒自己不要忘记昔日的东躲西藏、举步维艰的日子，这是一种必要的政治姿态。

200多年以后，一位拄着拐杖、白发飘飘的老者走进莒地，开设了一所学堂。他就是卫国人卜商，人称卜子。后来，3位年轻的弟子相继到来，又先后离开。面对曾经苦读、巨大如盖的银杏树，他们各自带走一小袋果实，权作纪念。这人就是李悝、吴起和商鞅。

400多年之后，前284年，燕国大将乐毅率5个国家的联军伐齐，一举攻占包括齐国都城临淄在内的70多个城池，只剩下莒与即墨。齐缗王的儿子法章，在莒地被拥立为襄王，率众拼死抵抗。大将田单先是实施反间计，后又别出心裁地采取火牛阵，大破燕军，乘胜夺回全部的失地。齐襄王复国。

1100多年以后，497年，一个出生莒地的孤儿，无依无靠、食不果腹，被亲戚送到浮来山的小寺庙做了沙弥，苟且活命。青年的时候，他出走谋生，曾任县令、步兵校尉、宫中通事舍人，颇有一些清名。后来，他返回莒县，在定林寺出家，法号慧地。随后，他耗时5年，写就《文心雕龙》，该书体系庞大、逻辑严密，足以在中国文学史及文学批评史上占有崇高地位。520年，在一个狂风暴雨的夜晚，他孤独地死去。一生未娶。他，就是刘勰。

时至今日，定林寺前的一棵银杏（白果）树，默默地生长3500多年，树高26米多，周粗15米多，实乃"天下银杏第一树"。这也是中国最北方的绿茶产地，茶色如洗、清爽干冽，三泡也有味。

2. 庭燎招士

在管仲出任丞相之前，齐桓公求贤若渴，但是几乎没有人投奔。原因不明。管仲上任之后，情况就不一样了。

一个东野地方的人求见，自称会"九九算术"。管仲劝齐桓公在大庭中燃起火炬，迎接来人。春秋时期，天子和诸侯国接待使者或商讨国事，要在大庭中燃起火炬，即"庭燎"，这是最高规格的接待礼仪。齐桓公冷笑，这种人到处都是呀。管仲说了一段话，400多年后被李斯写进《谏逐客书》，即"泰山不让土壤，故能成其大；河海不择细流，故能就其深"。桓公深感有理，予以照办。

"庭燎"方法不错，可是动不动就点火，烟雾缭绕，不是长久之法，因此，必须想法大批量地吸引各类人才。但是，齐国的财政十分紧张。管仲说，我能够把几个问题一并解决，还可以大赚一把。齐桓公说，我的头很疼，得休息了，你全权决定吧。于是，管仲下令兴建国营妓院。当时，两性风气比较开放，但是人们在公开场合还是有所顾忌、耻于谈论。管仲认为，与其偷偷摸摸，不如名正言顺；这个行业投入少，利润丰厚，税收也可观；况且，军费还没有着落呢。

《战国策》记载，"齐桓公宫中七市，女闾七百，国人非之"。就是说，一次建成7座富丽堂皇的怡春坊、丽春院之类的妓院，发出700张营业执照，妓女中不乏来自吴越、西戎、北狄的外国美女，风姿绰约，具有异国情调。

天下哗然。各国的贵族、官吏、富豪和书生们得知去处，慕名而来，国营妓院车水马龙、门庭若市。百姓则多有非议。可是，面对巨额钱财流水一般地哗哗涌进国库，齐桓公也不好多说什么。这项发明很快被其他诸侯国效仿。一时间，官妓大兴。

这是极端的猎头方法。在管仲看来，不要讲什么仁义道德，也不要什么道貌岸然，更不要装神弄鬼，实用最好，也最合适。三国、五代十国、南宋、明末时期，国家妓院和国家赌场都出现过，灯火通明、夜如白昼。及至后世，还有盐铁管制、烟草专营等。其实，这些"国营机构"最初的动机，就是养活军队。

3. 严禁厚葬

齐国人崇尚豪华的葬礼。好不容易通过国际贸易，弄来一些精美的布匹，都被用来做了死人陪葬的寿衣。上好的木材，也都做了棺材。齐桓公很担忧。

管仲说，布匹都用光了，我们就没有衣服穿；木材都耗尽了，就没有用来制作防御器材的材料。豪华葬礼的风气不能停息，就会造成危害。

齐桓公问，如何禁止这种风气？管仲回答说，人们要做什么事，不是为了名声，就是为了利益。于是，齐桓公下令，今后如果棺材做得太高档，就把那人的尸体示众，发丧的人，也要抓来治罪。没多久，厚葬的风气停歇。

4. 货币战争

管仲也是有史以来最早发动"货币战争"并从中渔利的政治家，如著名的"衡山之谋""阴里之谋""菁茅之谋""代狐之谋""鲁绨之谋""莱柴之谋""楚鹿之谋"，神出鬼没、匪夷所思。

"衡山之谋"。衡山国在齐国和鲁国之间，民众擅长制造军工器械，比如攻城的木梯、抛石机、板车等。管仲分析说，周朝王室旁落，诸侯实力相差不大。如果我们大量订购衡山军械，势必拉开军事实力差距；其他诸侯国为了保持平衡，势必跟风。这就有商机在其中。于是，大臣隰朋率领采购团来到衡山国，一下子订购两年的军械。整个国家顿时沸腾了。从此，军械作坊灯火通明，民众挥汗如雨。诸侯国担心齐国坐大，也纷纷前往订购军械，价格却高了好几倍。表面厚道的隰朋，含着热泪答应各国使者的暗地央求，变卖许多订单。齐国大赚了一把。过了不久，管仲宣布不要军械了，并关闭边境。热情高涨的衡山国傻了，原来，为了轻轻松松地赚取外汇，其完整的国民经济体系遭到严重破坏，变成单一型的经济格局，大量农田被毁，民众早不种粮食了，于是只得到齐国采购粮食。没想到，这时粮食的价格已经是一年前的10倍。齐国发兵攻打，衡山国只得投降。

"阴里之谋""菁茅之谋"，则是利用周朝王室做文章。诸侯朝见天子的时候，多要准备一些礼品，其中对重要的礼品的产地和规格是有要求的。这平常无奇的事情，却被管仲瞄准了。他带着重金美女游说天子，要求指定产地、指定品种，双方对半分成。天子十分乐意。于是，阴里的石璧（蓝灰色的玉石）、江淮的菁茅（一种长而宽、分叉三股的茅草）被齐国垄断。平时手头紧张的周朝天子，得以有钱频繁出游名山大川。诸侯国们纷纷朝见，一块乱石头卖到一万泉（币制），一束茅草卖到一百斤金的天价。不说齐国赚钱多少，连向来日子过得紧巴巴的周朝天子，数钱都数得抬不起手来，竟然当众宣布，今后随礼就好，来人就好。如此，诸侯国不缴贡，长达7年。

"鲁绨之谋""莱柴之谋""代狐之谋""楚鹿之谋"，都是高价收购其他诸侯国的特产，使得国民经济变得畸形，农业生产实力被严重摧残。鲁国的绨（布料）、莱国的木柴，这些不起眼的平常物品，突然价格疯涨，不久又都落得一文不值。但是，人们发现平常的粮食却贵了十倍、几十倍。而在齐国，从诸侯各国搜集来的、堆积如山的粮食都腐烂发臭了。

"莱柴之谋"首当其冲。莱国的木柴，质量很好。燃烧的时候，烟不多，类似当今的无烟煤。由于产量不多，富贵人家才能使用莱柴。齐国使者来了，大量收购莱柴，有多少，要多少。面对高得离谱的价钱，人们都疯了，转而种植木柴卖钱，然后购买生活物资。那时，1金（黄铜）可以买到15斤粮食。1年之后，齐国宣布停止收购莱柴，中断贸易、关闭边境。粮食价格顿时飞涨，竟然是齐国的37倍。人们回头一看，曾经绿油油的农田，都种着密密麻麻的木柴苗。70%的人口逃难，莱国随之灭亡。

"代狐之谋"也有戏剧性。管仲说，代国山中的白色狐狸，乃是天下的极品，齐国可以开出绝对震撼的价格。老百姓也争先恐后、成群结队地钻山洞、挖陷阱。平时满口仁义道德、仪态岸然的国君，也坐不住了，亲自带着卫队上山。将领和士兵们闻讯，轮流值班，纷纷捞外快去了。可是，黄色、黑色、灰色的狐狸抓了一大群，大家就是不见白色的狐狸。一天清晨，大家垂头丧气地下山，吃惊地发现，威武雄壮的齐国将士们正在笑嘻嘻地等着他们呢。

"楚鹿之谋"更是疯狂。齐国派遣一群使者前往楚国各地，高价收购活鹿，不论品种，不论大小，一律全要。百姓们将信将疑，使者却是毫不迟疑，拿现钱交易。于是，人们都疯了。不久，楚国遍地是鹿园，到处是鹿粪。军队不训练，工匠不干活，市民们来回倒卖活鹿。向来辛苦劳作的奴隶们，都被告知不要种粮食了；一些人专门种青草，另外一些人改行，专门做装载鹿的车子和笼子。两年之后，旱灾爆发，国库居然拿不出粮食赈灾。贵族们举家搬迁，逃到外国。士兵们吃不了饭，变卖武器，纷纷逃跑。饥民们拖儿带女，不顾一切地挤垮边境的围墙及栅栏，逃到粮食充足、价格便宜的齐国。楚国丧失战斗力，流失人口高达全国总数的40%，不得不臣服。

如今实难知道，齐国的民众到底有多么富裕，又是多么得意。管仲的生活极其奢侈，甚至超过国君的排场。他吃一个鸡蛋，必须在鸡蛋上画上图案，才能放进锅里面煮，做饭的柴火，一定要雕成美丽的观赏品，才能丢进炉里面。然后，他借口管家的祀堂香火稀少，请求齐桓公给一点香火钱。齐桓公正在官办妓院长期调研，哪里有时间，就顺口答应了。管家于是受封，领地千里、子孙繁盛。面对这种荒唐之事，平民百姓们却说，我们的日子很好呀。丞相操劳，非常辛苦，不过分，真的不过分。

这是齐国的黄金时代。宋代大诗人李清照的父亲李格非在《过临淄》如此，描写到，"击鼓吹竽七百年，临淄城阙尚依然。如今只有耕耘者，曾得当时九府钱"。其中的"九府环钱"，就是齐国桓公时期的法定货币，相传是姜子牙始创发明的。

5. 尊王攘夷

齐国进入激情燃烧的岁月，群星璀璨，人才如云。除了管鲍，还有宾须无、王子成父、隰朋、东郭牙、宁戚，号称"桓管五杰"，分工明确、各司职责，合力推行改革，实行军政合一、兵民合一。

其中比较有名的政策，包括"相地而衰征"和设"轻重九府"。前者，根据土地的好坏不同，来征收不等的赋税，使得赋税负担趋于合理，极大地提高民众的生产积极性；后者，提倡发展经济，积财通货，观察年景的丰歉，根据民众的实际需求来收取粮食和物品。与此同时，国家专权铸造钱币，发展渔业、盐业，鼓励与境外的贸易。齐国经济开始繁荣起来。

前681年，齐国召集宋、陈等四国诸侯会盟，遂开历史先河。当时，周王室没落。北方、西北方的戎狄等部落，经常骚扰中原各国。管仲敦促齐桓公，打出"尊王攘夷"旗号。此后，北击山戎，南伐楚国，与许多诸侯结成联盟，遂成中原霸主。周朝天子闻讯，予以赏赐，这在事实上认可了齐桓公的霸主地位。

到了前662年，北方的燕国被山戎部落欺压，打了败仗，派使者恳请齐国出兵。齐桓公决定援救。齐国和燕国联军打败山戎，顺手灭掉令支、孤竹国，乘胜追击时，却误入迷谷。联军上下顿时惊慌、不知所措。齐桓公急得直跳脚，风风火火地找到管仲。管仲深思后说，找几匹当地的老马，让它们在前面走，或许还有救。后来，老马果然领着齐国和燕国联军顺利脱离险境。管仲的超凡才能，着实令人佩服不已。这是"老马识途"的由来。

前 656 年，齐桓公为郑国修筑百代城墙，为宋国疏田流水，声名大振；是年，带领齐、宋、陈、卫、郑、许、曹诸侯国的联军，接连打败蔡国、楚国、陈国。霸业达到巅峰。

此后 10 多年，齐桓公索性当了甩手掌柜，让管仲、鲍叔牙等人全权负责军国大事，自己到后宫快活去了。

(三) 蒙面离世

前 645 年，管仲重病。齐桓公询问易牙、竖刁和开方能否继任。其实，这三人非等闲之辈，并非浪得虚名，能够获得齐桓公的高度信任，自然是有道理的。

1. 易牙、竖刁和开方

易牙，精于烹调，也酷爱权术。一天，齐桓公笑说，我已尝遍天下鸟兽虫鱼的味道，就是不知人肉的味道如何？午饭的时候，易牙献上一盘蒸肉，味道极其鲜美。桓公吃完了，感叹道，什么肉的味道如此鲜美？易牙跪下回答，人肉。桓公大惊。易牙平静地说：这是我 3 岁儿子的肉，我读书不多，却听人说忠诚国君的人应当没有家的概念；既然您还不曾尝过人肉，臣就把儿子杀死，满足您的一点小小的心愿。齐桓公深受感动、流泪不已。

竖刁，与齐桓公私人关系暧昧。但是，为了方便出入宫廷，特别是嫔妃众多的后宫，竖刁毅然自行阉割。

开方，更是非同凡响。他本身是卫国国君的长子，自愿来到齐国，当了齐桓公的侍臣。齐桓公十分迷惑。他回答道，我虽然是卫国的长子，按照传承次序，现在是太子，今后就是国君，但是，桓公您是天下最有名的诸侯，能够在您的左右侍候，我感觉十分荣幸，强过做一个小小的国君。

客观地说，不要说是阅历丰富的齐桓公，就是年轻无知的国君，遇到这样忠心耿耿、狂热崇拜自己的属下，表面上虽要保持一定的距离，心里却是欢喜得紧。

不料，管仲坚决反对齐桓公推荐的人选。他说道：人情之深莫过爱子，易牙杀子事君，不合常理；人情之重莫过于身，竖刁自宫，不合常理；人情之亲莫过于父母，开方弃家出走，不合常理。既然是不合常理，那么一定有所企图。也就是说，他们必定为了一个目标，而不得不调整策略，放弃平常人珍惜的一些东西。特别是开方，之所以不想当小国的国君，是梦想做大国的国君，是一个非常危险的人物。

齐桓公随即提出，鲍叔牙是否可以接替他为相。面对自己的知遇恩人，管仲却淡淡地说，性格硬朗姑且不论，善恶是非过于分明。治理国家时，以善待善的思路，是可行的；以恶对恶的方法，却是不行的。"君子，不可以委以国政"。易牙听了，赶紧进行挑拨管鲍的关系。鲍叔牙得知，却微笑着说，这正是我推荐管仲的原因。他忠于国家，没有私心。如果让我为相，哪里还有你们这些小人容身的地方？一番话，说得易牙面红耳赤，连忙狼狈而退。

齐桓公央请管仲推荐后继人。病重的管仲说，隰朋合适。因为，他能够效法上世贤人，又能不耻下问；并怜惜不如自己的人，宽容别人的缺陷与过失；明确职责所在，不会去管、也不会去过问不该由他去管、不必由他过问的事，是大仁大德之人。可是，隰朋很老了，身体也不好。所以，管仲哀叹不已。

2. 鲍叔牙

管仲离世，隰朋出任上卿，不到 10 个月也病死了。齐桓公哭得死去活来。鲍叔牙继任上卿。

管仲对于易牙、竖刁、开方的演戏，心里清楚，却不点破。《管子·小匡》记载，齐桓公坦承好猎、好酒、好色。管仲并不在意，也不言语。偶尔易牙、开方和竖刁手痒，企图干预国家大事的，管仲只要得知，就马上找到齐桓公，就事论事、理清是非，甚至当面严厉训斥三人。所以，三人虽受到齐桓公的宠爱，却不敢与管仲交锋，多少还有些畏惧。一时，大家相处无事。

血性刚烈、嫉恶如仇的鲍叔牙，眼里是容不下沙子的。且说齐桓公称霸不久，感觉心情还不错，就召集几个重臣一起喝酒。不久，似乎大醉的鲍叔牙，竟然发飙。首先他指着齐桓公说，今天，你是威风凛凛、赫赫有名的国君，想当年也曾和丧家犬一样，躲在莒国、寄人篱下。又横手一指管仲，厉声说道，你也别忘了被绑在囚车、饥渴万分、等待处死的滋味。面对地位很高的宁戚，他冷冷地说，你是赶车、喂牛的出身，千万别忘记了。那时，齐国上下春风得意、高歌猛进，大家毫不在意，反而感觉狂傲的鲍叔牙性情真实、人品金贵。齐桓公哈哈大笑，拍手称快。宁戚摇摇晃晃，敬了鲍叔牙一杯酒。只有管仲，依然端坐，微笑不语。

不久，易牙、开方和竖刁先后被迫离开国都，调任地方官。从此，齐桓公食不甘味、夜不酣寝、口无谑语、面无笑容。

有人劝说道，国君驱逐竖刁等人，容颜日益憔悴。身边的左右和使唤人，不能体察君王之心。国君已经老了，不必苦了自己。桓公听了，感觉也有些道理，于是先把易牙召见回来，仍然是当厨师。鲍叔牙立即质问齐桓公，言辞十分激烈。齐桓公被激怒，狠狠地说："这三人对我个人是有益的，而且对国家没有什么危害。既然有益于寡人，而无害于国家，为什么不行呢。管仲说的，太夸张了，不要相信。"鲍叔牙无言以对。

桓公之后又得寸进尺，索性召回开方、竖刁，官复原职。鲍叔牙听了，也不再干涉，只是整天窝在自己的家里，愤愤不平，唉声叹气，很快病死。

3. 活活饿死

齐桓公病重，易牙、竖刁等人迅速进入失控状态，乘机扶持自己效忠的公子，争夺统治权。桓公的几个儿子，率领各自的党羽互相攻打，战况十分激烈。前643年10月，寒冬来临，齐桓公被软禁在高墙之内，与外界隔绝，连水、饭都无人送，病情日益加重。

一个从未被宠幸、根本不起眼的小妾，不顾性命之危送去一些米饭、清水。齐桓公不禁长叹道，"我死了，如果没有知觉，也就算了；如果有了知觉，又有什么脸面与管仲相见于地下？我死了，请给我的脸上蒙着白布，我羞于在黄泉遇见他。"过了几天，小妾被看管的士兵扑杀。粮水全无的桓公被活活饿死。一代枭雄齐桓公的尸体，停放床上60多天，已经臭不可闻，尸虫都爬到窗户上了。

历史总有惊人的相似之处。春秋和三国时期都是乱世之际。齐桓公在位42年，管仲同年执政，达40年。刘备起事16年，诸葛亮同年主政，达27年。

齐桓公后宫充实，儿子众多，但是却不立嗣。刘备明知儿子刘禅（阿斗）担当不了国君，还是硬着头皮传位。毛泽东曾经指出，刘备有一个优点、两个缺点，优点是善于用人，缺点是好感情用事、不能区分主次矛盾。这也适用于齐桓公。

管仲与诸葛亮都是职业政治家。就现代猎头的角度而言，二人都才华卓越，忠诚度很高，都是"鞠躬尽瘁、死而后已"。其明显的缺点也大致相同：过于强势，律法过甚；征伐过多，财力消耗巨大；没有妥善处理国君的子嗣承继；等等。

不争的事实是，管仲先于齐桓公而死，齐桓公病重的时候，宦官专权、儿子对战，天下随之大乱。诸葛亮后于刘备而死，高端人才却是后继不力，中级官吏匮乏，"蜀中无大将，廖化作先锋"；而在后方，阿斗宠信宦官、玩物丧志。

清朝四川盐运使赵蕃在成都武侯祠写道，"能攻心，则反侧自消，自古知兵非好战；不审势，即宽严皆误，后来治蜀要深思"。这副著名的对联，也适用于青年诸葛亮的偶像——管仲。

二、晋文公

晋文公姬姓,名重耳,前 636 年至前 628 年在位,执政近 10 年。春秋时期的第二个霸主,与齐桓公并称"齐桓晋文"。

晋文公大器晚成。当年 16 岁,他外出避难,被父亲晋献公追杀。后来,被弟弟晋惠公追杀。再后来,被侄子晋怀公追杀。他先后辗转 7 个国家,流浪 19 年,当然也是被多次追杀的 19 年。他食不果腹、衣不蔽体,饱尝人间冷暖、世态炎凉。回国的时候,他已经是早生华发。

幸运的是,一批忠贞坚定的贤能达人对他始终紧紧追随、不离不弃,包括狐偃、狐毛、赵衰、胥臣、贾佗、魏犨、先轸、颠颉、介子推、舟之侨、壶叔等人。晋文公在拉拢、安抚、管制和处置这些与他出生与死的高端人才时,原则相同、策略不一,选择合适的猎头手法,显示高超的驾驭技巧。特别是他能够把握"情义、道理、法令"的尺度,从容不迫、游刃有余。其实,这些与他个人长期的流浪阅历和江湖经验很有关系。

继位后短短 5 年,晋文公相继征服齐、秦、宋、郑、卫、鲁、陈、蔡、莒、邾等诸侯国。前 632 年,楚军和晋军在城濮决战。晋文公兑现当年流亡楚国的时候,许下"退避三舍"诺言,严令晋军后退。楚军主帅子玉不顾楚成王告诫,率军冒进,被晋军歼灭两翼。楚军大败。晋文公病死的时候,前来吊唁的诸侯国车队将都城挤得水泄不通。

难得的是,他留下一部颠沛流离的人生传奇,一个蒸蒸日上的国家,一大批饱经风霜、经验丰富的忠臣和猛将。

(一)狐偃

狐偃亦称子犯、咎犯,狐突之子,晋文公的舅舅兼师傅,也是晋文公的第一功臣。狐偃与赵衰、贾佗合称"三材",又与赵衰、贾佗、魏犨、胥臣合称"五贤士"。

春秋时期,诸侯不再受"长子嫡传"的约束,可以随意指定继承人。强悍而神勇的晋献公,"并国十七,服国三十八"。最早,他立长子申生为太子。申生受到骊姬的陷害,自杀而死。狐偃敏锐意识到,骊姬将陆续铲除新太子奚齐的哥哥们。于是,劝说重耳、夷吾两个外甥离开国都,免遭黑手。那年,重耳 16 岁,狐偃 60 岁。

出走晋国的时候,狐偃坚持,不要到强大的齐国和楚国躲避,反而要去重耳的外婆家,也是自己的故国——翟国,观望动静,积蓄力量。

前 655 年,晋献公恼怒重耳、夷吾不辞而别,派兵讨伐。夷吾拼死抵抗,晋军不得不停止进攻。躲在蒲邑的重耳,不愿意"以子抗父",却拒绝投降。翟国的国君得知，担心惹祸，欲赐死重耳。使者抵达前门，重耳惊慌失措，架上梯子，赶紧翻墙。等到杀手们破门而入，只拉住了他的袖子，眼睁睁地看着他逃走了。

前651年，晋献公病逝。重耳闻讯，急着回去奔丧。狐偃劝阻说，奚齐是太子，必然要当国君；你现在回去，难逃骊姬的毒手。事实证明，狐偃推测无误。

诸公子争位。奚齐被卿大夫里克所杀，骊姬妹妹之子卓子登上王位，后被里克所杀。里克派狐偃的父亲狐突到狄国敦请重耳回去登位。狐偃认为形势不明朗，硬是让重耳婉言谢绝。流浪梁国的公子夷吾，趁机回国登位，即为晋惠公。

不久，晋惠公逼里克自杀，然后派了杀手，追杀哥哥重耳。重耳在狐偃与同僚的护送下，不得不扔下妻儿，仓皇逃向卫国。卫文公胆小怕事，拒绝见面。狐偃说，齐国的丞相管仲刚刚去世，正需要人才。我们前去，至少能够保全性命。果然，齐桓公热情款待，赏赐丰厚；还挑选美女，嫁与重耳。

齐桓公重病的时候，政局动荡、危机四伏。狐偃、赵衰等人敦促重耳离开，却是无果。一天，大家约来几个朋友，举行小型聚会，酒席上推杯换盏、不亦乐乎。等到重耳醉得不省人事，几个人迅速将他搬进马车。这时，杀手赶到，随从们拼命抵抗。狐偃、赵衰随即也跳上车，冲开血路，快马加鞭地跑了。

离开临淄之后，重耳一行辗转曹国、宋国、郑国，饱受白眼，备尝艰辛。狐偃、赵衰商议，细致分析处境和国际情势，决定流亡到比较强大的楚国。果然，他们受到楚成王礼遇。

前637年，晋惠公病重，正在秦国为人质的公子圉单身回国。不久，公子圉顺利继承父位，这就是晋怀公。晋怀公勒令随从重耳逃亡的人立即返国，否则"尽灭其家"。狐偃、赵衰等人断然拒绝。他的老父亲、三朝元老狐突，为了解除儿子的后顾之忧，愤然伏剑自杀。朝野上下怨声载道。一直作壁上观的秦穆公，再度插手晋国朝政，吃苦耐劳、温厚老实的重耳，遂被选中。秦穆公派遣使者，到楚国接回重耳一行。

前636年，秦穆公、百里奚、由余、公子絷、公孙枝等率领兵车400多辆，护送重耳一行，来到黄河边上。秦穆公命令，一半人马过河，一半人马接应。掌管行李与杂物的壶叔，开始搬运东西。重耳看见了，就指着对岸说，我要回去当国君了，还要这些破烂干什么，说完吩咐手下的人把东西扔到河里。突然，狐偃和壶叔二人跪在地上，举起秦穆公赏赐的玉璧说，公子今日重返晋国，我等已精疲力竭，好比这残羹剩饭不能再吃，又如这些破烂不能再用一样，留着我等无用，不如弃去。这个时候，重耳如果不表决心，势必在临门一脚之际，流失高端人才。于是，他跪在地上，对天发誓，永远不会忘记大家的功劳，并把玉璧投入黄河。

一行人过河之后，几乎没有遇到抵抗。栾氏、郤氏、狐氏、胥氏、先氏等强族，纷纷响应。重耳被拥立为君，即是晋文公。那年，晋文公35岁，头号重臣狐偃79岁。

狐偃废寝忘食、呕心沥血地辅佐晋文公，共度患难的一批老臣都被委以军国重任。晋文公大力选拔优秀人才治理国家。提倡孝事父母，尊祖敬家，忠于国事，"以厚民性"；废除繁重的徭役，减免苛捐杂税，资助无力生活和生产者；鼓励农耕，劝有分无，省灭国用，足财备凶；"大搜于被庐"，改上下两军之制为上中下三军之制。这些举措使得社会秩序稳定，生产得以恢复，商业开始繁荣，军队的战斗力也提高了。一度朝政荒废的晋国，"政平民阜，财用不匮"。

前632年，城濮决战的时候，胥臣、栾枝率领下军冲击楚军右翼，先轸、郤溱率领中军拦腰截击，88岁的狐毛（狐偃的胞兄）、83岁的狐偃率领上军夹攻楚的左翼，楚军大败。

晚年的狐偃，十分贪图钱财，看见下属的好东西，就想法搞到手；平时走路的时候，遇到好东西，也要亲自拾起来，带回家。晋文公听说，顾念狐偃一门忠烈，经常赏赐他礼物，既有金银珠宝，也有大米、小菜等生活用品。之所以这样，不外乎提醒舅舅狐偃，做得不要太过分了。可是，已经没有效果。

前629年，86岁的狐偃去世。他与商朝的伊尹、周朝的姜太公、齐国的管仲一样，都是在得到充分的尊重、赏识和信任之后，兢兢业业、不遗余力辅政，直到死去。

狐突、狐毛、狐偃一门忠烈。两汉、魏、晋、南北朝及隋唐历代皇帝，都以他们的忠贞报国作为忠义楷模，教育大臣和将领们。及至宋代，宋徽宗封狐突为忠惠利应侯。

与其说，晋文公成就自己的霸业；不如说，狐偃借助先前的重耳、后来的晋文公完成了自己的政治抱负。这是人才需求方与候选人双赢的结果。从现代猎头的角度来看，狐偃是职业经理人的早期代表；不过，他经理的不是企业，而是整个国家。

（二）赵衰

越衰即赵成子，字子余，亦称成季，孟子余。春秋时期，赵氏宗族史就是一个传奇故事。作为起点人物的赵衰，性情温和，貌不惊人。

赵衰与重耳年龄相仿。一起流浪的时候，翟国国君特意挑选一对俘获的姐妹，年少的季隗赐给重耳，年长的叔隗赐给赵衰。二人随即成为连襟。晋文公即位后，又将自己的女儿孟姬嫁给赵衰。孟姬是一个春秋历史上的奇女子。她得知叔隗母子被扣留翟国，力主接回晋国，还坚持自己做妾，叔隗的儿子赵盾成为第一继承人。

赵衰在晋文公、晋襄公两代都极受重用。前633年，晋文公召集众臣，重组晋军，扩大编制为三军。军中求元帅，晋文公询问赵衰的意见，赵衰举荐晋国宗室近亲郤縠、郤溱二人。至于上军之将佐，晋文公准备任命赵衰为上将军。赵衰反而推荐狐偃为上军将，狐偃推辞，却向晋文公举荐自己的哥哥狐毛。重耳又想以赵衰带领下军，赵衰又坚辞，推荐栾枝、先轸和胥臣。

晋国军队的格局初步形成。最为权威、实力最强大的中军，由晋国公族统帅；上军，由外戚领导；最次的下军，由公族远亲带领。这是一种强势而妥协的做法。晋国的军事控制权，落于公族及其远亲、外戚们的手中，国君手上只有卫队。特别是，公族掌握中军，留下为所欲为、擅权越能的政治恶果。人才失控的局面，不仅听之任之，而且还有制度保障。地方割据的趋势，已经在所难免。

赵衰去世，谥号成季。赵衰的儿子赵盾，不久成为晋国头号权臣，集军政大权于一身，担任执政，号称正卿。赵盾一生侍奉晋国三朝国君，从容与楚国争雄，是春秋时期杰出的政治家、战略指挥家。有人评价赵衰和赵盾父子说，"衰乃冬日之日，盾乃夏日之日；冬日之日赖其温，夏日之日畏其烈"。

赵衰夫妻和睦、子孙贤能，这使得赵氏家族并没有完结，甚至只是开始。

前583年，赵家遭遇下宫之难，只剩下一个孤儿、赵盾的孙子赵武，大宗全族被杀。半个世纪后，赵武执政。

前492年，赵盾的四世孙赵鞅，又在晋国执政，奠定赵氏化家为国的基础。

前453年，赵盾的五世孙赵无恤，在晋阳之战联合韩氏、魏氏击溃智伯，三家分晋终成定局。

前403年，周威烈王册封赵盾的八世孙赵籍，与韩、魏同为诸侯。赵氏正式建国，史称赵国。

可是，作为一代国君的晋文公并没有顶住压力，通过制度改革削弱宗族势力、强化集权统治，故而留下深刻的历史教训，也给邻近的秦国政治改革提供了借鉴和参照。

（三）介子推

介子推又名介之推，后人尊为介子，曾追随重耳流浪19年。他们一度逃到卫国，不料被拒绝，只能翻越深山老林。途中，重耳一行的粮食被盗，饥饿难忍。好不容易遇到一个农夫，他们乞讨不成，反被捏成饭团形状的泥块戏谑。介子推独自到山沟里，把腿上的肉割了一块，拔了一把野菜，煮了一口汤，喂给晕死的重耳。

滴水之恩，必以涌泉相报。这是感恩的心态，在现实中却难以当真。重耳即位，众人受到奖赏。按照道理，应当厚待介子推。那时，他却有些犹豫。重奖，明显不合适；轻了，更不应景。再说，任命大官，介子推的才能和个性是不能胜任的；给个小官，他肯定又不高兴。只能搁浅另议。

孤傲的介子推，却认为自己的功劳很大。邀宠不成，又不屑与其他人为伍，独自背着母亲隐入绵山。晋文公得知，带着大队人马前往寻访。无奈，重峦叠嶂，谷深林密。遂下令烧山，以迫使介子推母子出现。谁知火势越烧越旺，却不见介子推露面。后来，有人在一棵枯柳树下，发现母子的尸骨。

晋文公对于清高孤傲、个性鲜明的介子推，明显有些疏于顾及、体谅不周。如今，内疚和羞愧一并爆发。他悲恸万分，将一段烧焦的柳木带回宫中，还专门做了一双木屐，不时要看上一遍，还要叹息一声，"悲哉足下"。

为了警诫过错，昭示后人，晋文公下令将绵山改名为"介山"，修建介公祠；又规定，介子推的死难之日，不得生火做饭，要吃冷食，即为"寒食节"。到了唐代，寒食节成为全国性的法定节日，后与清明节合二为一，成为中国最早的传统节日。

（四）先轸

先轸又称原轸，著名的军事将领，擅长谋略、嗜于攻伐，是中国历史上第一位拥有元帅头衔的战将。

前656年，先轸跟随晋国公子重耳出逃，在外流亡19年。回国之后，他先是侍从国君，后来出任下军佐，接任中军将。

前632年，城濮决战。针对楚军部署以及其主帅骄躁轻敌的特点，晋军主帅先轸不慌不忙，避强击弱、佯退诱敌，最终各个击破，取得了决定性的胜利。古时作战，通常是甲方左军对阵乙方右军，两边打完，中军对打。城濮之战改变了自古以来的战法，创造了战场机动用兵、集中兵力打击敌人的先例。这是先轸的成名战，也是中国古代军事史上的经典。

前628年，晋文公去世，晋襄公继位。秦国感到有机可乘，派孟明视为大将，西乞术、白乙丙为副将，偷袭郑国。先轸率领晋军在崤（今河南陕县东南）的隘道设伏，全歼正在返程并且毫无戒备的秦军，一举俘虏孟明视、西乞术、白乙丙，史称"崤之战"。这也是有史记载的第一场大型伏击战，彻底改变当时盛行的预约交战时间、排兵列阵形然后开打的惯例，进入战争艺术时代。

文公的夫人文嬴，本是秦穆公的女儿、晋襄公的嫡母。她请求释放三员秦将回国，避免两国结怨过深。襄公不假思索、随即答应。先轸闻讯，吐出口中的食物，立即晋见襄公，非常气愤地说，将士们浴血奋战，才在战场上擒获他们；一个老妇人说几句谎话，转眼就放了！这样，晋国要不了多久就会灭亡了！说罢，头也不回就走了，不停地啐唾沫。襄公并没有责怪，立即派遣使者追赶三员秦将，却没有追上，后来他多次在公开场合认错。先轸醒悟过来，自责不已。

同年，狄人侵犯晋国。先轸作为晋国主帅，出兵抗击、左右包抄，俘获狄人首领，史称"箕之战"。战事快要结束的时候，先轸突然脱掉头盔铠甲，独自驾驶战车，冲入敌阵、力战而死。

这是高端人才采取的极端的尽忠方式。先轸是前朝的老臣，也是万众敬仰的军事统帅。在私放三员秦将的事情上，他自认为是没有过错的，不需要认罪。然而，冲撞国君却是非常严重的事件，又不能不承担责任。既然是最高的军事将领，他只有惨烈地战死沙场，才能维护军人的荣耀，也能够维护国君的威严。

狄人不解，十分惊恐。先轸的首级送还给晋国的时候，面色不改、栩栩如生。晋襄公读懂得了先轸的用心，放声大哭，厚葬了他。不久，任命先轸之子先且居，取代先轸，成为主帅。

（五）魏犨、颠颉

魏武子，姬姓，魏氏，名犨，又称魏武子，以勇力闻世。颠颉也是力大无穷的勇士，追随重耳出逃，直到返国。后来，二人都成了征战四方的名将。

前637年，重耳流亡曹国。曹共公胆小怕事，不愿接待。大臣僖负羁劝阻无效，愤然回家、默默生气。他的妻子说，话称重耳并非等闲之辈，如果回到晋国取得政权，将来一定会讨伐曹国报仇。因此，不如私下结交、以礼厚待。僖负羁感到很有道理，于是招呼重耳一行人好吃、好喝，临别前还赠送珍贵的璧玉。

前632年,晋文公率军攻入曹国,俘虏曹共公。审问得知,僖负羁因为5年前厚待重耳之事被人告发,国君大怒,削去俸禄,降为平民,全家住在北门附近,平时做点小生意,借以养家糊口。于是,晋文公下令,不得侵犯僖负羁及其家人。这个十分平常的命令,却招致意想不到的结果。

魏犨、颠颉二人,刚刚打了胜仗,聚在一起喝酒,得知晋文公的保护令,两人嘀咕起来。夜深人静,魏犨私自率领一些士卒围住僖负羁的前门和后门,故意纵火。僖负羁惊醒,赶紧带领家人相救,自己被浓烟熏倒。魏犨企图杀人灭口,却被火柱砸了。

狐偃、胥臣得知北门失火,急令将士援救。那时,一地瓦砾、惨不忍睹,十几家邻居也受到连累。天刚亮,晋文公驾车入城,赶到北门。看着奄奄一息的僖负羁,文公抚摸着手,轻声地说,寡人来晚了,来晚了。不料,僖负羁猛地睁开双眼,然后慢慢闭上,方才死去。在场的人,默默流泪、叹息不已。妻子抱着5岁的儿子僖禄,带着一群邻居,哭拜于地。文公当即命令,僖禄享受大夫待遇,母子前往晋国定居,妥当安置邻居们。

场面暂时得以平息。晋文公命令赵衰等人,商议给魏犨、颠颉治罪。赵衰劝说,二人追随流亡19年,又是征战功臣,恳请赦免。文公怒不可遏地说道:"寡人能够取信于民,靠的就是令行禁止。臣子不遵从君令,不为臣子;君不能行令于臣子,不能说是君。国君不像国君,臣子不像臣子,何以立国?再说,诸位大夫都在寡人面前居功自傲,都敢于冒犯寡人的命令,寡人无法治理国家和民生。"

赵衰顿时会意,上前耳语:魏犨的才能与勇猛都是第一流的,如果受伤严重、必死无疑的话,自然是国君立威的绝佳目标;否则,诛杀颠颉一人,就足够给大家警示,何必将两人一起都杀死呢?文公点头同意。

其实,魏犨的伤情比较严重。得知赵衰一人前来探望,马上就揣测到文公的心思:如果病情十分严重,对于国君就是无用的人了,就会成为一个难得的坏典范,典刑正法、以儆效尤。想到这里,头脑清醒的魏犨,立即挣扎着起床,赶紧包好伤口,强打着精神,出大门迎接。

见到赵衰,魏犨照例寒暄几句,就进入主题。首先,他表示非常后悔,没有及时劝阻颠颉,顿时就把自己从主犯变成观众。其次,他担心国君责骂,未能及时请罪,掩盖自己没有及时出来露面。然后,表明并重申自己的忠君报国之志。说到激动的时候,他还跳跃几下,展示自己仍然强健。赵衰一边有心无意地喝茶,一边饶有兴趣地欣赏他的"表演"。随即回营。君臣达成默契。

次日，荀林父押着倒霉的颠颉，来到大殿。晋文公破口大骂。颠颉脾气暴躁，当众顶撞。不料，这正中赵衰等人的下怀。晋文公凛然一身正气，不失时机地对全体贵族和官员进行教育，涉及感情、道理、法令等领域。演讲刚刚结束，喝令军士们将挣扎的颠颉推出宫殿，到辕门用刑。

《三国演义》的周瑜打黄盖，也用了"苦肉计"，那是专门打给诈降的蔡中、蔡和兄弟"欣赏"的，以便传至对岸。

颠颉，乃是晋文公、赵衰等人铁定要他当坏典型的，要"树信立武"的，不能与黄盖相比。说时迟，那时快。晋文公的刀斧手们一拥而上，立刻打断颠颉的脊梁，他浑身抽搐、痛苦号叫。众人不忍观看，纷纷跪地求情。文公流着眼泪说，姑念昔日的追随之情，予以立即斩首，祭奠僖负羁。3天以后，头颅悬挂北门示众，颠颉的眼睛还是睁得大大的。晋文公随即收尸，安抚家属子女，予以厚葬。

武戏演毕，文戏上台。晋文公颁布诏令，恶狠狠地说：凡违命者，犹如此人！同时，借口魏犨劝阻不力，革去职务，贬为军士，改由舟之侨代替。全军震惊，肃然知畏。

（六）壶叔

晋文公即位，着手论功行赏，跟着流浪的，记一等，包括狐偃、赵衰、狐毛、胥臣、魏犨、狐射姑、先轸、颠颉等；暗中资助的晋朝贵族和官员，记二等，包括栾枝、郤溱、士会、舟之侨、孙伯纠、祁满等人；主动迎降的，记三等，包括郤步扬、韩简、梁繇靡、家仆徒、却乞、先蔑、屠击等。可以说，层次分明、条理清晰。

但是，掌管行李与杂物的壶叔却没有得到赏赐，感到不公的壶叔就找机会询问。晋文公缓缓说道，夫导我以仁义，防我以德惠，以受上赏；辅我以行，卒以成立，此受次赏；矢石之难，汗马之劳，此复受次赏；若以力事我，而无补吾缺者，此复受次赏。三赏之后，故而及子。也就是说，你属于第四轮奖赏，先不要着急。

如此一来，19年的流浪，每天早起晚睡、精心侍候的壶叔，居然成了没有什么智慧，没有什么功劳，只有端茶倒水打杂的辛苦，无缘享受高官厚禄的人。也许，晋文公故意委屈一两个身边的人，无外乎是对外体现自己的公正和无私，降低互相攀比的期望值，大肆收揽人心罢了。

这些说法，不无道理。那时还是奴隶社会，晋文公俨然以奴隶主身份自居，壶叔只是尽到家奴的本分，不能参与国家奖励。无独有偶。城濮之战获胜，照例行赏，却以狐偃为首。有人就说，这是先轸的谋略，功劳应该最大。晋文公却说，城濮之战的时候，狐偃规劝一定不要失信，一定要兑现当年对楚王"退避三舍"的承诺。后来，晋文公接受了先轸的建议，以及制订的作战方案，取得战斗的最终胜利。可是，先轸的策略，只是赢得一时的胜利；狐偃的规劝，带给晋国信守承诺的形象，这是万世之功。怎么能以一时之利，相比万世之功呢？所以，狐偃应在先轸之前。大家顿时醒悟过来，无不心悦诚服。

值得注意的是，晋国从献公起，不许立公子、公孙为贵族，公子、公孙只好离晋而仕他国。这就是"晋无公族"。由于排斥公族，导致异姓或国姓中疏远的卿大夫得势，政权逐渐为他们所操纵。晋文公执政，迫于种种压力，实施"属地分封"制度，无疑坐实"晋无公族"，反而刺激众多的卿大夫家族，明争暗斗、轮流坐庄。

春秋中期，10多个卿大夫家族控制了晋国的政局。晚期，经过不断火并，剩下韩、魏、赵、范、智、中行宗族，时称"六卿"。兼并愈演愈烈，民不聊生。前403年，韩、赵、魏三个家族居然杀死嫡传的智伯瑶，请求封侯。前376年，韩、赵、魏废除只有名声、没有实权的晋静公，将晋国的公室剩余土地全部瓜分。史称"三家分晋"。这是历史上具有划时代意义的重大事件，标志着奴隶社会瓦解，封建社会逐渐确立。

三、秦穆公

舜帝时期，伯翳训练鸟兽，畜牧狩猎，建筑房屋，凿挖水井，协助禹治水，获得封地，受赐姓嬴。前900年，9世孙造父，驾车立功，周穆王赐封赵城，以地为姓，赵国始现。穆王之子周孝王时期，造父侄孙非子，管理马匹有功，获封秦邑，面积只有20多平方公里。立国之初，方圆50多里，夹杂在戎狄部落，也称"秦戎"。

周幽王末期，犬戎等部落攻打镐京。秦襄公出兵援救，出兵护送平王东迁，被封诸侯，赐岐山以西之地。奴隶制经济得以空前发展。后历经文、宁、武、德、宣等国君，秦国的疆土不断东移，吞并整个关中地区。

秦穆公，嬴姓，赵氏，名任好，也称秦缪公。前659年至前621年在位，执政38年。那个年代，最耀眼的政治明星是齐桓公、晋文公。直到他们的星光消逝，主镜头才对准秦穆公。

秦穆公执政时期，受益于一批外国的高端人才，比如虞国的宫之奇，楚国的百里奚、孟明视父子，宋国的蹇叔、西乞术、白乙丙父子三人，绵诸国的由余……这个偏僻野蛮、文化教育犹如白纸的小国，因此生产力得以快速提升，综合国力迅猛增强，奴隶经济进入高潮，封建势力随之萌芽，成为可与晋国、楚国一争高低的强国，秦穆公也成为名副其实的春秋霸主。

可以说，他接过一个一穷二白、扶着木犁的国家；留下的，却是千里江山、百万雄师。

（一）秦晋之好

秦国和晋国相邻。前656年，晋献公的骊姬陷害太子申生，申生自杀，弟弟重耳、夷吾逃往外国。这时的秦穆公还比较弱小，主动与晋国结好。前654年，晋献公的长女伯姬，嫁给秦穆公。这就是历史上"秦晋之好"的开端。

前651年，晋献公去世。重耳不愿回国执政，夷吾以割让河东五城作为条件，得到姐夫秦穆公的支持，顺利继承王位，即晋惠公。然而，他多次耍赖不给秦穆公城池，还三番五次挑衅边境。

前647年，晋国发生饥荒。秦国不计前嫌，大力提供援助。黄河上，秦国运送粮食的船队来来往往、川流不息。晋国灾民无不翘首以盼、感恩戴德。两年后，秦国遇到旱灾。晋惠公恩将仇报，派兵攻打秦国，趁机占些便宜。这时，晋国的青壮年听说了，纷纷躲避兵役，老人和小孩们也纷纷指责国君忘恩负义。

前645年，双方在韩原地区激战。晋军先是几次小胜，然后是大败，晋惠公被俘。秦穆公的夫人，也就是晋惠公的姐姐伯姬，不慌不忙地带着儿子太子䓨、公子弘、女儿简璧，登上城门的高台，台下的柴堆已经点燃。百姓们纷纷围观。秦穆公闻讯赶到城门，顿时吓得要死。伯姬得到同意不杀晋惠公、重启谈判的承诺之后，才带着子女们从容走下高台。

晋惠公割让河东五城，让太子圉、女儿、妾到秦国为人质，方才脱身回国。秦穆公得理让人，还把女儿怀赢（文赢）嫁给太子圉，归还河东五城。两国以黄河为界，重修旧好。

前638年，晋惠公病重。太子圉丢下妻子，只身渡河，秘密回到国都。次年，晋惠公去世，他夺得王位，即是晋怀公。此后，他不但不把自己的妻子接回来，还禁止向来频繁的边境贸易；逢年过节的时候，也没有什么礼物送给黄河对岸的岳父，摆出老死不相往来的架势。秦穆公怒不可遏，决定教训这个没心没肝的女婿。

百里奚和蹇叔商量认为，直接开战的成本太高，肯定也会劳民伤财，最好的方法就是动用国际猎头。既然晋惠公不听话，也失去了民心，正好可以换一个国君。这的确是天才，也是惊人的想法。于是，他们不约而同地想到一个性情温厚、情义深重的候选人，资格肯定够、资历也很过硬。这就是重耳。

使者带着重礼，见到楚庄王，说明来意。后者也很支持重耳，赠送很多礼物，派兵沿路护卫。重耳一行启程，很快到达秦国。这时，秦穆公又把晋怀公扔下的女儿怀嬴，改嫁给他。重耳自然不肯，没有当面答应。随行出亡的胥臣，极力相劝、玉成此事。为了给怀嬴挣足面子，秦穆公精心挑选70位美女做了陪嫁，一同前往晋国。事后证明，这是富有远见的决定。

前636年，秦穆公派兵护送重耳东渡黄河，占领狐。不久，立为国君，即晋文公。秦晋两国重新和好。

秦穆公是国际婚姻猎头的高手。简单说，他是晋献公的女婿，申生、重耳、夷吾的姐夫；第一次嫁出女儿，成了晋惠公（夷吾）的亲家；然后，成了晋怀公（太子圉）的岳父；第二次嫁出被晋怀公弃掉的女儿，反而成了晋怀公的叔叔、晋文公（重耳）的岳父。4位晋国的国君，和他都有姻亲关系。

春秋战国时期，诸侯国联姻现象非常普遍。秦晋之好的两位主角，一是晋献公的长女伯姬，早年出嫁秦国，做了秦穆公的夫人；二是秦穆公的女儿怀嬴，嫁到晋国，先后做了晋怀公、晋文公的夫人。她们就像一条潜伏的眼镜蛇，既不多话，又不多事，到了关键的时刻，疾如闪电、一招致命。

（二）羊皮换相

春秋时期，诸侯国之间连年攻伐、战争频繁。虞国是一个小国，与邻近的虢国结盟。前655年，晋献公借口讨伐虢国，赠送虞公一对绝美的璧玉、两匹骏马，请求借道行军。大夫宫之奇极力劝阻，虞公不听。果然，晋军消灭虢国，班师凯旋的时候，顺手把虞国也灭了。"假虞伐虢"和"唇亡齿寒"的典故由此而来。

当时的秦国，很想奋起直追，改变生产落后、民风粗俗的现状，但是自身的教育和资源不足，只能引进外国的高端人才。偏居西陲、一关锁喉的秦国，远离春秋混战的中原地带，反而成为高端人才的避难地。只要重塑自身的形象、树立良好的口碑，秦国就能够吸引大批厌倦战争、颠沛流离的各类人才。

宫之奇逃到秦国，很快就得到国君设宴接见。酒过三巡，秦穆公说，寡人很早就听说先生贤能，请留下来吧。宫之奇自然欢喜，随即答应。秦穆公又问，虞国还有什么人才，希望先生推荐。后者顿时放下酒杯，叩拜说，我的好朋友百里奚，堪称天下奇才。

百里奚是楚国人。出身不明，家境贫困。结婚之后，一无功名，二无资财。妻子杜氏借了一些钱，让他出门闯荡江湖。他先后游历多个国家，皆不举，后来做了虞国的中大夫。晋献公消灭虞国，俘虏虞公，大夫井伯、百里奚等权贵们，都被降为奴隶，作为女儿伯姬的陪嫁，一并押送到秦国。路上，他趁看守一时疏忽，只身择机逃到故地楚国，被安排在牧场养牛。

　　秦穆公听闻百里奚是奇才后大喜，吩咐准备聘礼。公子絷连忙制止，上前说到，秦国和虞国相近，尚不知道百里奚的真实才能，楚国那么远，想必也是如此。我们最好是不动声色，通过奴隶买卖市场，按照奴隶的市价，也就是5张黑公羊皮，安排级别很低的使者到楚国，以惩治逃犯的名义，换回百里奚，就行了。秦穆公顿时领悟，予以照办。

　　这与当年商汤招揽伊尹的情形不同。夏朝，奴隶主之间的奴隶转让是一件小事，对于部落首领来说，可有可无、可贵可贱；但是，迎娶却是部落的大事，不能掉以轻心。伊尹出主意，硬把一件小事弄成场面壮观的大事，结果如愿。公子絷的思路与之相反，就是要把这个对于秦国来说意义重大的国际猎头，从大事变成小事。

　　使者到了楚国，见到牧场的管家，一边剔着牙，一边摇晃着马鞭子说，秦国的奴隶百里奚，逃到贵国，请让我们把他赎回，以便治罪。楚国当即同意放人。

　　按照奴隶交易的规矩，百里奚被铐上双手，戴上脚链，和其他奴隶一起，押回秦国。刚过边境，早已等候的秦穆公，急忙上前，亲自打开手铐和脚链。宫之奇一边笑着，一边擦泪，忙着张罗酒宴。两人彻夜畅谈。不久，秦穆公邀请百里奚出任相国。后者推辞说，我比不上我的朋友蹇叔，非常有才能，却少有人知。我外出游学求官，困在齐国，只得讨饭。宋国人蹇叔收留了我。当时，公子无知发动政变，杀死国君自立，正在招募人才。我想报名，蹇叔及时阻止，得以躲过随后发生的再次政变。在周朝国都的时候，王子颓非常喜爱牛，我养牛的本领还是不错的，眼见有了一些成绩、准备升官发财的时候，蹇叔出面劝阻我远离王子颓。我离开不久，王子颓被杀。到了虞国，蹇叔也劝阻过我不要当官。可是，我已经流浪多年，实在不愿奔波，就接受了官位。回想一下，两次听了，都逃脱险境；一次没听，就遇上虞公亡国而被俘。所以，蹇叔是有才能的，而且比我强。

　　听到这里，秦穆公立即派公子絷，带着厚重的礼物去迎请蹇叔。经过交谈，秦穆公对他的雄才大略称赞不已，遂拜蹇叔、百里奚为左右相国，共掌朝政。一年不到，先前空荡的秦国王宫，顿时变得热闹起来。先是宫之奇，然后是百里奚，又来了蹇叔。而且，三人都是故交。

这种一带二、二加三的高端人才引进策略，非常适合刚刚起步的秦国。一是紧盯高端人才。宫之奇、百里奚都是外国的高官，跻身成功人物之列，久经考验、深谙江湖，培养成本等于零，上午过来下午就能够开工。二是趁诸侯国混战的时候，高端人才好比落汤的凤凰，几乎就是白菜的价格、牛肉的品质。三是鼓励亲戚、朋友、战友们一起跳槽，形成一个相对的小气候。他们彼此相识多年，沟通也相对简单，只要有了共同的奋斗目标，很容易团结一致、同心协力，等等。

蹇叔、百里奚、宫之奇、公孙枝等贤臣良将，尽心尽力、废寝忘食，"谋无不当，举必有功"。秦穆公对内，德义、刑威并用，引入先进的生产技术，大力垦荒、鼓励军功、加强教化、开启民智，逐渐形成积极而务实的国政风格；对外，主动搞好与邻国的关系，调整国防战略，不再频繁攻打诸侯国；等等。秦国的国势始得上升，放开脚步追赶发达的诸侯国。

由于外交事务很多，百里奚的相府高朋满座、觥筹交错。一天，洗衣服的老妇人听到乐声，主动上前要求演奏。醉眼蒙眬的百里奚，听到歌词提及自己，猛然惊醒、上前辨认，却是失散几十年的结发妻子杜氏。夫妻二人抱头痛哭，见者无不动容。秦国的平民百姓知道这个喜相逢的故事，纷纷赞美夫妻的高贵品质。秦穆公听说，赶紧送来许多金银财富，表示祝贺。其儿子孟明视，进入王宫担任护卫。

前621年，百里奚去世。听到噩耗，秦国的百姓们悲伤流泪，孩子们停止唱歌，工役们不喊劳动号子，表示深切的怀念。

（三）穆公亡马

前648年，穆公在岐山设有王室牧场。一天，几匹马逃走了。牧官非常惊恐、四处寻找，结果在附近的村庄找到几块马骨头，于是，牧官把村庄包围起来，抓住300多个农人，押送回来，交给穆公定夺。不料，穆公得知，非但不怒，反而说这几匹马都是上好的肉质，赏赐他们一些好酒，便让他们各自回家。

3年后，秦国和晋国在韩原大战。战事激烈的时候，穆公与大军失去联系，只有少数卫兵。晋国军队远远看见这彪人马的旗帜独特，预感是国君。于是，大喊大叫着发起冲锋，想活捉秦穆公。正在这时，一队衣着杂乱、兵器怪异的骑兵，突然从侧边冲了进来，冲散晋军的阵形，十分勇猛、奋力厮杀。久攻不下的晋军本来已经疲惫，哪里抵得住这批生龙活虎的生力军，只得撤走。

穆公喘息未定，一头雾水地问道，你们是什么人，从哪里来，为什么要救我？那群人笑嘻嘻地回答，国君呀，您不认识我们了？从前，我们偷吃了您的马，却被赦免；今天，得知您在这儿作战，特地前来参战，报答当年的不杀之恩。

(四) 筚路蓝缕

前628年冬，晋文公去世。秦穆公感到机会来了，命令百里奚之子孟明视带兵征讨郑国。百里奚和蹇叔认为条件不成熟，不同意远征，却被指责懦弱和无能。

秦军一路开进，到达滑国境内，距离郑国只有80多公里的时候，遇到贩卖牛群的郑国商人弦高。弦高灵机一动，伪装使臣，说是奉郑国的国君之命，带着牛群前来犒军。孟明视以为偷袭计划泄密，只好停止前进，顺手灭掉滑国，班师归国。

晋襄公的名将先轸，决意在狭长的崤山地带伏击秦军。襄公把丧服染成黑色，重金邀请强悍的姜戎国参加，先轸统率全军。秦军被全歼，300多乘战车被烧，将士悉数战死。孟明视、西乞术和白乙丙三人被俘。

晋文公的夫人、晋襄公的嫡母怀嬴（文嬴），也就是那个带着70名美女出嫁的穆公女儿，闻讯来到王宫，对襄公说，三人挑拨我们两国国君的关系，我的父亲带话过来，对他们恨入骨髓，不如放他们回国，让父亲用大锅活活地煮死他们！晋襄公同意。

孟明视三人，带着几个跟班，垂头丧气地往回走。刚刚抵达国都的城门，只见一队穿着白色衣服的人影，对着他们冲了过来。最前面的，是国君秦穆公。他穿着白色的孝服，一边哭着，一边喊着孟明视、西乞术和白乙丙。三人大惊，当即下跪。秦穆公一个个地扶起来，悔恨地说，都是我一意孤行，不听蹇叔、百里奚的话，让你们三人蒙受耻辱！几人抱着痛哭。回到王宫，大家都坐好了，随即一抹眼泪，厉声说道，你们要报仇雪耻，不可懈怠！于是，恢复三人的官职，孟明视继续执掌军政大权。

前625年，孟明视请求发兵，报崤山之仇。秦穆公应允。孟明视、西乞术、白乙丙三人，率领400多辆兵车去攻打晋国。晋襄公派中军大将先且居前往抵御。双方在彭衙（地名）交锋，秦军又打了败仗。晋军将士无不嘲讽秦军。孟明视无地自容，把自己装进囚车，请求治罪。秦穆公十分清楚，短期内打败强大的晋军，难度过大；但是，没有风雨，哪里有彩虹？又对孟明视勉励一番。

知耻者，近乎勇。孟明视回到家里，面无表情地搬出所有的家产和俸禄，拿出来摆了地摊，一并折现，散发给阵亡将士的家属。其他将领纷纷仿效。此后，秦国官兵们一起吃粗粮、啃草根，再无以前的架子。战略和战术也做了重大调整。秦军在东方屡次失败，军方高层决意放弃野外搏杀，改练城市攻守战，着力制造新军械、研究新阵法。这是春秋战国时期最早的军事改革，短处变长处、弱势变优势，从而深远地影响兼并战争。

当年冬天，晋国乘机发兵，联合宋国、陈国、郑国，一起攻打秦国。主帅孟明视严令不许出击。很快，秦国的两座城池被占领。可是，他既不出兵，也不救援。朝野破口大骂，纷纷上书，要求另选良将。秦穆公执意不肯。

前624年夏天，孟明视挑选500辆兵车、数万将士，准备讨伐晋国。秦穆公闻讯，变卖王宫的金银珠宝，拿出大量的财帛，奖给出征的将士及其家属。黄河边上，父母送儿子，妻子送丈夫，却没有什么悲伤。送行的人，只是反复唠叨，不打胜仗，就别回来！大军渡过黄河，孟明视命令焚毁全部的渡船，截断退路。将士们情绪高昂、奋勇向前，置之死地而后生，连续打败晋国，夺得战略要地王官和郊地。晋军也被打怕了，紧闭城门，不敢迎战。

高歌猛进的秦军，从茅津渡过黄河，抵达黄河南岸的崤地，掩埋4年前阵亡将士的骨骸。秦穆公亲自主持祭拜，整整3天3夜。2500多年后，一次偶然的考古发现，3万多秦军将士的头颅，整整齐齐地朝向崤山峡谷的出口方向，场面恢宏、震撼。

秦军扬眉吐气、耀武扬威地班师。一路上，士兵们、百姓们无比崇敬地注视着自己的国君，还有走在他的身边，已经脱离稚气、显得坚毅沉稳的孟明视、西乞术、白乙丙。

（五）威服狄戎

炎黄时期，以宁夏南部六盘山地区为核心，活跃于今陕、甘一带，狝、岐之间的犬戎族（猃狁）野蛮彪悍、掠夺成性，呼啸而来，绝尘而去。《后汉书》记载，"昔高辛氏有犬戎之寇，帝患其侵暴，而征伐不克"。高辛氏就是黄帝的曾孙，尧帝的父亲。中原地带对付犬戎族，屡次征战、屡次复燃。

春秋时期，犬戎族分成北方、西方两支，地域覆盖面很广，北到山西的西北地区，南到泾渭水之间，西到陇西，东到河北、山东西部地区，几乎横跨北中国。北戎极其活跃。前722年至前637年，80多年的时间，北戎就攻击周朝两次，袭扰郑国、楚国和齐国各一次，也招致齐国讨伐三次，鲁国讨伐一次。

绵诸、义渠和大荔是西戎诸部落中实力较强的。他们生产落后，茹毛饮血，披发衣皮，部落众多，各自为政。但是，将士强悍，善于骑马和射箭，呼啸而来、卷风而去。闲来无事，他们时常突袭秦国的边境，抢掠粮食、牲畜，掳夺子女。至于周朝王室和其他的中原诸侯国，面对他们更是烦不胜烦、苦不堪言。

经历几次较量，秦国充分认识到，晋国形成绵延千里的防务体系，牢牢扼死东进的道路。如果依托险要的崤函之地、宽阔的黄河进行防守，反而更加有利。为此，他建议秦穆公避实击虚，向北方、南方，重点是向广阔的西方扩张。

无巧不成书。这边的策划方案还没有动工，那边的使者已经到了。与秦国疆土相接的绵诸王，听说秦国任贤用能、民生安居，就派大臣由余（繇余）出使考察。

秦国隆重接待由余一行，重臣和将军们全程陪同参观秀美的山河、壮丽的宫室和丰裕的积储，品尝美食、欣赏美女。一次，由余在欣赏宫殿珍玩的时候却说，"使鬼为之，则劳神矣；使人为之，亦苦民矣"。秦穆公不解。由余继续说，中原华夏之所以衰落，就是因为有诗、书、礼、乐、法、度这些东西的束缚。时间长了，君主骄奢淫逸，依仗法律威严要求和监督民众；民众疲惫不堪，就会怨恨君上，要求仁义。上下互相怨恨，篡夺屠杀，甚至灭绝家族。然而，戎族却不是这样。国君在上，仁德淳厚对待子民；子民满怀忠信侍奉君上。整个国家的政事，就像一个人支配自己的身体一样，上下一致、行动自由，无须什么特别的治理方法。圣人治理国家，也不过如此。

秦穆公意识到，由余是个难得的人才。于是，秘密命令左右，一定要收服由余。颇有计谋的内史廖进言说，由余的祖先原为晋人，避乱迁入西戎，出生于天水一带。此人爱民心切，惜民心重。要想搞定他，必须如是这般。

秘密的国际猎头行动随之展开。首先，内史廖挑选12个女乐（妓女），不仅做了思想动员，可能还许诺重金。地处偏僻的绵诸王，哪里见过来自大城市的美女？从此，他沉浸美色、饮酒淫乐，疏于朝政。其次，百里奚、蹇叔、公孙枝等大臣和将领，轮流做东，陪伴由余游玩，目的就是拖延时间。不知不觉，就是一年多。喝酒聊天的时候，由余自然谈到西戎的地形险要、兵势强弱。再次，由余坚持回国的时候，礼节十分隆重，送行的大臣、将军们和他哥哥长、弟弟短地哭成一团。绵诸国王得知，心生疑虑。秦国美女们乘机围拢上来，你一句、我一句，数落由余的不是；有的还故作吃惊地说，由余是不是叛变的，回来卧底的？如此种种。

眼见国事荒废，由余数次求见，都被绵诸国王无情地拒绝；数次上书，都被无情冷落。几个回合下来，他渐渐失望，心如死灰。这时，笑容可掬的秦国使者，轻轻地扣响他的大门，邀请他重返秦国。由余出门一看，暗藏刀剑的车夫，排列整齐的车队，喂饱粮草的骏马，正在翘首以待。

由余出走之后，更加证实了秦国美女们的提醒，是那么的及时，又是那么的准确。从此，绵诸国王不但欣赏她们的美貌，更加相信她们的智慧。毕竟，荒凉的西域地区，野性十足、狂放不羁的美女，多的是；有点文化的美女，的确很少。

前623年，秦国采纳由余的建议，不再进攻东方的铜墙铁壁，转向西方，改进对付骑兵的有效武器，集中优势兵力攻打西戎，其后摧枯拉朽、风卷残云。士兵们攻进绵诸国的王宫，全都乐了。原来，喝得乱醉的国王，已经被结结实实地捆了起来，歪着头，坐在墙角，流着口水。英姿飒爽的秦国美女们，拿着刀剑守护在四周，只等交货呢。

不到一年的时间，绵诸、绲戎、翟戎、义渠等12个西戎小国被灭。"益国十二，开地千里"。秦国的国界迅速扩大，南至秦岭，西达狄道（今甘肃临洮），北至朐衍戎（今宁夏盐池），东到黄河，南方的巴国也来朝拜。史称"秦穆公称霸西戎"。一向呼应的西戎被灭，北戎顿时显得孤立，不敢轻易出动。衰微的周朝长久以来的心头之患，暂时得以消除。周襄王闻讯，立即派大臣召公到秦国，赏给秦穆公12只金（铜）鼓。自此，穆公遂成春秋一霸。

由余病殁之时，秦穆公悲痛万分，辍朝一日以示哀悼。特意在由余生活过的陕西雍州、武功郡丁山、西安、江南淮安府武功山等几个地方，分别为其建造坟墓。

称霸西戎之后，秦国攻守自如。东面的黄河，不再是军队东进的天险，反而成了国家防备的天障，攻守形势顿时逆转。向西的扩张，打开战略纵深，陡然广阔的河西长廊，呈现在面前。渭河平原彻底被控制，为秦国提供了发展空间。肥沃的成都平原，只有一山之隔。这些更加广阔、更加落后的地方，开始被开垦、被蚕食。拥挤在国都的贵族、官吏、平民和百姓们，有了新的自由天地，人才内压跟随扩张的步伐，逐渐降低、趋于正常，甚至再度出现人才匮乏的紧缺局面。这个深层次的改观，秦国朝野也许并没有想到，将是意外之喜。

秦穆公是天才型的猎手，心态和手法绝对一流：死皮赖脸地当上女婿，二次嫁出自己的女儿，假装仁慈赐酒给农人，穿着孝服迎接败军之将，流泪公祭埋葬将士尸骨收服军心，不择手段策反绵诸重臣……真是见人说人话，见鬼说鬼话，放得下架子、放得下脸面。特别是在积极搜罗人才、重用人才等方面，他既老道，又熟练，时而还很有创意。

前621年，秦穆公死去，177人殉葬。这是西周以来人殉葬记录最多的，也从侧面反映，当时的秦国社会仍然保有落后、野蛮的一面。很有才干的子车氏"三良"——奄息、仲行、针虎，也在殉葬之列。对此，秦人非常哀伤，也很无奈。

前505年，吴王阖闾拜孙武为大将，伍子胥为副将，攻陷楚国国都，使臣申包胥向秦哀公求救。哀公不理。申包胥在秦国宫门外，抱着柱子痛哭，整整7天7夜。秦哀公动容说，"楚虽无道，有臣若是，可无存乎?"于是，发兵救楚，击败吴军。阖闾撤兵。表面上，秦哀公时期的军事实力、国际影响力还是不错的。这都是与当年的秦穆公，大力招揽人才，积极参与国际事务，锐意改革内政，全力扩张疆域等密不可分。

四、楚庄王

楚部落最初在中原一带活动。前1042年，立国伊始，封在丹阳（今湖北枝江市），面积只有20多平方公里。前741年至前690年，楚武王在位，开始向四方扩张。楚文王时期，国都南移至郢。前672年，楚文王少子楚成王依靠随国（今湖北随州）的支持，杀掉哥哥，登上王位。他通过"布德施惠""结好诸侯"和重贡周王，以巩固王位；同时，镇压夷越，开拓江南，剿灭20多个小国。前638年，楚成王打败宋襄公，称雄中原。前632年，城濮之战，楚军被晋军打败之后，一蹶不振。前626年，成王被太子商臣（楚穆王）和潘崇逼死。

前615年，楚国令尹成嘉率军征服舒、宗国，包围巢国。前613年，再次出征。公子燮、斗克镇守国都。楚穆王病死，不到20岁的长子熊侣即位，即是楚庄王，又称荆庄王，是楚国的第25代国君。没有几天，公子燮、斗克二人发动叛乱，挟持楚庄王一起，到处乱跑乱躲，旋即被诱杀。楚庄王重返郢都，惊魂未定，大病一场。

然而，就是这个被吓得发抖、年轻英俊的楚庄王，却在历史上留下非凡的人生足迹：23岁，攻灭庸国，打服群蛮；26岁，讨伐宋国，缴获战车500多乘；28岁，饮马黄河，问鼎中原；29岁，一举歼灭楚国强族若敖氏；33岁，挺进江淮地区，遇谁打谁、打谁灭谁，时无对手；36岁，击破陈国；37岁，攻克郑国的国都，击败强大的晋国；40岁，举行诸侯会盟，14个国家参加，霸业达到顶峰；43岁，病死。

楚庄王在位23年，是春秋时期公认的霸主，也是富有传奇色彩的人物。楚国出了这样的牛人，乃是长期的艰辛积累。这就是"唯楚有才"。

第一，手中有粮。楚文王南迁之后，新的国都郢（今湖北荆州市）恰好处于江汉平原的心脏，既是著名的鱼米之乡，又是长江中游水陆交通的中枢，更是南北物资的集散地。历代国君不断南征北战，洞庭湖平原、鄱阳湖平原相继被楚国占领。冷兵器时代，手里有了粮食，就能养兵；有了兵，就能够打仗。

第二，手中有书。楚国南迁的时候，比较狼狈。可是，周朝大量的典籍、乐器、工匠、士人都被完整打包，一并带走。再者，黄河流域的诸侯国连战不休，没落的贵族、退休的官吏、失业的教师纷纷南下，师资比较充足。大户人家、土豪们根本不管什么周朝礼制，几家出钱、几家出粮，就把教书先生供养起来。平民百姓提几块腊肉、拎几袋粮食，子女就能上学。与其他诸侯国相比，楚人的藏书最多，私塾最多。

又者，商周时期，通行甲骨文，材料难找，刻得费力。到了楚国，情况就变了。南方多竹、多麻，拿竹片、帛布书写，简单而方便，史称"楚简"。打破狭窄的贵族教育，促进知识文化的广泛传播，不断扩大教育范围，无疑是楚国早期君主们的可圈可点之处。

第三，手中有铁。春秋早期，曾国一度颇为强盛，"汉东之国，随为大"，并且因保持着宗周的文化传统，相比其他诸侯国，文化较为发达，青铜铸造技术高出一筹。西周晚期，楚国的青铜铸造刚刚起步，却是不容小觑。春秋中晚期，楚国青铜器风格独特，器物结实，精美耐用。

不仅如此，楚国率先进入铁器时代，兵工生产极其发达。秦昭王曾经说过，"吾闻楚之铁剑利，而倡优拙。夫铁剑利则士勇，倡优拙则思虑远。夫以远思虑而御勇士，吾恐楚之图秦也"。

楚国有了粮食、教育、铁器三者在手，自然人才济济。楚地本来就是小国林立。历经20多位国君的不断发力，奋力拼搏100多年，攻灭20多个国家，挣得黄金一般的地盘。但是，国君的传承非常混乱，动辄就使用武力。楚地民众身材高大、性情刚烈彪悍，国家的法令也比较严酷。加之，宗族势力十分强大，大姓和大户们有粮有兵、尾大不掉。巫术、占卜也盛行，不要说祭祀、打仗，就是平时的出行，也得看黄历、跳大神。不管怎样，文人能打仗、武将能读书，却是那时楚国处处可见的情景。

通常来说，楚国内部只要不大乱，就会主动对外作战，转移国内矛盾。作战失败、矛盾激化，国君只好下台。新国君上台，遇到内外夹击，只好仿效盘庚迁都的老法子，换个地方，另起炉灶。立国之后，到秦国攻灭，楚国先后迁都7次，成为春秋战国时期的搬家冠军。

（一）不飞不鸣

年轻的楚庄王刚刚上台的时候，国政被大臣们把持。自从有了被挟持的经历，楚庄王也懂得了什么叫做兵荒马乱，什么叫做血流成河。好在楚地千里肥沃，打猎、喝酒、歌舞，一应俱全。

前612年，赵盾派遣上将军郤缺，进攻与楚国相邻的蔡国。蔡庄侯一面全力抵抗，一面求救于楚国。楚庄王视而不见。不久，蔡国都城失陷，蔡庄侯悲愤而亡。楚王宫依然载歌载舞。

前611年，楚国遇到少见的饥荒。巴国东部的山戎族趁机袭扰，一直打到阜山（今湖北房县）。东方的夷国、越国，派兵入侵楚国的东南边境。臣服于楚国的庸国，也发动民众造反。被楚国征服的麋国，调动兵马集结，进攻郢都。各地的告急文书，雪片般飞往郢都。楚国几近崩溃。

年轻的楚庄王并不在意朝中之事，交由成嘉、斗般、斗椒等人打理。宫门口居然挂起一个大牌子，上边写着6个大字，"进谏者杀毋赦。"

诸大夫心急如焚，又无可奈何。一次，大夫伍举晋见。楚庄王端着酒杯，嚼着鹿肉，正在观赏歌舞。看见伍举进来，他眯着眼睛问道，大夫来想喝酒呢，还是看歌舞？伍举说，谢谢！有人让我猜一个谜语，我怎么也猜不出，特来请教。楚庄王歪着头问，你说说！伍举说，楚国的都城来了一只大鸟，栖在朝堂之上3年时间，不鸣也不飞。请教国君，这是一只什么鸟？楚庄王听了，笑着说："三年不飞，一飞冲天；三年不鸣，一鸣惊人。"伍举随即告退。

几个月之后，楚庄王依然打猎、饮酒、玩乐。大夫苏从请求觐见庄王。苏从进了王宫，什么也不说，当场大哭。楚庄王说，这么伤心啊？苏从回答，我要死了，所以伤心；还有，楚国即将灭亡，更加伤心。楚庄王大怒，你是想找死吗？苏从说，您将我杀了，我将得到忠臣的美名，再这样下去，楚国如果完蛋了，您就是亡国之君。说完，他把自己脖子伸得很长，头也侧向楚庄王，摆出一副找死的样子。庄王听罢，站了起来，传令解散乐队和舞女，挥袖而去。

不久，楚庄王联络几大家族，一举平定权势遮天的若敖氏家族，稳固了朝中政局。然后，整顿军马、准备出征。

一些人认为，楚庄王表面上歌舞升平，是在麻痹诸侯国，观察朝野的动向，琢磨改革的对策；同时，暗中积蓄力量，等待时机爆发。其实，那时的楚庄王，就是躲避时事、青春放荡的小混混，连一个愤青都算不上。

（二）绝缨之宴

前613年，名将养由基凯旋。楚庄王大宴群臣，宠姬嫔妃也出席助兴，轻歌曼舞、觥筹交错，直到黄昏。楚王命令点起蜡烛，别出心裁地弄了一个烛光夜宴，还叫来心爱的美人许姬和麦姬给大家敬酒。疾风吹过，蜡烛全灭。有人趁着夜色，抚摸许姬的手。许姬顺手扯下他帽子上的缨带，随即告状。楚庄王听了，吩咐大家都摘掉帽缨，继续饮酒。所有的人全部照办，方才点上蜡烛，尽兴而散。这就是历史上著名的"绝缨之宴"。

7年之后，楚庄王攻打郑国，一位将军往返冲入敌阵，舍生忘死、勇不可当。战后，论功行赏的时候，楚庄王惊讶地说，我有什么德行，又有什么才能，而且也没有怎么优待你，将军为什么如此拼命？将军说，我叫唐狡，不要您的赏赐。7年前的宴会，那个无礼之人就是我。如今，我只是希望自己能够肝脑涂地，把颈上的热血溅到敌人身上，报答国君的宽容！楚庄王哈哈大笑。

"绝缨之宴"体现了楚庄王的豪气，也体现了一定的人才尺度。国君随便抓住一个小辫子，动辄就整治，让别人怕你、服你的策略，对付小人物是可以的，但对于人才，特别是高端人才，谁怕你呀？了不起，换个主公，换个领导而已。天下之大，哪里没有一口饭养活自己？这是高端人才的想法。

（三）优孟葬马

《史记》记载，楚庄王喜爱马。一次，他得到西方的骏马，十分高兴，给马的待遇超过大夫。马浑身披金戴银不说，马衣都刺绣了花，名贵的枣脯随便喂马，马厩更是富丽堂皇，大臣和将领们都羡慕不已。

前613年，宝马肥胖过度，一命呜呼。楚庄王让群臣发丧，以大夫之礼安葬（内棺外椁）。众臣不满，纷纷上谏。庄王下令，谁再敢议论葬马一事，将被处死。

一天，优孟跑进大殿，仰天痛哭。庄王很吃惊。后者擦着眼泪说，死掉的马，是大王的心爱之物。我们堂堂楚国，地大物博，无所不有。如今，只以大夫之礼安葬，太吝啬了，太让人没有面子！应该以君王之礼安葬，举国披孝。您走是最前面，让大家都知道，马很贵，人才很贱。这样，楚国再也不需要什么狗屁人才了！

楚庄王无言以对。接着问，那应该怎么办？优孟上前一步，笑嘻嘻地说，在地上挖个土灶，架上大鼎，加点姜枣，烧些木柴，大火炖煮，就行了！这就是对待畜生的最好办法！我认识一个很有名的大厨，您有兴趣不？

于是，楚庄王也笑了，叫来王宫的厨师，通知大臣、将军及其家属子女，还有朋友们参加宴请。优孟出门，他赶紧上前，拉着衣角说，千万不要张扬出去！不要让天下人知道楚国马贵人贱的事！

（四）便民为要

前606年，楚庄王率领大军北上，"观兵于周疆"，叩问天子九鼎的轻重。楚庄王翻出老账本，挥师伐郑国，讨问其背叛楚国、投靠晋国之罪。晋国闻讯出兵，双方大战。晋军败退。鲁、郑、陈、宋国归附楚国。

次年，淮河爆发洪灾。正在当地避难的楚国人孙叔敖，毛遂自荐，主持治水，修成中国历史上第一座水利工程，借助淮河的古道泄洪，筑陂塘灌溉农桑，造福淮河两岸。当时，楚国令尹虞丘年纪很老了，推荐孙叔敖代替自己。

前601年，楚庄王视察淮河的水利工程，特意召见孙叔敖。二人见面，楚庄王大吃一惊。原来，政绩显赫的孙叔敖，头发很少，几乎是秃顶；左手比右手长出很多；个子矮小，身高不到马车前的横木。但是，二人畅谈很久。不久，孙叔敖擢升令尹。

孙叔敖廉洁忠贞，出将入相。他主持制定楚国军法，明确规定军队的行动、任务、纪律等，强化平时训练和实战演习。前597年，晋楚之战，楚获大胜，威震九州。根据孙叔敖的建议，楚庄王在广阔的江淮流域吞并诸侯国的时候，通常将国君、贵族迁移到楚国的国都，保留其祭祀的宗庙，对疆土实行县制管理，安抚当地的民众，选拔本地的贤能。这种比较宽厚的治理政策，有着极大的凝聚力，加快蛮荒诸侯国的开化，也使得楚国成为春秋时期的强国。

楚庄王的施政原则是恩威并济、便民为要。当时，楚国的车子太小。庄王命令，全国一律改造高大的车子。孙叔敖劝谏，若以命令行事，会招致百姓反感，不如把都市街巷两头的门槛做高，低小的车过不去，人们就会自觉改造高车了。庄王又嫌原来通行的货币太小，改铸大币，强令通行，引起市场混乱。孙叔敖劝说庄王恢复通行小货币，庄王听从，市场又趋繁荣。

楚庄王多次封赏，孙叔敖坚辞不受。孙叔敖积劳成疾，不幸病逝，尽管为官多年，家中却没有什么积蓄，穷得连棺材也买不起。他的儿子仍然打柴为生。优孟得知，在楚庄王的晚宴上，装扮孙叔敖的样子，模仿其说话、走路，惟妙惟肖，神色如一。这时，沉浸在歌舞升平的楚庄王，顿时醒悟过来，赶紧通知手下，厚待孙叔敖的妻子和儿子。

如果说，秦穆公是一只不知疲倦的小蚂蚁，为秦国忙东忙西；楚庄王更像是一只老鹰，静静地站在高枝上，看着底下的猪、狗、兔子、鸡鸭等，自个儿折腾。与任性的齐桓公相比，知人善任、从善如流的风格，以及城府极深、工于心计的楚庄王，个性鲜明，颇有人格魅力。晋朝《楚妃叹》写道，"矫矫庄王，渊渟岳峙"，意思是说，他的品性，如同深渊一样沉静，又像高山一样刚立。

英明雄武的楚庄王，过于倚重个人的胆识和能力，并没有彻底解决宗族林立的局面，也没有抑止官僚势力过大的问题，更没有推动法令的制度化建设。前591年，楚庄王病死，暗示10多岁的儿子继位，埋下内部纷争的祸患。楚庄王死后不久，楚国的国势又在内部恶斗和外部的打击下，迅速滑落。

前520年夏，周朝景王下定决心，废除嫡长子猛，改立庶长子王子朝（姬朝）。朝廷大乱。前516年，王子朝带领召氏、毛伯得、尹文公、南宫嚚等贵族，挟持宫廷乐师、厨师、青铜匠、陶工们出逃，携带大量的印章、档案和典籍，潮水一般涌向楚国。前505年，周敬王派遣使者到楚国追索。王子朝拒绝交出，被刺客暗杀。加之，楚国权贵争斗，连年征战，印章、档案和典籍等遂流落民间。这是后话。

五、吴王阖闾

阖闾，一作阖庐，又称公子光，吴王诸樊之子，前514年至前496年在位。前561年，吴王寿梦去世，定下"兄终弟及"的规矩。长子诸樊、次子余祭、三子夷昧先后当了国君，等到四子季札的时候，却发生意外。他死活不肯，连夜逃走了。无奈，只得拥立夷昧的儿子僚，是为吴王僚。这无疑埋下宫廷政变的祸根。

（一）刺客出击

春秋时期的豫让、专诸、要离，战国时期的聂政、荆轲，合称中国古代史"五大刺客"。

雇佣刺客，本身是最原始的猎头，目标明确、任务简单，只需搜寻合适的候选人。刺客杀死的目标，肯定是重要的首领、头领和关键人物。这种极其血腥的双重猎头，成本低、见效快，强者喜爱，弱者更加喜爱。

1. 专诸

公子光是吴王寿梦的长子长孙，也是吴王僚的堂兄。他认为，叔叔季札，当国君是理所当然的，如果他不当，就应当重新排序；他自己最有资格，怎么也不轮不到夷昧的儿子上台。

门客伍子胥懂得他的心思，暗中物色人选。一次，伍子胥看见很多人正在打架，一个名叫专诸的特别勇猛。这时，他的母亲走了过来，喊了一声，让他回家吃饭。专诸立即住手，乖乖地回家了。伍子胥说，此人非同寻常、胆识过人，于是推荐给公子光。

此后，公子光带着礼物和新鲜的肉菜，经常来到专诸的破屋，嘘寒问暖、喝酒聊天，遇到他的母亲、妻子，都非常恭谨。地位显赫的国君堂兄，不时来到普通百姓家里做客，就是大街小巷的头号新闻。铺个路、修个房子，亲戚朋友找份工作……只要开口，公子光都是满口答应，办妥之后，也不要钱。专诸的母亲、妻子和儿子，在左邻右舍的羡慕眼神里，都感到很有面子，也很有派头。

时机慢慢成熟了。一次喝酒的时候，公子光示意，伍子胥慢条斯理地提到王位继承的事情。专诸放下酒杯，直截了当地说，吴王僚是可以杀掉的。公子光站起来，拜到地上说，好兄弟，果然是好兄弟呀！今后，我的身体，就是你的身体；你的事，就是我的事！

前516年，楚平王驾崩，国内又开始争斗。吴王僚派遣弟弟公子掩余、公子烛庸进攻楚国，反而被增援的楚国军队切断退路，只好就地固守。一时间，军队不能归来，吴国内部十分空虚。公子光迅速召集伍子胥、专诸二人。

事后来看，专诸早有心理准备，甚至和母亲、妻子商量过，此去必死无疑，于是他提出三个条件：安葬在吴国第一代君主吴泰伯的坟墓附近，册封自己的儿子专毅为上卿，点名要铸剑大师欧冶子亲手制作的、浸泡毒药的鱼肠剑。这对丁急不可耐的公子光来说，都是小事。当晚，天空出现彗星。

吴王僚比较勤政，生活也不奢侈，就是特别喜欢吃鱼。第二天，公子光朝见的时候，借口找到一个特别会做鱼的厨师，邀请吴王僚到家里喝酒。后者十分高兴，就答应了。中午时分，吴王僚遂带领大批护卫，前去赴宴。酒过三巡，宴席热闹起来。公子光借口离开。

装扮成厨师的专诸，光着上身、穿着短裤，端着很大的盘子，大步走了进来，来到桌前时，突然从鱼腹中取出细小的鱼肠剑，穿破吴王僚的软甲，刺进胸膛。后者大叫一声，挣扎死去。护卫们上前，把专诸砍成一堆肉泥。

伍子胥率领大队人马，已经赶到王府。公子光随之取代吴王僚，即吴王阖闾。不久，阖闾兑现当初的承诺，埋葬专诸，安置其家属。

2. 要离

吴王僚的儿子庆忌，身材魁梧，力大如牛，被称为吴国第一勇士。父亲被杀，庆忌逃出吴国，来到卫国，受到隆重的款待。这时，卫国国君筹划攻打吴国，已经一年有余。

阖闾听到消息，决定故伎重演，安排伍子胥遴选刺客。很快得知，公子庆忌鉴于父亲被刺杀，变得十分警觉，护卫都是追随多年、忠诚可靠的亲信。不要说靠近，就是与之见面，也得保持一定的距离。

伍子胥推荐要离。他生得身材瘦小，相貌丑陋，却是有名的击剑能手，以捕鱼为生。为此，阖闾、伍子胥共同制订了严密的计划。

在王宫举行会议的时候，伍子胥的门客要离，故意激怒阖闾，被拖了下去，砍掉右臂。因为，要离是有名的剑客，右手拿剑，这个肯定会让庆忌知道的。只有这样，才能洗脱刺客的嫌疑。

过了几天，单臂的要离在国都的闹市上，大骂阖闾残暴。不久，大批的士兵前来搜捕，只抓住他的妻子。阖闾闻讯大怒，下令处决其妻，并在闹市焚烧尸体，悬赏捉拿要离。其目的就是洗白要离身价，增强庆忌对其的信任感。

果然，要离投靠庆忌的时候，伏在地上号啕大哭，发誓要给自己和妻子报仇。庆忌多了一个心眼，没有立即答应，而是暗中派人到吴国打听情况。很快，密探确认其事。仇大苦深、只有单臂的要离，被视为心腹。庆忌修建舟舰、训练士卒，准备出兵。

大结局的时候，场面十分悲壮。那天，要离左手拄着短矛，陪同庆忌一同来到船头。刚好起风，庆忌脱下盔甲，只剩一件单衣。他背后的要离突然发力，用左手端起短矛，穿透他的身体。这时，一切真相大白。庆忌捂着鲜血流淌的矛杆，凄然一笑地说，果然是刺客！可是，你也算是勇士！今天，不能同时有两名勇士一同死去，你走吧！然后，奋力拔出短矛，睁大眼睛，慢慢死去。

忠于庆忌的护卫们围了上来，愤怒而不屑地说，滚吧，找阖闾领赏去吧！要离惭愧不已，随之投河，却被救了上来，牢牢地捆住，押送到边境，交给正在等候的吴国使者。

阖闾行赏。要离说，我是为了国家，为了百姓，才去刺杀庆忌。可是，他是情义并重的豪杰，也是值得敬重的好人。现在，我完成任务，也没有脸面活下去了！旋即自杀。阖闾命令伍子胥将之葬在专诸的墓旁。

这些都是残酷的宫廷争斗。后世多有赞美之辞，意思是平民百姓也有血性，也能够成为英雄人物，也能够改变国家的命运。然而，刺客的豪迈和义气，与国家的安危、百姓的生活，到底又有多少实质的关联，却是不得而知。

(二) 争霸江淮

阖闾上台的时候，眼前是一个乱摊子。国家自然灾害频繁，时常受到海潮的侵害。军事防御设施也不完备，军饷不足，士气低落。连年内乱，荒地很多。更重要的是，西方的楚国成为雄踞江淮流域的泱泱大国，南边的越国也有很强的实力。

在这种严峻的形势下，阖闾开始大力搜罗人才，任贤使能，特别是重用优秀的外国人才。

一个是楚国人伍子胥。前522年，楚国逃亡之臣伍子胥前来投奔，公子光以宾客之礼接待。他的父亲伍奢，原是楚平王之子建的师傅，因为受到谗害，和长子伍尚一同被杀。伍子胥得知消息，逃到吴国，进入公子光的门下。由于谋略过人、多次立功，公子光上台之后，伍子胥被任命为大夫，参与国政，并主持营造姑苏城（今苏州城）。

一个是晋国人伯嚭。他原是晋国公族，宗族仇杀的时候，祖父伯州犁逃到楚国，成为楚国的名臣。父亲郤宛也曾经担任左尹，后被陷害致死。伯嚭逃到东方的吴国，得到宠信，屡有升迁。

一个齐国人孙武。他出身齐国名门望族的田氏，父亲、祖父、高祖父都是齐国的高官，精通军事。前515年，齐景公时期，高昭子联合栾、鲍、田三家造反。30岁的孙武逃到吴国，隐居起来，著成《孙子兵法》。后被伍子胥推荐，担任行人，参与国政。

经过几年的努力，吴国不断发展壮大，百姓丰衣足食。孙武与伍子胥制定破楚为先，继而南服越国，尔后进图中原的争霸方略。

前512年，吴军攻克了楚的属国钟吾国、舒国。吴王准备攻楚，孙武认为"民劳，未可"。伍子胥提出疲楚战略，建议把部队分为三军，每次用一军去袭击楚国的边境，"彼出则归，彼归则出"，用这种"亟肆以疲之，多方以误之"的战法来疲惫楚军，长达6年之久。楚军来回折腾、疲于奔命。后来，楚国令尹子常借口聚会，拘留唐国、蔡国的国君，索取贿赂，楚从此与两国交恶。

前506年，吴国联合唐国、蔡国，实施长途奔袭作战。孙武、伍子胥等人没有选择自东而西的捷径，进攻楚国重兵把守的东部，而是顺着淮河逆流而上，在淮汭（今河南潢川西北）登陆，绕到楚国守备薄弱的北部边境，闯过"义阳三关"（武阳关、九里关、平靖关），沿着汉水南进，直指楚国的腹地。

楚国令尹子常担任主帅，认为吴国军队远征，后勤供应不上，于是率军渡过汉水，准备切断粮草，反被孙武、伍子胥打了一个措手不及，只得败退。吴军五战五胜，占领楚的国都郢都，"烧高府之粟，破九龙之钟，鞭荆平王之墓，舍昭王之宫"。楚昭王逃奔随国，随即迁都。

前504年，阖闾派太子夫差率领军队，再次讨伐楚国，攻取了楚国的临时都城番邑，楚国被迫再次迁都。春秋时期，这是少有的攻占大国都城的战例。

（三）三角之殇

世界就是这样，当一个国家从弱小到强大的时候，国君往往重用高端人才，使他们充分发挥自己的才华，建立功勋；一旦进入平稳期，就有出现这样那样的问题。

吴国兴起的时候，伍子胥、伯嚭、孙武三人，形成比较稳固的精英"铁三角"，全力辅佐阖闾，太子夫差也是神勇无比。其中，伍子胥的功劳最大。专诸、要离、伯嚭、孙武都是他举荐的。

前496年，阖闾在讨伐越国的战斗中受伤，不久死去。太子夫差继位。两年后，越国进攻吴国，夫差、孙武、伍子胥率10万精兵迎敌，击溃越军，顺势攻入越国都城会稽，俘获勾践、范蠡、文种，押回国都。

前485年，夫差联合鲁国，大败齐军。几年之后，夫差率领数万精兵，由水路北上，到达黄池（今河南封丘县南），与晋国、鲁国的国君会盟，成为春秋后期的霸主。

吴国连年征战、反复绞杀，动辄就是千里跃进……等到世界恢复平静的时候，国家的高层人物却开始出现一些异常。

自鸣得意的夫差，大兴土木，建筑姑苏台，宠爱越国的美女西施、郑旦，饮酒作乐、不理朝政。

向来勤勉、足智多谋的伯嚭，就像换了一个人似的，不仅独揽朝廷，还酷爱美女和钱财，简直到了贪得无厌的地步。越国乘机行贿，救了勾践一行归国。

脾气火爆的伍子胥，多次与夫差、伯嚭顶撞，扬言要带领军队攻打齐国。伯嚭说，他这次带领军队出门，估计是不会回来的了，真的打下齐国，他就是国君，吴国面临国家分裂的危险。夫差闻讯，立即赐死伍子胥。

一直在家里读书、下棋的孙武，也坐不住了。眼见夫差日益专横、生活糜烂，伯嚭狡诈，伍子胥又被杀，心灰意冷，一走了之。

威震诸侯的"铁三角"就此打破。这个时候，灭亡吴国的人出现了。这人，正是曾经当了吴国俘虏的勾践。

六、越王勾践

前496年，越王允常死去，儿子菼执继位，是为越王勾践。阖闾得知,出动军队,趁机获利。

年轻的勾践一出场,就显示超级猎头的才能。他精心挑选一批重刑犯,许诺重金和厚礼,让他们冲到阵前,大喊大叫,集体自杀。吴军哪里见过这阵势,顿时惊讶不已。越军迅速冲锋。混乱中,阖闾被射中脚趾,染毒而死。

辅佐勾践的,也是两个外国人,而且都是楚国人。一个是文种,一个是范蠡。文种,也作文仲,曾经担任楚国宛地的县令。范蠡,字少伯,出身贫寒,素有"佯狂、倜傥、负俗"之名。后来,二人一同出走,来到越国,先后当上了大夫。

(一) 人质生涯

前494年,勾践不听范蠡的劝阻,起兵攻打吴国,被团团包围在会稽山上。伍子胥、孙武主张彻底消灭越军,断绝后患。文种重金贿赂伯嚭。夫差遂与越国签订和约。勾践、范蠡一行到国都,做了吴国的人质。

勾践一行饱尝人间艰辛,受尽嘲笑和羞辱。他主动要求照看夫差的父亲阖闾的坟墓。每次遇到夫差,大老远就过去牵喂马,还给他脱鞋,甚至服侍他上厕所。一次,夫差生病拉肚子。勾践听说了,亲自品尝粪便,说是要掌握病情,对症下药。直到第三天,他报告说,大便没有苦味,病已经好了。夫差十分感动。

夫差也很欣赏范蠡的才华,多次劝他归降自己,并许诺重金美女。但是,范蠡坚心不动,默默地陪着勾践。

3年后,夫差、伯嚭放勾践一行回国。不久,夫差又赏赐越国很多的土地、民众。

(二) 卧薪尝胆

勾践归国后,不忘受辱之耻。晚上,他不睡豪华的大床,而是睡在草堆上;门口挂一个很苦的猪胆,进门都要舔一下。每天出门的时候,门口的护卫要大声斥问,勾践!你还记得在吴国的耻辱吗!勾践立即低头说,不敢!不敢!

朝政上,勾践重用范蠡和文种二人,对他们言听计从。越国主要是从两个方面入手,内外夹击吴国。

对内,他带着几个随从,不穿华丽的衣服,也不坐豪华的马车,经常到田间地头,和平民百姓交谈,询问收成情况,现场解决问题。遇到下雨,就和大家抢修房屋,吃住在一起;凡是涉及命案,都要亲自审讯,不乱杀,不妄杀。这些举措,都让百姓十分拥护他。

对外，实施"买、送、杀、收"策略。"买"就是收买夫差的重臣伯嚭，随时得知吴国动向，谋求更多实惠。"送"就是送上优质的木料，支持吴国兴建宫殿，耗费其人力和物力；送上西施、郑旦等8名绝色美女，引诱和迷惑夫差，使之耽于声色、疏于政事。"杀"就是散布谣言、无中生有，除掉越国的劲敌伍子胥。"收"就是暗中收购吴国优质的稻种，倾销越国的便宜货，挖空其粮食生产力。

如此，"十年生聚，十年教训"。强大的吴国，缓慢衰弱；弱小的越国，迅速强大。两国的国力之间形成剪刀差，距离慢慢拉开了。

前482年，夫差北上争霸。勾践利用这个机会，突然起兵。吴国放弃前线，紧急撤退。伯嚭出面，重金求和。双方息战。

前478年，吴国发觉稻种缺乏，就找勾践帮忙。后者爽快地说，我们提供稻种；等明年有了收成，再还给我们就是了。于是，大批的稻种运到吴国。百姓们看见越国的稻种，个个饱满、色彩晶莹，真是大不一样。几乎所有的稻田都种了越国的稻种。他们做梦也没有想到，丧心病狂的勾践，为了制造恐慌、赢得战争主动权，早已把稻种煮熟、晒干了。吴国田地绝收，饥荒如期而至。

越国再次发兵。兵强马壮的越军，打败面黄肌瘦的吴军，迅速攻入吴国国都。得知被流放的消息，夫差说："我老了，不能侍奉越王。我后悔不听伍子胥的话，沦落到这个地步。到了黄泉，哪里有脸和伍子胥见面！"于是，就像齐桓公蒙上白布、羞于地下见到管仲一样，吩咐左右用布帛遮住双眼，拔剑自杀了。吴国灭亡。

把持国政的伯嚭，兴高采烈、穿戴整齐，站在迎接越国军队的队列中，伸长脖子等着封赏。勾践点名召见。他快步走出来，却被诛杀，全家也被抄没。来自越国贿赂的、堆积如山的金银财物，重新回到勾践的手中。

勾践引兵渡过淮河，集合齐、宋、晋、鲁等诸侯于徐州（今山东滕州南）。周朝派遣使者封其为"伯"，默许其霸主地位。勾践离开徐州，渡过淮河南下，把淮河流域送给楚国，把吴国侵占宋国的土地归还给宋国，泗水以东、方圆百里的土地给了鲁国。当时，越军在长江、淮河以东畅行无阻，诸侯们都来庆贺。越王号称霸王。

春秋无义战，只是百姓苦。清代著名文学家蒲松龄写就一副著名的对联，"有志者，事竟成，破釜沉舟，百二秦关终属楚；苦心人，天不负，卧薪尝胆，三千越甲可吞吴。"其中的下联，就是指勾践。这也是古代中国经典的励志案例。

(三) 飞鸟狡兔

灭掉吴国之后，范蠡被封上将军，文种也受到重奖。范蠡功成身退，与美女西施一起隐姓埋名，专心经商，在投机、地产炒作和高利贷生意中获利千万，富甲一方，自号陶朱公。民间百姓羡慕陶朱公敛财有道，尊其为财神爷。

范蠡急流勇退，善命而终。他曾经劝文种一起出走，列举"大名之下，难久居""久受尊名，不祥"的理由，一针见血地指出，"飞鸟尽，良弓藏；狡兔死，走狗烹。越王为人长颈鸟啄，可与共患难，不可与共乐，子何不去"？文种不听，果然被赐剑自杀。

在勾践看来，范蠡的完美人生，文种的悲惨下场，都是一样的。他需要的时候，会主动网罗高端人才；等他感觉不怎么需要这些人才了，或者感到这些人才对他可能有威胁，就会痛下杀手。毕竟，春秋时期的奴隶主阶层，仍然占据国家政治的主导地位。当时，所谓的人才，不过是自己的家奴而已，尽管后者感觉已经独立。

前465年，刚刚进入战国时期第10年，春秋时代的最后一个霸主，越王勾践，孤独地死去。

第二节　人才思想及主张

春秋战国时期，思想极其繁荣，学术派别林立，总称"诸子百家"。据《汉书》记载，诸子百家有100多家，4300多篇著作；而据《隋书》《四库全书总目》记载，实有1000多家。其中，法家、道家、墨家、儒家、阴阳家、名家、杂家、农家、小说家、纵横家，合称"春秋十家"。

中央威仪的缺失，长期的社会动荡，连年的诸侯征战，普通民众苦不堪言，迫使一些理论学者和实践派人士，开始思考和探索国家的治理之道。表面上，大家是在研究圣贤之道、治国之道；实质上，也在探讨精英群体的选拔、培养和使用等领域的问题。这些客观上是对远古以来的猎头思想和方法进行总结、概括和梳理，带有原始性、冲动性和个性化特征。

一、管仲

管仲是齐国历史上最出色的政治家和思想家，最早开始细化并明确高端人才的制度化管理，涉及重视人才、培养人才、选拔人才、任用人才、考核人才等方面，细分人才教化、推荐、招致、考核、任用、待遇、防奸、退休等环节，极力推进人才制度化、规范化、法制化。这对后世起到了先行作用和示范效应。

(一) 三制

齐桓公时期，管仲主持官吏制度改革，建立了中国目前可知的最早的上计制、书伐制和三选制，即"三制"。

上计制度。每年正月，"国"中的乡大夫和"鄙野"中的属大夫都要到国都述职，向国君报告其乡、属中的政务。齐桓公亲自听问，贤者升迁晋用，劣者罢黜治罪。如此，国君能够动态掌握国情，了解基层的问题，知晓官吏的作为，举行横向比较和纵向评议。最重要的是，借此提供下级官吏面见最高统治者的机遇，使得一些出身卑微的能人志士能够脱颖而出，非制度化乃至越级晋升。

书伐制。齐国的各级长官每年要对下属官员进行评议，罗列其政绩和功劳，指出其缺点和不足，并择贤而用之。被选为贤能之人的官员必须德行美好，审慎待时，劝民农耕，导向社会舆论，弥补管理的不善。

三选制。根据《国语·齐语》记载，"三选，乡长所进，官长所选，公所訾相"。首先，地方的乡大夫推荐卓有政绩的官员。其次，齐桓公依据名册，召见优秀官员谈话，询问朝政得失、国家大事等，观察其品质和能力。再次，经过国君和朝廷重臣合议认定，某官吏的才干突出，能够委以重任，即授予其"上卿之赞"，令其辅助上卿、侍从国君，得以进入中央政权核心圈层。

"三制"促使齐国各级官员必须定期检讨和反省自己，忠于职守、勤于政事、不敢怠惰。《国语·齐语》记载说，"政即成，乡不越长，朝不越爵，罢士无伍，罢女无家。夫是，故民皆勉为善，与其为善于乡也，不如为善于里；与其为善于里也，不如为善于家。是故，士莫敢言一朝之便，皆有终岁之计；莫敢以终岁之议，皆有终身之功"。

管仲推动的"三制"，开始探索比较系统的官员选举制度，破除世袭贵族的优越地位，打破周朝长期奉行的"任人唯亲"传统。这种开明而务实的人才管理路线，更加重视政绩，更加重视才干，更加重视效果。

春秋早期，各个诸侯国的国力差距并不大，还没有一股独大。齐国趁着天下大乱，订立规矩、细化制度，的确能够教化民众；同时，规范国家机器的正常运行，使得高端人才的才智得以发挥。"三制"革除积弊、振聋发聩，令人耳目一新。如同在白纸写字，效果自然是立竿见影。如此一来，齐国的人才制度成为参与国际竞争的重要利器，加之综合国力的基础条件逐渐夯实、民心民力不断收拢，率先取得霸主地位，也就不足为奇了。

从中国历史的总局来看，人才政策的出台背景和动机不一，且又是多因素的复合聚成，有着强烈的条件性和选择性，特别是趋向性。三国时期，诸葛亮照搬管仲的方法，在蜀国进行人才制度改革，收效甚微。最主要的原因是，过于细化的选拔、考核和任免制度，更加适用于已经取得战略优势地位的国家，比如当时的魏国。偏安一隅的蜀国，正处于国家实力竞争的下风，也是人才竞争的末端，沿用管仲的严治方法，反而弄巧成拙了。蜀国应该适度放松官吏和高端人才的重压管制，积极选用更多的领袖人才、奇异人才和特殊人才，以更加先进、更加开放的人才制度，奠定人才竞争优势，借以弥补地理方位、军事实力、交通条件和后勤供应等先天不足，辅以积蓄充分的远征，似乎更有机会与魏国、吴国一争高低。

简单地说，如果不能因地制宜、审时度势，貌似严整而规范的人才政策，只能落得后继无人、捉襟见肘的窘境。这是残酷的历史，不是扯淡。

（二）宰相制度

春秋时期，齐国率先创立宰相制度，在国家治理的层面，明确职业政治家的角色。

这是时局所致。周朝王室微弱，诸侯各自为政，朝贡也是时有时无。诸侯之间，以大欺小，弱肉强食，十分寻常。齐国东面是茫茫的大海，南方的蛮夷与北方的狄戎时有侵犯，中原地带的诸侯国不时威胁，想在众多的诸侯国脱颖而出，取得一定的优势，就要加强和改造最高决策层。最常见的就是加强中央集权。

中央集权的主角是最高决策者。但是，位于国君之下、万人之上的宰相，地位变得十分显赫。管仲对宰相的责任、权力、选任等方面，都有自己独特的见解。比如，鲍叔牙过于刚烈，不能委曲求全，难以控制全局；宾须无为人友善，却不能坚守国家利益至上；宁戚很能干，但往往做事不留余地；孙在能言善辩，却不能让百姓诚服……隰朋心细如发，明察秋毫，又很有分寸，既能与百姓共屈伸，又能使国家安宁长久，具备任相的充分条件。事实证明，这是准确的预言。

宰相制度的创设，是齐国人才制度的重大特色，具有划时代的意义，对后世有着很大的影响。中国历史上，随着时代的发展，宰相的称呼有很多，如尹、太师、太宰、相国、丞相、大司徒、侍中、中书令、尚书令、同平章事、内阁大学士、军机大臣等。

春秋战国时期，宰相的职位效用，其实相差很大。一些诸侯国把这个职位拿出来，专门招揽外国的公子、贤良、国家人质出任，并无实权，只是姿态或者象征。前311年至前307年，秦武王执政的时候，率先设置左、右丞相。前 306 年至前 251 年，秦昭王在位，舅舅魏冉先后四次出任宰相。

1380 年，明朝皇帝朱元璋，废除中书省和丞相制度。长达 1600 多年的皇权（王权、君权）与相权的博弈，宣告完结，丞相一称就此消失。

（三）人才观

管仲主张大人才观，选拔人才的时候，不拘一格，不计门第、出身、国别、年龄和性别，重视和考察人才的实际能力。

在朝廷内部，宰相之下设置五官，分管国家的各种事务。《管子》记载，隰朋升降揖让、进退闲习、辨辞之刚柔，被任命为大行；宁戚垦草入邑，辟土聚粟多众，尽地之利，授职为大司田；王子成父平原广牧，车不结辙，士不旋踵，鼓之，而三军之士视死如归，居位于大司马；宾须无决狱折中，不杀无辜，不诬无罪，做了大司理；东郭牙犯君颜色，进谏必忠，不辟死亡，不挠富贵，当为大谏。管仲、隰朋、宁戚、王子成父、宾须无、东郭牙，分工明确、相得益彰。

在外交领域，根据个人的特长、出访国的人文风尚，因地制宜、量才而用，对口出访、对口接待。他向齐桓公推荐说，隰朋非常聪明而机敏，可以出使教育发达、文化水平比较高的魏国。宾须无刚武有力、品德端正，适合出访民风彪悍的秦国。公子开方为人慷慨大方，但是做事不大认真，马马虎虎，可以出使同样大大咧咧、更不靠谱的卫国。季友非常博学，很有礼貌，举止文雅，适合出访礼节繁多的鲁国。蒙孙的文学修养很好，出口成章，喜爱以小恩小惠拉拢朋友，比较适合出访楚国。5 年下来，这些诸侯国和齐国相处融洽、关系亲密。

在平民百姓管理方面，管仲实行"分业定居"。即按照士、农业、手工业、商业四种职业，划成几个片区，相对集中住宿。其目的是让长辈言传身教，方便行业内部和外部的交流。优秀的人才，可以选拔到朝廷，担任低级官吏。这在当时的奴隶社会，是非常罕见的奇招，效果十分明显。几年之后，齐国"六盖天下"：财盖天下、工盖天下、器盖天下、士盖天下、教盖天下、习盖天下。

体制以外的人才，也受到重视。《管子》记载，一个村里面，有多少人识字？教书的人是谁？城垛坏了，谁负责修理？手艺最好的是谁？发生突发事件，哪些人出来维持？如果发现孝悌、忠信、贤良之人，不管什么出身，都按照什伍、游宗、里尉、州长、乡师、士师的梯次，予以提拔任用。特殊的人才，可以越级晋升。

对于特异的专业人才，哪怕有一技之长，也受到重视。管仲的观念非常鲜明，喜爱写东西的，爱好评说历史的，知晓民间疾苦的，做事认真的，自称懂得易经的，诸如此类人物，给予一马之田，一金之衣，使之衣食无忧。

普通百姓的才能，也被发掘出来。齐国规定，种菜的、喂猪的、栽树的、育苗的、治病的、预言的、养蚕的人才，只要认定，就都给黄金一斤，每月补贴8石粮食。官员要听取讲授，记录在案，同时免除这些人的兵役。

（四）用人不疑

齐国的人才任用宗旨，就是一个字：霸。《说苑》记载，管仲向齐桓公劝谏说，不知贤，害霸；知而不用，害霸；用而不任，害霸；任而不信，害霸；信而复使小人参之，害霸。

其实，管仲就是疑人不用、用人不疑的典型。晋国使者曾经和齐桓公闲坐。这时，臣子进来汇报。桓公说，直接和仲父（管仲）谈。过了一会，又有臣子来，桓公还是说，直接和仲父谈。到了第三次的时候，使者不解地问，如此看来，当国君好舒服、好轻松呀。桓公平静地说："没有仲父的时候，我当国君非常吃力；现在有了他，当然轻松了！我没有得到辅佐的时候，的确很艰辛；现在已经得到了仲父，难道还能不容易吗？"意思是说，君主能够亲力亲为，当然是不错；如果做不了，又想继续玩，就只能寻求贤能的高端人才；如果找到了忠于自己而又才能出众的人，就轻松了。

二、老子

老子姓李，名耳，字聃，楚国人，约前571年至前471年在世，中国古代伟大的哲学家和思想家、道家学派创始人、世界文化名人，著有《道德经》存世，与后世的庄子并称"老庄"。

秦汉以来，《道德经》注者如云，21世纪初期《道藏》中收录的《道德经》正统注本有50多种，唐玄宗李隆基、宋徽宗赵佶、明太祖朱元璋、清世祖爱新觉罗·福临所作之注，也在其中。

老子的学说，文字简约、语言深奥、堪称一绝。本书仅从猎头的角度来看，主要涉及人才成长的一些规律及其辩证法。

（一）圣人

《道德经》崇尚圣人理念。老子认为，圣人以国为重，以民为本，是完全得道之人，所以国家才可以托付给他，人民才将希望寄托在他身上。

这个概念与先人们对尧舜的认识一脉相承。他还对圣人提出明确要求，"生而弗有，为而不恃，功成而弗居"，要求圣人主宰一切，而又不占有一切，成就一切，而又不居功自傲。当时，这是暗讽夏朝以后的统治者，把天下当作自己家，把百姓当作奴仆，鱼肉百姓、暴虐天下的做法。

老子提出圣人治国的思想，认为只有圣人来治理国家，才能使得国家大治。圣人是与百姓"二不相伤"的，通过圣人的无为而治，"处无为之事，行不言之教"，使得"百姓皆注其耳目"，成为圣人的追随者。圣人之治的最高境界是"不知有之"，即人们根本不知道有统治者的存在，民众自然地生存和自由地发展。这是对夏桀、商纣之流的反思，也是对气数将尽的周朝进行历史的排序，无疑有着积极而进步的意义。

(二) 大器晚成

真正的"大材"，必须经过长期打磨，必须经受各种考验，必须应对多重困境，方能担当大任，成为国家的"重器"。这客观上否定了国君继承，即国家权力的传递和治理应当面向知识全面、经历丰富的"晚成"型精英人才，而不是什么"龙种凤胎"，什么"生而知之"的早熟天才。

真正的高端人才，是长期积累的过程和结果。出类拔萃的前提是脚踏实地；超凡脱俗的基础是宁静淡泊。所谓的细节决定成败、位置决定大脑，并不科学；前提是必须有全局视野、整体观念和超前意识。

这也对现代猎头提出启示，肯定和否决高端人才的，往往都是细节。考核、评估的时候，细节似乎成为一种工具。说你好，你就好；说你错，你就错。最根本的原则却被忽视了。那就是，真正杰出的人，是必须经历市场的严峻检验，证明其是坚持底线、懂得变通，并能够驾驭全局的人。

一些人才先天就有绘画、诗歌、音乐等禀赋，却不足以担当国家重任。如此而言，没有打仗，就当了将军，是不合情理的。正是有了这样的理解和尊崇，大器晚成的观念对后世的统治者、家族甚至是家庭，产生了巨大的影响；当然，这也给许多高端人才在艰苦磨练和砥砺前行的时候，带来些许温暖的精神慰藉。

(三) 功遂身退

老子认为物尽其用、人尽其才，只有保持急流勇退的心态，人生才能圆满。一个人往往竭力释放生命的最大能量，甚至是生命的本身，希望能够为社会做出更多、更大的贡献；而从社会角度来说，人才的成就和作用永远只是局部的、肤浅的和有限的。

这包含高端人才的社会扬弃：你愿意做，这很好；但是，你并不是唯一；我们可以找到更好的人来做。毕竟，国家是所有人的国家，不以全体成员的整体利益，对某个特定的人物从一而终。如在航天领域，尽管火箭助推器的马力十分强劲，到了燃料耗尽的时候，也只能弃之不用。这也是对老人政治、领导人终身制理论的否决。

高端人才大功告成、勇于身退，含饴弄孙、颐养天年，符合养生之道，也是人生的应有之义。现代猎头认为，人才具有阶段性、过渡性的时代特征。经历艰辛的成长和成熟期，人才真正能够服务国家、社会和人民的时间并不多。况且，服务是一回事；需不需要服务是另外一回事。鉴于精力、体力和生命的有限，死扛、强出头、好逞能的候选人都是不可取的。

三、孔子

孔子名丘，字仲尼，前551年至前479年在世。鲁国人，著名的思想家、政治家、教育家，儒家学派的创始人，被尊为"孔圣人、至圣、至圣先师、万世师表、文宣皇帝、文宣王"。

孔子主张以德教化人民、以礼治理国家；其述说丰富多彩，与政治阶层、权力中心时近时远，备受利用。波澜壮阔、此起彼伏的尊孔、批孔、反孔、灭孔运动，堪称千古奇观。

（一）尊贤

孔子最早涉及人才立国思想，也认识到人才的决定性作用，还提出人才质量的重要性。比如，"舜有臣五人，而天下治"。孔子主张"尊贤"，是因为人才对治理国家有着重大的作用，"其人存，则政举；其人亡，则其政息……故为政在人"。

在和学生讨论政事的时候，孔子认为卫灵公虽然昏庸无道，却没有亡国，其原因就是一批贤才得以重用，国家的秩序治理受统治者的意志左右不大。这是有效治国的机制和体制。所以，国君无道，贤臣可以免使国家衰亡；国君有道，君臣合力，国家必然大治。

（二）工欲善其事，必先利其器

从国家治理的角度而言，人才就是"利器"，必须占据先于一切的战略地位。国君重用"贤者"和"仁者"，才能打造好治国利器，才能有效地治理国家。

君子敬奉贤能的大夫，结交仁智的士人，既是参与国家政治的重要渠道，也是为人处世的积极原则。

这种中立性质的"人才工具论",恰好切中了高端人才的效能问题。对于国家、社会、人民、家族、家庭乃至个人而言,高端人才不过是一种工具;工具的使用,是有时机选择的,也有功能限制,更有换代要求的。这种看法虽然冷酷,却是真正的用才之道。

(三) 仁

"仁"是孔子思想体系的核心,既是社会政治理想,也是伦理道德原则,更是道德品质。

孔子崇尚理想人格,却不求全责备。《论语》记载,子贡、子路问,管仲、召忽曾经辅佐公子纠,齐桓公即位后,逼迫鲁国杀死避难的公子纠,召忽也自杀。但是,管仲反而出任齐国的宰相,这是"非仁",又是"未仁"。孔子肯定地说,这就是仁!弟子不解。孔子遂解释说,管仲使得"桓公九合诸侯,不以兵车",又"一匡天下,民到于今受其赐"。意思是说,管仲辅助齐桓公,国家强盛,不以武力征服诸侯,激扬天下的浩然正气,百姓受益到今天。在孔子看来,真正的"仁",是以国家利益、民生幸福作为最高的衡量标准。这种思想主张对后世影响极大。

孔子指出"志士仁人,无求生以害人,有杀身以成仁",但是后世统治者时常将"仁"置于肉体之上、置于生命之上的观念,引发无数的感慨和悲剧。

(四) 己欲立而立人,己欲达而达人

这是"忠恕之道"的重要内容之一。"行之以忠""为人谋而不忠乎""臣事君以忠"等,向来为当代猎头所尊崇。客户花费巨资搜寻的高端人才,应当具有相当的忠诚度和职业道德。

《论语》强调,"其恕乎!己所不欲,勿施于人",这恰恰也对客户提出了要求,不要让高端人才去做就连自己也不喜欢或做不到的事,特别是涉及道德的底线的事,不要强人所难。无论是将心比心,还是推己及人,人才应当得到起码的尊重和同情。

至于"己欲立而立人,己欲达而达人"的观念,不仅成为儒家基本的人才道德法则,也被后世的儒家代表人物,如孟子、荀子、朱熹等继承和发挥,成为中华民族的共同价值观之一。

"立人"和"达人"观念,不仅是许多中国猎头的价值取向,也被外国猎头纷纷奉为行动准则,几乎成为世界猎头行业的"东方信条",不无道理。

(五) 唯才是举

春秋时期,正从奴隶制向封建制社会过渡。旧的制度没有死,或者说是没有死彻底；新的制度处于萌芽阶段，只有小气候，还没有大气候。人才选拔制度上，氏族血缘关系、身份地位仍然占据主流。

出生田野、流浪多国的孔子，率先提出"唯才是举"的政治主张，无疑是切身的体会和经历再现。他站在平民的角度，主张打破门第观念，打破年龄、辈分限制，促使平民出身的人才参与政事，冲破世卿世禄制和任人唯亲的限制，有利于选拔被摒除在贵族等级之外的高端人才，给国家治理输入新鲜血液。

孔子推崇青年人参与国家政治，多次向国君们推荐年轻贤能。他举例说，古公亶父非常欣赏季历的儿子、年轻有为的姬昌，多次暗示长子泰伯主动让位给季历，授意资历浅显的姬昌顺利继承。泰伯领会，"三以天下让，民无得而称焉"，达到"至德"境界。

（六）大德不逾闲，小德出入可也

在伦理道德上，孔子主张区分大过和小过。高端人才多是精力充沛、体力过人的，如同动物的荷尔蒙分泌过剩、不时胡乱发泄的时候一样，多少会出现道德操节的不雅，却也无可厚非；但是，"大节"之类的是非原则和基本界限，不能逾越。孔子指出，"过而不改，是谓过矣"，只要悔改，仍然无事。

如今，高端人才受到攻击的缘由，多是孔子并不在意的小节，而这些小节，却被刻意放大，遂成为高端人才被迫失势的致命弱点。

四、晏子

晏子名婴，出身豪门，前578年至前500年在世，历任齐灵公、齐庄公、齐景公三朝的卿相，长达60余年，是春秋末期齐国著名政治家。

《晏子春秋》是记述晏婴言行的著作，分内篇、外篇两部分，分别记叙晏婴劝谏齐君的言行，君臣之间、卿士之间以及外交活动中的问答，以及平生的逸闻和事件。

（一）食菲薄、戒得

晏子主张廉洁从政、清白做人，强调"廉者，政之本也，德之主也"。他几乎不接受礼物，大到赏邑、住房，小到车马、衣服，都被辞绝，还时常把自己所享的俸禄送给亲戚朋友和劳苦百姓。

他生活十分俭朴，吃的是"脱粟之食""苔菜"，粗茶淡饭，素食当家；穿的是"缁布之衣"；上朝坐的是破车、老马；住的是"近市湫隘嚣尘，不可以居"的简陋居所；同时也"戒色"。齐景公看见晏子的妻子

"老且恶",就想把心爱的女儿嫁给他。他坚辞不纳,诚恳地说,"去老者,为之乱;纳少者,为之淫,且夫见色而忘义,处富贵而失伦,谓之逆道"。

(二)机敏隐忍

晏子身材不高,其貌不扬,思维独特,口才极好。他力荐出身卑下的司马穰苴为将军,成就了一代名将。跟随他的车夫,后来也当了大夫。"论人也,见贤而进之,不同君所欲,见不善则废之,不辟君所爱;行己而无私,直言而无讳。"他的同僚梁丘据,至死也说,无论如何也赶不上晏子,"为者常成,行者常至。婴非有异于人也,常为而不置。常行而不休者,故难及也"。

他十分机敏。出使楚国的时候,因为身材矮小,楚国故意只开了一个小门。晏子一本正经地说,只有狗国,才有狗洞,我出使楚国,不走狗门。官员只好开启大门。拜见的时候,楚王故意发难说,齐国没有人了吗?让你亲自出使。晏子回答,齐国首都临淄住满了人。但是,派使节出访的时候,有一个原则:精明能干的人,出使道德高尚的国家;愚蠢无能的人,出使微不足道的国家。我是最愚蠢、最无能的,只好来楚国。楚国君臣们面面相觑,只得转移话题。

如果认为晏子只凭舌头吃饭,那就错了。他的心计颇深,是厉害角色。齐国的公孙接、田开疆、古冶子是著名勇士,武艺高强、勇气盖世,为国家立下了赫赫功劳。但是,三人结为异姓兄弟,时有不端行为。晏子决意除之,便约见三人。三人如约而至。晏子事先让人在案上的金盘摆了两个香甜的桃子。这时,晏子出来说,三位都是国家栋梁,可是宫廷后院只有两个熟透的桃子,请将军们按照功劳大小,自己来分吧。说完,让人准备棺材去了。公孙接抢先取了一个。田开疆也不甘示弱,拿第二个。古冶子自恃功劳最高,感到羞耻,拔出自己的宝剑,就要抹脖子。公孙接、田开疆大惊,赶紧放下桃子,叩拜谢罪,当即自刎。古冶子后悔莫及,随之自杀。这就是历史典故"二桃杀三士"。

(三)人不同能

晏子提出一个重要的命题——人不同能,明确提出人才相对论的观念,即一个人的才能,是有局限性的;甚至可以说,是以其他方便的"不能"作为前提的。因此,"任人之长,不强其短;任人之工,不强其拙"。这是非常透彻、非常敏锐的观念。唐朝著名诗人杜甫在《前出塞》飙出"挽弓当挽强,用箭当用长;射人先射马,擒贼先擒王"的名句,更加直白、更加清晰。这也促使现代猎头非常重视高端人才的辅助力量，使之形成整体效能。

齐景公曾经问晏子，我的祖先、著名的齐桓公，喜好喝酒、美色和打猎，为什么能够当上霸主？晏子对答，桓公"变俗以政，下贤以身""使能不怠，是以内政则民怀之，征伐则诸侯畏之。今君闻先君之过，而不能明其大节。桓公之霸也，君奚疑焉？"意思是说，强盛时期的齐桓公执政的时候，愿意放下地位与贤良的人才沟通；才能突出的人，心甘情愿日夜加班，普通百姓则心怀感激。其他的，只要不损害国家利益，就可以容忍。景公点头。

谈论管仲的时候，晏子说，"管子有一美，婴不如也；有一恶，婴不忍为也"。"美"是指管仲不在意国君的私生活；"恶"是指管仲借口家族财力薄弱，无力奉养宗庙，进而索要封地和赏赐。晏子是"人不同能"的实践者，时间却给出另外一份答案："堪比管仲""又如诸葛"的晏子，后代默默无闻、几无建树；管仲的子孙，却是人才辈出、兴旺发达。

（四）和而不同

这种"和"，是以实力作为支撑的，不是虚伪君子的故作高深；至于"同"，与档次、水平、时机等相关。这与"和光同尘""道不同，不相与谋"相去甚远。

高缭在晏子手下做官多年，突然被辞退。大家不解。晏子说，我是一个狭窄浅薄的人。大家都要像撑开的大网上的网眼，而国君就是那根绳子。只有拉紧，这张大网才能稳固。这也是治国的道理。高缭在我身边工作3年多，只知道与大家搞好关系，每天都是笑脸相迎、低头哈腰。我做错了事情，他也不说。要这样的人，对国家有什么用呢，只有辞退。闻者肃然。

在猎头看来，只有真正有才干的人，遇到与自己经历不同、成就不同的人，才能做到表面上其乐融融，本质却是依然故我、我行我素。简单来说，没有真本事、好能耐，就不要假装天真和可爱；反之亦然。

五、孙子

孙子，字长卿，前545年至前470年在世，齐国人，春秋时期著名的军事家、政治家，被尊称为"兵圣"。孙子著《孙子兵法》十三篇，为后世兵法家所推崇，誉为"兵学圣典"，《武经七书》之首，被译为英文、法文、德文、日文，成为世界上最著名的兵书。

他是军事家之中的政治家，又是政治家之中的军事家，还是懂得政治进退、军事攻防的人才专家。这主要体现于，他从军事的角度阐述了许多至今光彩夺目的人才思想、观念和主张。《孙子兵法》的普适原则和方法方式，广泛适用于国家、政府、企业、非营利组织、高等院校、家族、家庭乃至个人，众说纷纭，实出一理。

（一）国之宝也

"知兵之将，民之司命，国家安危之主也。""辅周则国必强，辅隙则国必弱。"优秀的将领"进不求名，退不避罪，唯民是保，而利合于主，国之宝也"。

将帅之才要具备"五德"，即"智、信、仁、勇、严"；要有智谋，善于决策；对人要忠实诚信，不哄不瞒，不搞欺诈；对部下要仁爱，关怀体贴；关键时刻要勇敢，以身作则，要起带头作用；严格要求，纪律严明。孙子特别阐述了"仁"，"视卒如婴儿，故可与之赴深溪；视卒如爱子，故可与之俱死"。此外，将帅还要具备"知胜之道""知己知彼""知天知地""通于九变""齐勇若一""上下同欲""进不求名，退不避罪，唯人是保，而利合于主"。

军事的高端人才，要通过努力学习和掌握军事知识和军事技能，成为"知兵之将"，深入了解和掌握军事斗争规律，捍卫辅佐君王、国家利益、保卫人民。孙子把军事人才划分为三个层次，即"知兵之将""善用兵者"和"善战者"。

"知兵之将"是高层战略决策人才，善于对战局进行宏观预测和决策，高瞻远瞩、把握全局，进而指引战局的部署，并取得应有的胜利。

"善用兵者"是中层组织谋划人才，根据高层的战略决策精心策划，具体实施组织大兵团作战，拔人之城、毁人之国，以最少的损失夺取最大的胜利。

"善战者"是战术人才，能够"料敌制胜"，熟悉地形地物、战术变化和士卒的战场心理变化，敢于亲自率领士卒冲锋陷阵。

这些军事人才都是国家的宝贵财富，只要充分调动他们的积极性，发挥他们的聪明才智，国家就会富强，生活就会安定；否则，国家衰弱，民众遭殃。

孙子强调，将帅拥有相对之中的绝对主动性和自主权，反对国君瞎指挥；而且强调，这种瞎指挥"是谓乱军引胜"。所以，必须是"将在外，君命有所不受""战道必胜，主曰无战，必战可也；战道不胜，主曰必战，无战可也"。

这涉及今天的集权、分权、授权问题。然而，从历史经验来看，充分授权和有效管制同等重要。很多时候，没有及时授权，打了败仗，也打了胜仗；授权充分了，既有败仗，也有胜仗，甚至直接回师、取代国君。其中的道理，只能是众说纷纭。

(二) 五危、六败

战争是极端的社会现象。作为主角的将帅，却不能与平常人一样。孙子认为，必须充分发挥自己的长项，克服明显的性格弱点，才能获胜。

1. 五危

五危是指"必死，可杀也。必生，可虏也。忿速，可侮也。廉洁，可辱也。爱民，可烦也"。意思是说军事将领不怕拼命的，迟早因为鲁莽而死；贪生怕死的，当俘虏的概率很高；冲动又激动的，多是受不了欺侮，贸然盲动而丧命；廉洁的人，受不了污辱，多会愤然自杀；珍惜民力和民生的，总会烦不胜烦，最终身败名裂。

通常而论，竞争和敌对的一方，攻击对方的时候，都是直奔弱点和缺陷开刀。统帅的性格越是鲜明、爱好越是多样、兴趣越是广泛，弱点和缺点也就越明显。对于高端人才来说，本是微不足道、与生俱来的性格缝隙，往往成为突破口，成为失败的主要根源。但是，一个人怎么可能没有缺点、没有弱点呢？再说，在这个世界上，也没有完美人格，更没有所谓的古今完人。

孙子认为，军事将领的性格，应与战法的"正合奇胜"一致，近于"正中带邪"。犹如《射雕英雄传》的黄药师，正中带有七分邪、邪中带有三分正。道理与"叩两端、执其中"相近。进而言之，单向度的人，特别正直、特别算计、特别执著、特别圆滑……都成不了气候，也肯定成不了人物。据此，成功的创业者，多少有些邪气或者匪气；守成的后来人，多少有些冲动或者闯劲；败亡的操盘手，多少有些睿智或者聪颖。这就是历史的经验与教训。

2. 六败

六败是指不是因为天灾，而是将帅的过错造成的失败，包括形势强弱相等而以一击十的"走"；兵卒强横、军官软弱的"弛"；军官蛮横、兵卒懦弱的"陷"；偏将愤怒而不服从，遇到敌人而心怀不满擅自出战，将帅不知情的"崩"；将帅懦弱不严，管教不明，官兵没有规矩，出兵列阵时横冲直撞的"乱"；将帅不能判断敌情，用劣势的兵力去对付优势的敌人，用弱兵去打强敌，使用队伍不会选择精锐的"北"。孙子认为，这是必须重视的战败预兆和迹象。

人们有理由，也有必要对此感到困惑。一个高端人才突然空降到遇到困难、不得不动用重金来聘请外部人才的陌生之所，肯定是先前出现了这样或者那样的问题。再说，空降的时间、地点和环境，多数情况下也没有选择。其实，解决问题的方法有两个，一个是候选人不要跳伞，不搅浑水就是了；另外一个方法简单而强硬，就是势在必行、行之有效的"清洗工作"。

清洗工作乃是候选人履新的开山之作，目的就是"立威"。时间，可以早点，可以晚点，也可以不早不晚；地点，可以在会堂，可以在酒桌，也可以在刑场；动作，可以文雅，可以平淡，也可以暴力；诸如此类。这如同地里的韭菜，割了一茬，自然会有新的一茬；三朝、五朝元老级的，也不罕见，当有立身安命的绝招。

不久，威严有了、亲信来了、人心齐了、资金到了，清洗工作就算告一段落。然后，就是人才发酵、严格要求、关心爱护人才。然后，就是发挥亲子效应、同船效应、鲇鱼效应、羊群效应、死地效应……兵强马壮、同仇敌忾，该打的打、不该打的也打，就当是练兵。

（三）人君之宝

在中国历史上，孙子可能不是第一个关注，但绝对是第一个最重视间谍战略和战术的人。《用间篇》是《孙子兵法》收尾之作。

间谍战是特殊的战争。"间谍"二字，可以拆开来理解，"间"是指反间，"谍"是指谍报。前者，是指策反敌对势力的重要人物，离间敌对阵营的君臣关系，任用起义投诚的股肱精英；后者，是搜集与战争有关的军事情报，对于敌军动态做到先知先觉。

他明确提出，国君、重臣、将帅们吝惜爵禄和金钱，不肯重用形形色色、神出鬼没的间谍，导致不能全面而深入地掌握敌情，就是昏庸无道、懦弱无能之辈，做不了国君，不配做军队的统帅，算不上国家的辅佐，也不是胜利的主宰。举例来说，殷商的兴起，在于重用曾经在夏朝担任大臣的伊尹；周朝的兴起，在于重用熟悉并知晓商朝国情的姜尚。孙子还提出，间谍的档次越高越好，搜寻"上智"级别的人物当间谍，"必成大功"。

《孙子兵法》对间谍人才的选拔、任用和管制，厚赏与重罚策略并用，实力与技巧并重。间谍被划分为"因间、内间、反间、死间、生间"，各自的性质、任务和作用都得以描述，福利待遇很高，管制也十分严格。"故三军之事，莫亲于间，赏莫厚于间，事莫密于间，非圣贤不能用间，非仁义不能使间，非微妙不能得间之实。微哉微哉！无所不用间也。"但是，"间事未发而先闻者，间与所告者兼死"，杀人灭口、严守秘密。孙子还明确指出,"五间俱起,莫知其道,是谓神纪,人君之宝也"。

(四) 知己知彼,百战不殆

孙子认为,"故知胜有五:知可以战与不可以战者胜,识众寡之用者胜,上下同欲者胜,以虞待不虞者胜,将能而君不御者胜。此五者,知胜之道也。故曰:知彼知己,百战不殆;不知彼而知己,一胜一负;不知彼不知己,每战必败"。

第五章　战国时期

战国时期（前475—前221），生产力显著发展，铁器的使用和牛耕的推广，使耕种日益精细化，商品能够自由流通。朝纲不振、王权废弛、诸侯混战，无暇关注技艺与教育的发展。

然而，这是大转型、大变革、大动荡的时代。阡陌的井田瓦解、教育的门槛拆除、知识的枷锁砸碎……夏朝以来1500多年的人才禁锢，被疯狂地反叛，被酣畅地发泄。从朝廷、市井到田头，从王室、诸侯到宗族，从相府、城邑到乡村……到处需要人才，到处寻找人才，到处招揽人才。

第一节　士阶层

战国初始，奴隶制、宗法奴隶制、封建贵族制、地主封建制共存，分封制、井田制并立，贵族、官吏、庶人、自耕农、平民、奴隶杂居，封建生产关系逐渐占据主导地位。

鲁国初税亩改革、田氏代齐、三家分晋之后，朝廷形同虚设，阶层等级松动。诸侯国革新鼎故，变法图强。大批奴隶被解放，获得平民身份。以知识分子为主体的相对独立、相对稳定的社会中间阶层，得以显现。

一、士的兴起

250多年的战国时期，是霸主之间的争斗，是人才招揽的争斗，也是士阶层的内部之斗，更是知识与知识的争斗。人才犹如发条被拧得满满、放手一扬的螺旋桨，在刺眼的阳光下，在蔚蓝的天空中，夸张而尽情地表演。战国时期，涌现出一批知识丰富、技能出众的人才，或出将入相，或军功赫赫，或著书立传，或游说列国，或侠义江湖，或鸡鸣狗盗……叱咤风云、纵横捭阖，凝成斑斓多彩、绚丽夺目的群体塑像。

这就是士阶层。春秋晚期、战国时期，士是政治、经济、军事、文化和科技领域的主角。

士的兴起，是生产力的发展、社会结构的巨变、教育的普及、学术思想爆发等多种因素，叠加复合所致。中文的"士"，恰似一架战斗机的形状，其会意是能够从"一"做到"十"的人。《说文解字》解释，"士，事也"，就是从事脑力劳动、具有知识和技能的自由人。自由，就是没有人身依附关系，能够自由流动，能够自由地表达自己的立场和言论，自由地支配私人财产。狭义的士，系指知识阶层；广义的士，包括天子、国君以外的所有知识分子，包括多数的门客、宾客、食客在内。

(一) 历史沿革

炎黄时期，部落事务已经有了比较明确的分工。比如，仓颉创造文字，伶伦制定乐律，岐伯撰写医书……这些人，不一定都是首领级的人物，也有普通的部众。

舜执政的时候，士与理（李）是官位的名称，执掌刑狱。中国司法鼻祖皋陶就是"理官"，也就是原始意义上的士。

夏朝沿用"皋陶之刑"。中低级官吏，如车正、牧正、庖正等，也属于此类。

商汤时期，伊尹被招揽之后，随即解除奴隶身份，进入王府。不久，增设尹（相国）的职位。伊尹任职，取得贵族资质。多才多艺的伊尹，还是御用的巫士，相当于诸侯国级别最高的巫师。武丁时期，工匠傅说被国君做梦发现，一路擢升到相国，进入贵族序列。

西周时期，"大子建国，诸侯立家，卿置侧室，大夫有贰宗，士有隶弟子，庶人工商各有分亲，皆有等衰"。士族在卿大夫之下，庶民之上，多数是卿大夫的非嫡长子，也有天子与诸侯封赏的士大夫。这是最低级的贵族。打仗的时候，多以车战为主，武士充当车兵。《大雅》赞美说，"文王孙子，本支百世，凡周之士，丕显亦世"。

春秋早期，群雄争霸，战乱频繁，士族并没有严格标准。许多诸侯国遇到严重的旱灾、水灾、地震，杀死贵族和官吏祭祀，职位随之出售。国君赏识的、高级贵族推荐的、立有军功的贤能人才，也能够进入贵族行列。前线吃紧、灾害爆发，普通民众花费钱粮，也能够认购官职，甚至贵族身份。中央政权极力维系等级有序、公私分明的一统格局，列国纷争暗中进行。《孔丛子》记载，"周制虽毁，上下相持若一体然"。"私"就是潜在的谋反。"以私害公，非忠也。"私属、私卒、私士，非是上流所为。毕竟，朝廷还在那儿摆着。胆大的公子光、白公胜等人，被视为野心家。说白了，衰败内乱的国家，必须坚定孝忠，解除武装、裸官相对；等到需修理的时候，快刀斩乱麻，简单干脆。

春秋中晚期，养士之风渐起。赵简子、魏文侯、齐滑王、齐宣王、燕昭王都是突出代表，门客成百上千，权贵们竞相效仿。《管子》记载，"大臣能以其私附百姓，翦公财以禄私士"。《韩非子》也说，"为人臣者求诸侯之辩士，养国中之能说者……聚带剑之客，养必死之士，以彰其威"。

战国早期，士的种类、名目和称呼更加复杂。国君、显赫贵族和高级官吏养士规模，不断扩大，相互攀比和炫耀。这里的士，泛指具有一定才能的民间人才，跟从而不是依附贵族和高级官吏们，提供各种智力服务，食宿全包、来去自由。

战国中后期，人才市场的行情稳定、竞争充分。少数高端人才看菜下饭、待价而沽。"士无常君，国无定臣。"这一切，都标志夏朝以来的1500多年人才禁锢被奋力冲破，锃亮而繁华的新世界随之而来。

（二）私学兴起

士阶层有两个支点：一个是教育，文化知识和生产技能的教育；一个是脑力劳动者逐渐独立，成为社会分工协作的组成。

夏朝、商朝典籍与礼乐，只是权贵官吏的专享，平民奴隶的梦想。

西周时期，《周礼》规定，"古者学在官府"。西周时期的学校，都是由官府开办的；官府不允许私人教学。教育只限于王公贵族的子弟，平民百姓、奴隶的子女，与之无缘。官府负责选拔教师，任命专业性比较强的"王官"，实行分类教学。例如，学习法律的，就"受法于司徒"。西周中后期，贵族子弟的小学、大学体制始得建立，教育内容涉及德行、技艺、仪容等。其中，礼、乐、射、御、书、数，合称"六艺"。一些发达的城市和邻近农村，陆续设立学校，称为庠（一说序），教授各种知识和技能。

春秋时期，天子衰微，礼乐崩坏。社会生产力不断发展，人才需求随之提升。封建势力不断扩大，迫切需要增强技能、开启民智。官府无力、无心管制蔓延的私学。加之，周朝王室和诸侯国内乱不息，外战不已，抱着"金饭碗"的王官们，受不了折腾，只得纷纷出走。

《论语》记载，鲁国大乱，太师挚逃到齐国，亚饭乐师干逃到楚国，三饭乐师缭逃到蔡国，四饭乐师缺逃到秦国，击鼓乐师方叔逃到黄河边，摇小鼓的乐师武逃到汉水，少师阳和敲磬的乐师襄逃到海滨。太师、乐师、鼓师、少师都是高级专业技术人才。他们衣食堪忧，流落民间。诸侯们捉襟见肘，高价聘请的私人教师也只得对外出售。有钱人的子女随之而来。教师们的子女不再归官府所有，也流入市场。

"私学"持续兴起，长达250多年。经年累计，教育的对象越来越多、范围越来越广。脑力和智力服务，已经从沉重而频繁的体力劳动之中剥离出来。有文化、有水平的贤能人才，思想自由、学识渊博的职业教师，勤奋好学、善于争辩的学生，不下地、不耕种、不收割，衣食无忧、潜心学问，行动自由、游学列国，成为新兴的知识分子群体。

士或有知识，或有勇力，或是文武双全。在政治、经济、军事、文化、科技、外交的舞台上，他们的历史功绩、教训和影响是不可磨灭的，值得长久借鉴和深刻反省。

二、养士风尚

养士是一种机制型的猎头。表面上，主体是国君、权贵；实质上，代表的是国家利益、宗族和家族利益。加之，士的来源丰富、特长不一、成分复杂，日益国际化。这是国家猎头、国际猎头、政府猎头、家族猎头、商业猎头乃至婚姻猎头的大杂烩。

（一）来源

士主要是三种来源：贵族的庶孽、低级官吏和平民百姓。前提只有一个，就是没有犯罪经历，或者说没有被列入国际通缉。

1. 贵族的庶孽

在奴隶制社会和封建社会的背景下，权力、财产高于其他阶级而形成的上层阶级，被称为贵族，包括军事贵族、世俗贵族、宗教贵族等。贵族一般多妻，正室的儿子称为世子，属于士储性质。正室以外的妃、妾的儿子，称为庶孽，俗称公子，犹如大树的侧根。贵族的父亲病了，庶子、孽子、余子的重要任务，就是轮流品尝中药，平安无毒的话就端上去。庶子也有机会做国君，前提只有一个：运气好。

出身贵族、接受过良好教育的公子哥们，确是士阶层级别最高的群体。例如，张仪出身"魏氏余子"，即魏氏贵族的支庶；范雎也是"梁余子"；商鞅原是"卫之诸庶孽公子"；韩非是"韩之诸公子"。战国初期，20多个诸侯国的国君、贵族庶孽数量，实在难以统计，应当不会少。比如，齐桓公有3位夫人，6名侧室夫人，儿子将近20个；靖郭君田婴，瘦弱矮小不说，繁殖能力却是强悍，生下40多个儿子。如此推算，家族显赫的男女公子，至少上千。

2. 低级官吏

王室、诸侯国普遍推行官僚制度，多在贵族以外的社会阶层选拔和任用人才，大致分为以下三种情况。一是司法官的属吏。《孟子》记载，"士师不能治士，则如之何"，就是指低级的属官。二是指管理片区基层组织的官吏。《墨子》记载，"士不暇治其官府"。《管子》的"里尉"，就是级别较低的地方官。三是泛称各种属吏。《礼记》记载，"庶士，庶人无庙"，还补充说，"庶士，府吏之属"。

3. 平民百姓

这是士阶层数量最多、成分最复杂的群体，通常成为官僚队伍的策源地。

与国君和贵族组成的上流社会、奴隶和战俘组成的底层社会相比，中间阶层覆盖面很广。市民、自耕农、工匠、商贩们养家糊口的方式真是形形色色，家庭出身也是五花八门。史书记载，宁越、子贡、段干木、颜涿聚、姚贾、甘茂、申不害的父亲，依次是赶车、种田、卖马、偷盗、看门、贩酒、坐牢的。

学生群体也很庞大。诸侯国兴办的学校、私塾数量都比较多。孔子、荀子、墨子等名流，广开私学、大收弟子，门下成员数以千计。一些叱咤风云的名人，其实都是同窗。比如，荀子的弟子韩非与李斯，鬼谷子的弟子庞涓、孙膑与白圭，孟子的弟子万章与公孙丑。至于孔子，更是壮观，有"三千弟子，七十二贤人"。

(二) 类型

简单统计，士的称呼将近100个，内涵丰富，外延广泛。许多词汇的意思交叉，难以分辨，譬如，勇士、秀士、俊士、烈士、豪士、车士、都士等。

从现代猎头的角度来看，可概括为三种类型：国士、文/武士、游士。

1. 国士

国士，是指国家之中才能最优秀的人物，就是基于国家利益，国家委派、承担和供养的士。《左传》说，"国士在，且厚，不可当也"。《战国策》曰："知伯以国士遇臣，臣故国士报之。"宋朝黄庭坚《书幽芳亭》说，"士之才德盖一国，则曰国士"。

国士多是技能突出的非凡人才，政治级别很高、福利待遇优厚，甚至直接归国君统领。但是，对国士的人才管制也十分严厉，一旦失宠，赐死、诛杀、连坐之类的情形不可避免。那时，特种人才的激励和惩治体制齐全，多见于辅佐君臣的"谋士"、出使外国的"使士"、宫廷技艺的"巧士"、担任间谍的"死士"、占卜吉凶的"方士"、管理药品的"医士"等。

春秋战国时期的国士代表人物包括李悝、申不害、管仲、商鞅、范雎、苏秦、张仪等。

2. 文士、武士

文士就是读书人，具有一定的德行、言谈、道术。史书记载，"农与工肆之人""虽庶人之子孙也，积文学，正身行，能属于礼义，则归之卿相士大夫"，包括通士、公士、直士、志士、修士、善士、信士、廉士、劲士、正士、文学之士、游学者、智术之士、法律之士、弘辩之士、游说之士、游宦之士、察士、博士、智士、策士、倾危之士、任举之士等。其代表人物包括孔子、孟子、荀子、墨子等。

武士主要是指来自军事系统，依靠军功选拔的人才。根据职责的不同，武士包括选士、练士、锐士、精士、良士、持戟之士、射御之士、材伎之士、虎贲之士、剑士、甲士、爪牙之士、教士、庶士、吏士等。其代表人物包括孙子、伍子胥、尉缭、吴起、乐毅等。

3. 游士

游士主要是指一些特种人才。

隐士。另类异样，鱼龙混杂。诸如居士、处士、山谷之士、江海之士、岩穴之士、贵生之士、高士、闲居之士等。他们或修身养性，再图来生；或潜心学术，自圆其说；或静观待机，钓鱼权术；等等。其代表人物有鬼谷子。

技士。技士分成以下三种。技艺之士，系指有一技之长和专门技能的人才，多是手工业者；商贾之士，多指商业成功人士，也都是商人；方术之士，系指卜、巫、相面、风水、医生、药师之类的人才。《商君书》说，"技艺之士，资在于手。"《韩非子》更加明确，"今商官、技艺之士，亦不垦而食"。其代表人物包括巴寡妇清、白圭等。

游士。典籍称之"侠""节侠士""游侠"。其群体特点是江湖义气、豪爽冲天，动辄"士为知己者而死"。其代表人物包括专诸、豫让、要离、聂政、荆轲等。

（三）效能

战国时期，士在国家治理领域的地位、作用和效能已被充分认识。景鲤对薛公说，"君之所以重于天下者，以能得天下之士而有齐权也"。《墨子·尚贤上》指出，"得士则谋不困，体不劳，名立而功成，美章而恶不生"。《墨子》说，"入国而不存其士，则亡国矣……非士无与虑国，缓贤忘士，而能以其国存者，未曾有也"。孟子说，"士之失位也，犹诸侯之失国家也……士之仕也，犹农夫之耕也"。

《孔丛子》评价说，"天下诸侯方俗力争，竞招英雄，以自辅翼。此乃得士则昌，失事则亡之秋也"，从根本上深刻地揭示战国时期经久不衰、此起彼伏的养士真谛。

从士的主公（使用者）的角度，主要包括以下效能。

1. **私人武装**

春秋战国时期，战争频繁、内乱不止。国君、权贵们提心吊胆、人人自危，纷纷组建隶属自己、绝对忠诚的私人武装。

比如，管仲被罢官，回到自己的封地。朝廷认为他企图不轨，遂派兵围剿。他带领几千家臣、门客、随从们誓死抵抗，和正规军打了几天几夜。双方不分胜负，可想战斗力之强。

又如，秦王政的时期，与太后私通生子的嫪毐，居然能够趁国君不在都城，突然率领数千门客攻打防卫严密的王宫，可想势力之大、野心之巨。

2. **出征打仗**

战国早期，军队并不是职业化的，而是临时组建、一呼而应的。遇到国君打仗，所有的权贵们都要出钱出力，经常还得亲自上场。一旦有了战事，属下们赶紧换好衣服，拿着旗帜、扛着刀枪、背着口粮，整整齐齐地跟随主公，呼啦啦地出门。这是正规军的主力，也是游击部队，甚至是特种力量。比如，前257年，信陵君魏无忌窃符救赵，3000多名门客随之。等到打败秦国军队，正规军自行回去。信陵君和门客则滞留赵国多年。

有的时候，学生军也参与战争。前440年，楚国准备攻打宋国。正在教书的墨子听到消息，命令弟子禽滑厘带领300多名精壮的青年学生紧急出发，帮助宋国将士守城。随后，他亲自出面，通过沙盘演练，成功劝阻楚王。

3. **对外交往**

那时，诸侯国的高层交流是比较频繁的。《韩非子》指出，"为人臣者求诸侯之辩士，养国中之能说者……聚带剑之客，养必死之士以彰其威"。

主公出行的时候，一匹马、一面旗、一个车夫，哪里有什么排场。有了门客，就大不一样了，动辄就是车轮滚滚、前呼后拥，俨然气派多了。

4. **管理家政**

《商君书》记载，秦国官吏享税邑600家的，就可以"受客"。各种各样的士，如同战斗机群，飞进权贵们的豪宅。收取田租，教育子女，国际贸易，出使调研，看门护院，打理资产……有什么，干什么，越干越熟练，越干越专业。

5. 人才储备

门客进出比较自由，又有基本的生活保障，能够从事智力服务。少数脱颖而出的高端人才，还可以参与国家治理。《管子》记载，"大臣能以其私附百姓，剟公财以禄私士"。

例如，秦国丞相吕不韦的门客甘罗，被推荐给国君，恰逢其时、立下大功。楚国人李斯游学多年之后，先是投到吕不韦门下，后来做了秦国的丞相，成为著名的政治家、文学家和书法家。

（四）争士风尚

春秋末年，诸侯国的人才需求比较旺盛。尊士、争士、养士成为上层人物的社会风尚。孟尝君"宾客日进，名声闻于诸侯"。士的选择余地很大，流动性也很强。但是，范雎指出，许多士就是追求"欲富贵耳"。荀子也说，士进入上流社会，就是"取田邑"；同时指出，"今之所谓士仕者，污漫者也，贼乱者也，恣睢者也，贪利者也，触抵者也，无礼义而唯权势之嗜者也"，士人具有强烈的功利性、虚伪性和破坏性。

为了吸纳优秀人才，特别是外国高端人才，国君和权贵们神机妙算、花样百出，有目的、有计划、有步骤地参与争夺。其中，最重要的就是争士，包括"官、爵、禄、奖、养"。

许官、授爵、蓄禄三位一体。墨子说，"必且富贵之、敬之，誉之，然后国之良士，亦将可得而众也"；又说，"高予之爵，重予之禄，任之以事，断予之令"；还说，"爵位不高，则民弗敬；蓄禄不厚，则民不信；政令不断，则民不畏"。孟子也说，"尊贤使能，俊杰在位，则天下之士皆悦，而愿立于其朝矣"。《荀子》最为干脆，"好士"就是"富士"。知识分子的口袋一旦有了钱，什么问题都解决了；其他的，根本不用担心。

奖也是主流方法，类似见面礼、安家费。《管子》提出，褒奖必须"树表置高"，也就是树石碑，立牌坊。齐国稷下学宫，招纳天下之士，待遇十分优厚。70多位天下名士，"皆赐列第，为上大夫"，"开第康庄之衢，高门大屋，尊宠之。览天下诸侯宾客"。年迈的孟子，到达齐国的时候，出行也很豪华，"后车数十乘，从者数百人"。齐宣王对天发誓，"欲中国而授……养弟子以万钟"。意思是说，你帮助我得了中原，国家养你的弟子，10万、50万什么的都是小菜一碟。燕昭王"卑身厚币，以招贤者……乐毅自魏往，邹衍自齐往，剧辛自赵往，士争趋燕"。

养，是临时性质，也是风险投资型的策略。门客多有一技之长，一时看不清的，先收留再说；有的分等级、分类别，享受不同的饭菜、车辆待遇。也有主公、门客、下人们，平时都去内部食堂用餐的；只有来了客人，再挑选几个陪客。意气风发的李斯、吊儿郎当的毛遂、年迈体弱的冯谖、拖着鼻涕的甘罗、残废不便的孙膑……最初进来的时候，都有一碟肉丁、一碗粗食和一撮咸菜，暂时养命糊口而已。不是养老院，胜过养老院；不是幼儿园，胜过幼儿园；不是收容所，胜过收容所。但是，在这个以忠诚而不是能力作为衡量标准的场所，主公们动辄施以私刑，这时士的日子也不好过，比如范雎。

别的不说，几千门客挤在一起，良莠不分、鱼目混珠。但是，只要几个人有用，成本全部回收，利息绝对丰厚。等到有一天，豫让行刺、毛遂自荐、孙膑赛马、曹刿论战、冯谖烧债、甘罗封相、荆轲刺秦，乃至六国相印、鸡鸣狗盗……主公突然发现，一切都是值得的。

（五）客卿制度

战国时期，一些诸侯国主动邀请其他诸侯国的人（有的可能是公子、丞相级别的）来本国做官，职位为卿，享有本国同级别官吏的福利待遇，且以客人的礼节对待，故而得名。

客卿主要负责联络各诸侯国，斡旋涉及战争、外交方面的事务，最高级别的达到上卿，仅次于相国（丞相）。除楚国外，其他诸侯国都设有客卿爵号。

秦国热衷于此。从秦惠王到秦王政的5代国君们，都将客卿制度化定为一项基本国策。对客卿无论出身门第的高低，不管原来所操的职业的贵贱，一旦经过试用确定，就给予高官，授予重权，甚至拜为相将。这对东方各国的人才无疑具有巨大的吸引力。秦昭王时期，客卿就有通、寿烛、司马错、胡伤、灶、司马梗、范雎、蔡泽等8人。

《秦集史》统计，自秦武王以后到秦始皇时代，100多年期间，至少有11名外国人，出任丞相级别的职位，将近总数的70%。丞相是百官之长，且分为左右，以左为上。其中，樗里疾（秦国）、甘茂（楚国）、魏冉（楚国）、杜仓（未详）、薛文（齐国）、楼缓（赵国）、寿烛（未详）、范雎（魏国）、蔡泽（燕国）、吕不韦（卫国）、隗状（未详）、冯去疾（韩国）等12人，出任右丞相；地位更高的左丞相，芈戎（楚国）、屈匄（楚国）、向寿（楚国）、金受（未详）、徐诜（未详）、王绾（未详）、昌平君（楚国）、李斯（楚国）等8人担任过。此外，寿烛曾经担任右丞相，仅次于魏冉，一度代理左丞相。其实，"四大公子"之一的齐国孟尝君，还有魏国的池子华，也曾短暂任职丞相。

再如，秦国二十级军功爵位制之中，最高级别为彻侯，商鞅（卫国）、公子通国、公子恽、王绾、魏冉（楚国）、范雎（魏国）、吕不韦（卫国)、嫪毐、王贲、王离、令狐范（魏国）、李斯（楚国）、白仲、杜赫（楚国）等14人获得，50%都是外国人。

享受客卿待遇的，还有一些特殊的人才。比如，指挥和从事间谍活动的尉缭、姚贾、顿弱；养殖军马的豪商乌氏倮；甚至是郭开，也因为被暗中收买、里通外国，在赵国灭亡之后，成为秦国客卿。

三、天下第一士

在战国时期，其实很难分清一个高端人才到底属于什么类型。按照政治业绩、军功、国际名声、个人性格、著作、人物代表性等指标综合来看，吴起（前440—前381），自然排名第一。

吴起是一个特殊的士，他性格复杂，文武双全，堪称"天下第一士"。作为杰出的政治家，吴起变法与商鞅变法并称；作为卓越的军事家，他创立中国第一支职业军队，一生无败绩，实不世出，被认为是中华第一名将，乐毅、白起只是后辈；作为优秀的改革家，他与管仲并论；他横跨兵家、法家、儒家三大流派；他历仕鲁国、魏国、楚国三大国，都是将相级别的高官，国际化程度相当高；他思想先进而超前，论著写得极好，《吴子》48篇（现存6篇）与《孙子》13篇合称《孙吴兵法》，是中国古代军事典籍的名作，等等。

吴起是卫国左氏人（今山东省定陶区），生于富足市民之家，却不是贵族。早年，他在外求官不成，东游西荡、挥霍青春，家产也逐渐耗尽，于是只得回到家里。他长得魁梧，胆子却很小。有时，他杀一只鸡，只是闭着眼睛，在鸡脖子上轻轻地割一下，鸡流着血到处乱跑，他只好挥舞着菜刀在后面追。同乡邻里也经常笑话他没有本事、不中用。

一天，向来默默无声的吴起，突然杀掉30多个讥笑自己的人。回家换衣服的时候，他与母亲诀别。吴起咬着自己的胳膊，直到咬出鲜血，发下毒誓：孩儿今后做不了卿相，绝对不再回到卫国！母子搂抱大哭。当天，吴起就从东门逃出卫国。这体现士阶层的第一个普遍特点："愤青出身"。

吴起流落鲁国的时候，"尝学于曾申"，研习儒术。母亲病逝，他没有回家奔丧。这本来是一件小事。可是，向来重视孝道的曾申，对此十分恼怒，将其逐出师门。吴起根据个人兴趣爱好及方向，连夜前往魏国，拜学识渊博、性格勇武的卜子为师。这是士阶层的第二个特点："游学列国"。

卜子，也称卜商、子夏，是孔子门下最杰出的"十哲"之一。他率先提出"仕而优则学，学而优则仕"的思想，主张做官要先取信于民，然后才能使其效劳。著名的改革家李悝（前455—前395）就是他的弟子，魏文侯尊以为师。李悝比吴起年长15岁；吴起死的时候，商鞅（前395—前338）刚好15岁。商鞅非常崇敬李悝、吴起，变法也是一脉相随。三人学的是儒家，却都成了著名的法家。

只要有可能，应尽可能地追随知名的导师，特别是国际驰名、如日中天的大师。他们大多视野开阔、知识丰富，拥有庞大的人脉资源，能够与权贵阶层交流和对话，甚至是直接输送自己的弟子。这是士阶层的第三个特点："崇尚名师"。

几年之后，吴起投靠鲁国贵族季孙氏，做了一个门客，还结了婚。前412年，齐国进攻鲁国。他知道这个消息，主动向国君请缨。然而，国君碍于吴起的妻子是齐国人，思前想后、犹豫不决。吴起旋即回到家里，找到宝剑，杀掉正在洗衣服的妻子。鲁国朝野十分震惊，任其为大将，率军出征。这就是"杀妻求将"的典故。一些士非常执著、偏执，狂热追求功利，甚至达到无比残忍、极其疯狂的地步。这是士阶层的第四个特点："追逐功名"。

对垒齐国军队，吴起并不急于开战，而是实行内紧外松的战术部署。对内，严于己而宽于人，与士卒同甘共苦，军士都愿意效死从命。不久，鲁国大胜。这时，有人在国君面前列举吴起灭邻、不孝和杀妻三件事实。鉴于多种利益关系和名声，国君召见吴起，表达婉辞之意。于是，自负的吴起随即出走。这是士阶层的第五个特点："不事愚主"。

吴起来到魏国，投靠师兄李悝。那时，李悝正忙着变法，轰轰烈烈、风生水起。魏文侯得知，就问他的意见，吴起这人怎么样，能不能用。李悝回答说，这是我的师弟！说来话长，他虽然贪图荣名、喜好美色，但是他用兵的才能，战功显赫的齐国大将司马穰苴恐怕也比不过。于是，魏文侯就任命他为将军，辅佐乐羊攻打中山国。后来，吴起独当一面地率军攻打秦国，连战连捷。

吴起担任西河郡守期间，"与诸侯大战七十六，全胜六十四""辟土四面，拓地千里"。前389年，阴晋之战，吴起以5万魏军，击败50万秦军，成为中国战争史上以少胜多的著名战役。这是士阶层的第六个特点："出将入相"。

秦国的几个岗亭靠近边境线，经常放冷箭挑衅魏国。魏国的种田人恨之入骨，又无可奈何。于是，吴起心生一计。首先，在北门外放了一根车辕，然后下令说，谁能把车辕搬到南门外，就赏赐他上等田地、上等住宅。起初，没有人理会；后来，有个胆大的人，把车辕搬到南门。吴起立即按照命令行赏。

然后，吴起又在东门外，放了一石红豆，下令说，谁能把红豆搬到西门，赏赐如前。百姓们都争着、抢着去搬。最后，吴起下令说，明天要攻打岗亭，能冲锋陷阵的，就任命他做大夫，赏赐上等田地和住宅。百姓们争先恐后，很快就把岗亭拔了。这是士阶层的第七个特点："树威立信"。

吴起善于带兵。只要能够收买民心、能够打胜仗，他什么奇怪的方法都敢用，什么原则都可以放弃。他规定，凡是能够身着全副甲胄，执12石之弩，背负箭矢50个，荷戈带剑，携带3天的口粮，半天跑完100里的，可入选为最为精锐的武卒，免除其全家的徭役和田宅租税。没有多久，武卒经过严格训练，成为魏国的虎贲之师。

在军队的时候，吴起跟最下等的士兵穿一样的衣服，吃一样的伙食，睡觉不铺垫褥，行军不乘车骑马，亲自背负捆扎粮食。有个士兵生了恶性毒疮，吴起就用嘴巴帮其吸吮脓液。士兵的母亲听说后，放声大哭。有人说，你儿子是个无名小卒，将军亲自替他吸吮脓液，你怎么还哭呢？那位母亲回答说："不是这样的！当年，将军替我的丈夫吸吮毒疮，结果呢，他在战场上勇往直前，死在敌人手里；如今，吴将军又替我儿子吸吮毒疮，我实在不知道他会死在什么地方！就是因为这个，我才哭啊。"这是士阶层的第八个特点："同甘共苦"。

魏武侯按照吴起的建议，在庙堂宴请时，席间设三排座位。立上等功者坐前排，用上等酒席和贵重餐具；次等功者坐中排，酒席、餐具比上等功差些；无功者坐后排，只有酒席，没有贵重餐具。宴会后，又在庙堂门外，按功劳大小赏赐有功人员的父母妻子。对于死难将士的家属，每年都要选派使者前去慰问，抚恤他们的父母。这是士阶层的第九个特点："赏罚有方"。

魏文侯死后，儿子魏武侯继位。他恪尽职守、兢兢业业。公叔痤担任相国，非常畏忌，设计陷害他。武侯对吴起有所怀疑。吴起察觉不妙，寻机离开。到达边境的时候，他突然让车夫停下车，站在山坡上，遥望西河郡，顿时哭了起来。车夫不解地说："世人追求的人间功名，对于您来说，就是一双鞋子，想穿就穿、想扔就扔掉。我们离开西河郡，您却流下眼泪。这是什么缘故啊？"吴起说："你不知道啊！如果君侯信任我，让我发挥自己的才能，那么，魏国就能够成就王业，百姓富足。可是，君侯却听信谗言，不再重用我。我只得离开。不久的将来，秦国军队就会攻占西河郡。魏国快要衰落了，老百姓也要遭殃了。想到这儿，我不禁流泪！"车夫听到，也哭了起来。这是士阶层的第十个特点："情感丰富"。

战功显赫、名闻天下的吴起随即南下,来到楚国。他的选择是经过深思熟虑的。鲁国是不行的,上层关系太复杂。秦国是上好的选择,但是将军们都是吴起的手下败将,被打得心服口服,今后也少不了被排挤。赵国和魏国的关系不错,即使去了,也得不到重用。燕国、齐国可以考虑,但是道路遥远。自己现在是落毛的凤凰不如鸡,遇几个强盗什么的,小命就没有了。楚国和魏国交界距离比较近,双方关系紧张、相互敌对,多次交手、打仗,楚国都是大败。因此,当楚悼王得知吴起要来投奔楚国,赶紧洗澡、焚香,率领一群将相们,早早地走出城门,举行盛大的欢迎仪式。随即,吴起出任相国,主持国政,统领百官和军队。这是士阶层的第十一个特点:"审时度势"。

不久,吴起开始在楚国变法,废除世卿世禄制,整顿吏治,打击贵族,南面平定百越,北面兼并陈国和蔡国,击退韩、赵、魏国入侵,向西征伐秦国。经此不久,楚国强盛。

吴起才思敏捷,文采也不错,军事思想被后人整理,就是著名的《吴子兵法》。他主张把政治和军事结合起来,对内修明文德,对外做好战备,两者必须并重,不可偏废。在政治、军事并重的前提下,更要重视政治教化,用道、义、礼、仁治理军队和民众。他还从战争起因上将战争分为义兵、强兵、刚兵、暴兵、逆兵等不同性质,主张慎重打仗,反对穷兵黩武。

楚悼王死后,积怨已久的公族和大臣发动叛乱。士兵们冲进王宫,追逐吴起。不料,他掀开楚悼王的棺材,绕着尸体,一边挥着宝剑抵抗,一边大声喊叫。将士们也累了,懒得玩什么猫捉老鼠的游戏,纷纷拉开弓箭,准备射击。吴起扔掉宝剑,转身趴在楚悼王的尸体上,失声痛哭。乱箭如雨,吴起被射死。

楚悼王的儿子芈熊臧继位,这就是楚肃王。吴起死后,叛乱者弹冠相庆,纷纷表功。肃王不露声色,让人把名字全都记下。不久,通知全体叛乱者聚餐庆功,酒过三巡,都抓了起来。原来,按楚国的法律,凡用兵器触到国王身体(尸体)的,一律处死、罪及三族。70多个家族被一网打尽,3000多人丧命。当时,只有参与政变的旭城君,早已带领家眷远走高飞。到了这个时候,人们终于明白了,吴起死前,一系列的怪异表现,究竟是什么意思。他当了多年的朝廷重臣,精通法律、懂得煽情。明知一死,还要引诱叛乱者放箭。箭头落下,自然误伤楚悼王的尸体。也就是说,要让自己的一批仇敌垫背,不是殉葬,胜似殉葬。的确,吴起死得悲壮,却耐人寻味。《吕氏春秋》称为"吴起之智"。这是士阶层的第十二个特点:"机敏过人"。

明代思想家李贽评价吴起,"用之魏,则魏强;用之楚,而楚伯",充分肯定了吴起游弋诸侯列国,因人成事、因人成业的功绩。郭沫若更是说道,"吴起在中国历史上是永不会磨灭的人物,秦以前作为兵学家是与孙武并称,作为政治家与商鞅并称的"。

第二节 东方六国

战国初期,西方的秦国地域偏远,先天不足,能够从弱小走向强盛,最终一扫六国,存在必然性和偶然性。但是,从东方诸侯国自身而言,也出现很多失误和问题,特别是在人才领域。

秦孝公以降,惠王、武王、昭王承继先前的基业,沿袭前代的扩张策略,向南夺取汉中,向西攻取巴、蜀,向东割取肥沃的地区,向北攻占犬戎地区,形成绵延千里的战略纵深。

特别是,秦孝公从魏国手中夺取崤山的多处关隘,设置函谷关(今河南省灵宝市北)。函谷关的地势极其险要,西据高原、东临绝涧、南接秦岭、北塞黄河,扼东去洛阳、西达长安的咽喉之地,向得"天开函谷壮关中,万谷惊尘向北空""双峰高耸大河旁,自古函谷一战场"之说。数百年之后,遂为兵家必争之地。

东方诸侯恐慌害怕,集会结盟,商议削弱秦国,不吝惜奇珍贵重的器物和肥沃富饶的土地,用来招纳天下的优秀人才,采用合纵的策略缔结盟约,互相援助,成为一体。

那时,齐国孟尝君、赵国平原君、楚国春申君、魏国信陵君,并称战国时期的"四大公子",实非浪得虚名。他们见识多、有智谋,心地诚、讲信义、待人宽、惜民力,尊重贤才而重用士人,一度采用合纵之约,汇合韩、魏、燕、楚、齐、赵、宋、卫、中山等诸侯国,挥兵西向、风光无限。

六国的人才济济、士人众多。宁越、徐尚、苏秦、杜赫等贤良出谋划策,齐明、周最、陈轸、召滑、楼缓、翟景、苏厉、乐毅等能臣辅佐建议,吴起、孙膑、带佗、倪良、王廖、田忌、廉颇、赵奢等名将统率军队。如此的阵势,应该完全能够把当时处于翅翼未齐、野心膨胀的秦国,犹如捏死一只鸽子,连肉带血地煲汤。然而,事实证明恰恰相反。

东方诸侯国并没有消停,面对秦国的逐渐强大,也没有放弃扼杀和围剿之。前334年至前332年,苏秦出任纵约长,佩六国相印,更将签订的纵约书递给秦国，气宇轩昂、威名远播。虽未攻进，却使得"强秦不敢出函谷关十五年"。前318年，苏秦再次约六国攻秦，楚怀王任纵约长。秦国依托函谷天险抵抗，六国无果而归。前298年，孟尝君田文率领魏、齐、韩三国联军攻打秦国。秦昭王大败，只得割地求和。前247年，信陵君魏无忌担任纵约长，率领燕、赵、韩、楚、魏五国联军，在黄河以南大败秦军，名将蒙骜战败而逃。联军攻至函谷关，秦军紧闭关门。这时，魏王中了秦庄王的离间计。信陵君的兵权被剥夺，西进计划流产。

经此几役，东方诸侯们疲惫不堪。然而，秦国已经力控巴蜀、汉中、关中三地，实力骤增、积极反扑。来硬的，就攻打城池；来软的，则重金贿赂，东一下、西一下，打得不亦乐乎。不久，强国臣服，弱国朝拜。况且，东方诸侯相互之间，也没有所谓的精诚团结，彼此攻伐不断。如此，合力消退。及至后来，秦王政派遣60万大军出关东征的时候，天下局势已经明朗。历时9年，六国逐次而灭。

一、韩国

韩国是战国时期的后起之秀，立国时间并不长。前453年，韩康子和赵襄子、魏桓子一起打败智伯瑶，领地迅速扩大。后来，韩景侯韩虔与赵、魏三家分晋，自成一国，迁都阳翟（今河南禹县）。不久，灭郑国，迁新郑（今河南郑州新郑）。前403年，周威烈王被迫承认韩虔为诸侯。

那时，韩国的势力范围主要在今天的山西南部及河南北部，地域很小，且被秦国、楚国、魏国环抱其中，几无战略周旋余地。韩国人口少、面积小，国力弱，也就认了，还有一个大大的麻烦：周朝王室。这是一个国中之国，类似如今的莱索托王国、圣马力诺共和国、梵蒂冈等小国。譬如，梵蒂冈的国土面积只有0.44平方公里，永久居民2000多人。在这个国家，警察是允许不配枪支的，因为只要开枪很容易就会打出国界，造成外交事故；至于做洗、剪、吹等头发护理，也只能出国一趟，因为国内是没有理发店的。

也许因为拥挤不堪，也许是闲极无聊，也许是破罐子破摔……日落西山、徒有其名的周朝王室，仍然没有停止权势的争夺。等到周赧王的时候，两派势均力敌，相互不让、分庭抗礼，遂分为东周公国和西周公国，且彼此攻杀。战国七雄之中，韩是第一个亡国的。前230年，秦国灭掉韩国，最重要的原因之一，就是秦国借道奇袭韩国的时候，喘息未定的东、西周公国的残余势力默然无语、任之由之。韩国的国祚尚可，达170余年，一说220余年。

（一）申不害

弱小的韩国，是战国七雄最有危机感、紧迫感的国家。然而，地处肥沃的中原地带，其国民经济的基础条件并不差。前362年至前333年，韩昭侯（名韩武，也称釐侯、昭釐王）在位，推行施肥和改良土壤，广泛应用铁制农具，牛耕技术也比较普遍，粮食产量因此提高很多，有的地方还推广一岁两熟制。精耕细作的生产力，效率上升的手工作坊，日益发达的商业贸易，越来越多奴隶获得人身自由，等等，使得韩国加速成为封建制国家。

申不害，也称申子，郑国人，一度担任官府小吏。当时的郑国，富有铜、锡、铁、耐火土、石灰石等多种矿产资源，人口约30万，却有6万军队。郑国运用大量人力、物力、财力，修筑了工程浩大的城墙防御体系。城墙基宽40—60米，顶宽2米多，最高的地方可达16米，全部用土夯筑而成；周长45华里，依势而建、取舍不一。尤其是西城墙地势最险要，摆出罕见的"牛角"，突出阵势。然而，依然逃脱不了灭国的命运。

前375年，韩国灭郑国。申不害既没有投河，也没有自杀，反而转仕韩国，左右逢源、崭露头角。前353年，魏国伐赵国，包围都城邯郸。赵成侯向齐国和韩国求援。这时，昭侯听从申不害的建议，与齐国一起发兵讨魏，迫使魏军回师自救，从而解了赵国之围。这就是历史上著名的"围魏救赵"。经此役，申不害脱颖而出。

前351年，韩昭侯一反常态、力排众议，拜请这位"郑之贱臣"为相国，着手改革。

申不害担任韩国的相国15年，"内修政教，外应诸侯"，巩固了君主专制，稳定了国内政局，限制了贵族特权，百姓生活渐趋富裕，《史记》赞叹，"终申子之身，国治兵强，无侵韩者"。韩国逐渐强盛，虽然处于强国的包围之中，却也能相安无事，遂与齐、楚、燕、赵、魏、秦并列战国七雄。申不害的变法和改革，主要包括以下措施。

首先，整顿吏治，加强君主集权统治。昭侯向挟封地自重的强族开刀，收回特权、毁其城堡，没收府库财富。这种"吃大户"的做法，既稳固了政权，也充盈了国库。

其次，实行"术"治，整顿官吏队伍，加强考核和监督，"见功而与赏，因能而授官"，有效地提高了行政办事的效率。

再次，主动请命担任韩国上将军，收编贵族的私家亲兵，与原有的国家军队混编，进行严酷的军事训练，军队战斗力也因此大大提高。

此外，他非常重视发展手工业和冶铸业，特别是兵器制造。《战国策》

记载，当时就有"天下之宝剑，韩为众""天下强弓劲弩，皆自韩出"的说法。

最后，鼓励生育，增加士兵的来源。奖励多开荒地，多种粮食，吸引自由身份的外国人来韩国创业。

申不害也是早期的法家代表人物。通常来说，法家分成三派：慎到重用"势"，申不害偏重"术"，商鞅重视"法"。申不害变法的效果没有魏、秦等国显著，一个主要原因就是大力推行"术"治，即国君任用、监督和考核臣下的时候，表面上不露声色，装作不听、不看、不知，使臣下捉摸不透国君的真实意图，实际上却可以听到一切、看到一切、知道一切。这样一来，就可以做到"独视""独听"，从而"独断"。这使得吏治更加权术化。

历史就是这样，没有无缘无故的由来，只有艰辛不懈的累进。申不害变法的时候，距离齐桓公时期（前685—前643）的管仲改革，将近300年；距离战国时期魏文侯时代（前472—前396）的李悝变法，已然50多年；距离楚悼王时期（前386—前381）的吴起变法，相去30多年；比前359年开始的，商鞅在秦国颁布《垦草令》为标志的变法，先行8年多。应当说，申不害完全能够充分地借鉴和扬弃丰富的历史经验和教训，取得辉煌的变法效能。

变法的时候，韩国形势极其复杂，处于奴隶制度消退、封建势力上升、平民百姓谋求幸福生活、多元诉求的时代。韩景侯、申不害不愿意触动权贵的根本利益，也不愿意沉重打击旧势力、扶持新势力、慰藉百姓，只是游离于权贵与地方争端之中、在权力边缘发挥自己的才智。因此，变法没有建立相应的法治制度，从根本上解决韩国的国家治理的机制、体制和法制问题。特别是，没有改变地域狭小的事实，也没有形成稳固的外围盟友，更没有获得足够的人才资源。如此一来，因人成事，也会因人废事，改革的随意性和主观性很大。

春秋战国时期，著名的变法者或是惨遭车裂而死，或是不知所终，或是伏尸而死……申不害安然归土、全身而退。对于个人，这是丰富的人生，甚至是完美的人生。面对当时的历史潮流和国际形势，不可能发生不流血的改革，也不可能放任集团的既得利益于不顾，这是需要大无畏精神和坚定意志的。人在其时，无不以为弊；人在其后，无不以为利。在顺应时代潮流、追逐国家利益的角度来说，轰轰烈烈的变法，也只能是昙花一现。

前337年，申不害病死。4年后，知人善任的韩昭侯也离开人世。韩国就此衰落。

（二）韩非、郑国、冯亭、腾

韩国一直在苦苦挣扎，寻求自保之路，甚至对周边的强敌实施"超限战"策略。无奈的是，巧妇难为无米之炊，哪怕是顶级的高端人才，也需要足够的舞台。

前272年，韩桓惠王登位的时候，政局混乱，法令前后不一，群臣吏民无所适从。桓惠王决定实行改革，振兴国家，抵抗强秦，成为一代明君。这个愿望是不错的。此时上天还是非常眷顾韩国的，一并送来赫赫有名的几个人物：韩非、郑国、冯亭、腾。

1. 韩非

韩非（前280—前233），也称"韩子"或"韩非子"。韩非本是国君后代，是正统的韩国贵族。他目睹韩国积贫积弱，多次上书桓惠王，改变国家治理过程中存在的诸多弊端。但是，也许是受到申不害的影响，也许是韩非的言语过于尖锐，也许是别的什么原因，桓惠王没有回应。

久而久之，韩非感到"廉直不容于邪枉之臣"，退而著书，写出《孤愤》《五蠹》《内外储》《说林》《说难》等，后人采编成《韩非子》，一共收录文章55篇，10余万字，文风峭刻、犀利，还有丰富的寓言故事，在先秦诸子散文中独树一帜。韩非的政治思想兼有唯物论与效益主义，积极主张君主专制，提出"抱法、处势、行术"，重赏罚，重农战，反对儒、墨家守旧思想，主张变革和改革。他是中国古代著名的思想家、法家思想的集大成者。

前238年，韩王安继位。韩非仍然没有得到重用。可是，他的著述却慢慢发酵了。李斯随即举荐韩非。前234年，秦国借口攻打韩国，指定韩非出使咸阳。韩王当即应允。郁郁不得志、国际声誉远播的韩非，就这样以使者、卧底之类的小角色，来到了秦国。后来获罪，死于狱中。

毛泽东在阅读《史记》时批注道，韩非子师从于荀子，是战国时期法家的代表人物。他提出的"法治、术治、势治"三者合一的封建君王统治术，对后世影响很大。

高端人才具有强烈的专业性、针对性和时效性，也有非常明显的局限性。客观来说，像韩非这样世界级的思想家、法学家，的确在当时国势弱小的韩国，发挥不了什么效能，只有"奋六世之余烈，振长策而御宇内"的秦始皇，才对他那一套法学思想有兴趣。

2. 郑国

如果韩桓惠王不用韩非，还能够理解的话，那么郑国的做法就让人哭笑不得了。

前246年，也就是秦王政登基、吕不韦摄政的那年。一个名叫郑国的工程师，来到了秦国。他曾经担任韩国管理水利事务的水工，参与过治理荥泽水患、整修鸿沟之渠等水利工程。其实，他的真正身份是韩国的间谍，目标是游说秦国，让秦国凿通泾水，从中山以西到瓠口修一条水渠，出北山向东流入洛水，这条长达300余里的水渠，将用来灌溉农田。如此，无非是想让秦国大兴土木、消耗国力、无法东进，从而保全韩国。这就是著名的"疲秦之计"。

在施工过程中，韩国的"疲秦之计"被发觉。秦王政大怒，却不动声色而是召见郑国，想给他最后一次机会。这体现了一个非常重要的用人原则，就是最高统治者在处置高端人才的时候，一定会直接面见本人，给予最后的申诉机会，不听一面之词，不滥杀妄杀。

郑国到了王宫，坦然进谏说，"此渠成，为韩延数岁之命，而为秦造万世之功。"秦王认为有理，继续命令他施工。这一修，便是10年。

秦国的关中地区，富饶程度闻名天下，却免不了受自然灾害的不时威胁。前243年发生的特大蝗灾，导致瘟疫流行，秦王政只得下诏，"纳粟千石，拜爵一级"。这也说明，秦国在国家的心脏地带——关中地区，修建水渠有着内在的必要性和现实性。此前，秦国打通"难于上青天"的蜀道，在成都平原修筑都江堰，在北方修筑长城，在东面修筑函谷关，效果是有目共睹的。大批的工匠也被锻炼出来了，技术方面是没有什么问题的。

前235年，水渠全面修成，关中平原成为天下粮仓。淤积混浊的泾河水被引至灌溉两岸低洼的盐碱地，面积达4万多顷，亩产达到6石4斗。从此，关中地区沃野千里，几乎没有饥荒年份。"疲秦计"由此变成"强秦计"。韩国弄巧成拙。更令人汗颜的是，水渠被命名为"郑国渠"。

至此，韩国搬起石头，砸了自己的脚。前237年，也就是郑国渠完工前夕，秦王始终恼怒郑国这样的间谍，加之已经清除吕不韦、嫪毐之乱，遂颁布"逐客令"。吕不韦的门客之一，出生于楚国的李斯，也在被逐之列。他主动向秦王上书，这就是著名的《谏逐客书》。秦王收回成命。

李斯脱颖而出，参与国家军机大事。前230年，人多势众的秦军，吃着来自郑国渠浇灌出来的小麦，潮水一般地攻进韩国的都城。韩国灭亡。更加巧合的是，制定首先消灭韩国战略的，正是李斯。

3. 冯亭

韩桓惠王还是知人善任的，受到善任的人才就是冯亭。前262年，秦国大将白起进攻韩国，占领野王邑（今河南沁阳）。上党地区（今山西长治）与韩国本土的道路被断绝。韩国阳城君到秦国谢罪，割上党之地请和；同时派遣冯亭，接替不肯撤离上党的郡守靳黈。

冯亭到达上党不久，就派遣使者到赵国，对赵孝成王说，韩国守不了上党，已经决定割给秦国。但是，我们不愿接受秦国统治。现在，上党有城池17座，我们愿意归顺赵国。赵孝成王十分高兴，将此事告诉给赵豹。赵豹却说，秦国为了蚕食韩国的土地，故意切断上党和韩国的联络。韩国又把上党献给赵国，企图把战祸转嫁给我们，千万不要上当。平原君赵胜得知此事，主张要这个送上门的便宜。于是，赵国封冯亭为华阳君，给予民户三万，官吏都加爵三级。同时，派老将廉颇率军驻守长平，防备秦军来攻。冯亭听到消息，非常伤心，不想见赵国使者。他说，我不忍心出卖国家的土地，作为自己的俸禄啊！

韩国江河日下，冯亭依然忠心耿耿，通过把上党郡献给赵国，期望与赵国联手，抵抗秦国的入侵。前261年，秦昭王攻打，并占领了韩国的缑氏和纶氏，威慑韩国。次年，左庶长王齕率领秦军进攻上党。上党地区的百姓们纷纷逃亡到赵国境内，赵军在长平接应。不久，长平之战爆发。冯亭与赵国大将赵括并肩作战，力战而死。冯亭族裔当中，出了一些有名的将相。比如，秦朝右丞相冯去疾、御史大夫冯劫，都以忠诚闻名于世。

前239年，韩桓惠王死去。在秦军的进攻之下，前262年，韩国丢了野王邑；前260年，长平大战惨败；前256年，失去阳城、负黍；前244年，13个城池又没了。《史记》记载，韩桓惠王时期的疆域，大致在黄河以南，故不包括河北；在颍水之滨，故在河南界内，郑州、洛阳之间；西北与山西接壤；南不过淮河一线（当时是楚地）。

但是，韩国地处中原、面积狭小，却是交通要冲，物流业非常发达。商人们在列国之间来回贩运，必经于此。各地的特产在中原市场上都能买到，如北方的马、南方的鱼、东方的盐、西方的皮革等。富商弦高、白圭，河东盐商猗顿，冶铁商郭纵，阳翟大贾吕不韦，都是通过贩贱卖贵，家至千金、富可敌国。

4. 腾

韩王安在位9年。他即位的时候，形势危如累卵。在此情势下，派出韩非出使秦国。韩非先是被扣，后又助力秦国统一中国；派出郑国，没想到还在秦国立功；总算派出一个冯亭，做出精忠报国的榜样，却是身死异国他乡。

前233年，韩王向秦国称臣。过了两年，南阳郡守腾，主动向秦国献地。前230年，腾奉了秦王的密诏，突然攻打韩国。后者仓促应战，凑集5万将士迎战。壁垒尚未修复，秦军便在响彻原野的号角声中，排山倒海地冲杀过来。连排强弩发出的长箭，如同暴风骤雨般倾泻。壕沟车随之冲锋，剑盾长矛方阵步伐整肃，杀气凌厉、山呼海啸。韩国军队闻风丧胆，仓促撤退。不到半天时间，秦军就把韩国国都围困得水泄不通。韩王安捧着国印，素车出城投降，被悉数押送咸阳。

一个月后，秦国告知天下，韩国并入秦国，建立颍川，郡治阳翟（今河南禹州），韩国灭亡。4年后，新郑的韩国贵族残余势力发动叛乱，自然被平定。远在咸阳的韩王安，涉嫌其中，也在当年被处死。

腾是韩国末期流失的，也是最后的高端人才。前277年，秦昭王时期，白起攻占楚国，置都城郢为南郡。秦国消灭韩国之后，命令腾驻守南郡。前229年，腾来到南郡。为了严明法律，他发布文告给县、乡，申明为吏之道，法令严明，把南郡治理得井井有条，官吏恪尽职守，为进攻楚国提供了坚实的驻军基地。前224年，秦国名将王翦率军灭楚。

前221年，秦国统一天下。不久，腾被任命为内史，也称内史腾，负责京都咸阳事务，地位比各郡的郡守都要高。内史腾恪尽职守、老死任上。

韩国这个战国七雄中势力最薄弱、资源最缺乏的国家，四面有强邻，只能出尽奇招，以求自保。在非常时期，韩国选派间谍的做法，无可非议。其根本原因还是，通过机巧的方式立国，又固守一隅之地。即使申不害变法风光一时，也只是隔靴搔痒、不及要点。在生死转折之际，韩国接连不断地流失高端人才，无疑是自断后路。历史反复地证明，积极吸引贤才、招纳贤才和使用贤才，才是真正的强国之路。

二、赵国

商朝时期，名臣飞廉（蜚廉）被封为赵侯。前408年，赵献子死后，赵烈侯（赵籍）继位。那时，中山国趁机猛攻赵国。赵烈侯向魏文侯求救，割让智地。次年，魏文侯找赵烈侯借道，消灭中山国。赵烈侯同意。结果，乐羊、魏击（魏武侯）直接灭掉中山国，独吞其地。在这样的情形下，相国公仲连力主改革。牛畜、荀欣、徐越等人，得以重用。牛畜精于儒家学说，荀欣擅长整顿官制，徐越善于整顿财政和考核官吏，在政治、经济上实施改革，国力得以加强。

前403年，韩、赵、魏三家分晋，周威烈王封赵烈侯为诸侯，正式立国。前386年，赵敬侯迁到邯郸（今河北省邯郸市）。战国时期，赵国西有秦国，南有魏国，东有齐国，东北燕国，北方则是林胡、楼烦、东胡等游牧民族，为兵家必争之地。

　　一个弱小的国家，战略周旋空间狭小，资源也不丰富，赵国却能够在夹缝中生存下来，一度还比较强盛，这主要受益于赵国君臣和睦、人才辈出。肥义、楼缓、蔺相如、虞卿、赵胜、赵奢、廉颇等良相名将辈出，成为国家柱石。赵国民风强悍，血性贲张。小孩的游戏，就是打仗，可说是家家有战士，户户是军属。

　　前222年，秦国灭赵。前208年，赵歇被拥立为赵王，重建赵国。数年后，又被韩信率兵平定。国祚180余年。

　　（一）蔺相如、廉颇、赵奢

　　春秋战国时期，许多诸侯国都有镇国之宝。《战国策》记载，"周有砥厄，宋有结绿，梁有悬愁，楚有和璞"。和璞，也就是和氏璧。

　　《韩非子·新序》记述，楚国人卞和，在荆山挖到一块璞玉。于是，卞和捧着玉石去见楚厉王。玉工们说这只不过是一块石头。厉王大怒，以欺君之罪砍下卞和的左脚。厉王死，武王即位，卞和再次捧着璞玉去见武王。玉工们仍然说，这只是一块普通的石头。卞和的右脚又没了。武王死，楚文王即位。卞和抱着璞玉在楚山下痛哭了三天三夜，眼泪流干了。

　　文王得知，派人询问。卞和有气无力地说，我并不是因为被砍去了双脚流泪，而是痛哭宝玉被当成了石头，忠贞之人被当成了欺君之徒！于是，文王命人剖开这块璞玉，果真是稀世之玉，于是命名为"和氏璧"。失去双脚的卞和，由此得功，被封为零阳侯。秦始皇统一天下，和氏璧被雕成玉玺，镌刻"受命于天、既寿永昌"八个大字，成为皇权的象征。

　　和氏璧的真假之争，既有眼光和经验的要求，也存在难以技术鉴定的事实，也有玉工们的心理博弈。楚国的刑法很重，欺君是大罪。玉工们在不知真假的情形下，只能统一态度说是假的。因为，如果事实证明玉石是假的，自然没有事；万一是真的宝玉，国君高兴还来不及，怎么又会怪罪他们呢？卞和以命相拼的经历，偏执之中夹杂狂热，执著之中带有鲁莽。后人对此看法不一。

　　此后，人们多以和氏璧比作高端人才，特别是外表相貌平平、内含旷世才华的顶级人才。

1. 蔺相如

　　蔺相如（前329—前259），赵国上卿，战国时期著名的政治家、外交家。他的出身并不高贵，也是门客，依附赵国宦官缪贤。

　　赵惠文王得到和氏璧，秦昭王闻讯，愿以15个城池换取。惠文王十分为难。宦者令缪贤推荐门客蔺相如。赵惠文王疑惑不解。缪贤坦言，臣下曾经犯过罪，私下打算逃亡到燕国去。这时，蔺相如阻拦了我。我说，先前随从国君与燕王会见的时候，燕王私下握住我的手，愿意和我做好朋友。所以，我想往他那里去。蔺相如说，当时赵国强、燕国弱，而且你又受宠，所以燕国的国君想结交你。如今，你是出逃，燕国惧怕赵国，必定不敢收留你，还会把你捆绑起来，遣返赵国，后果不堪设想。缪贤说，那我怎么办？蔺相如说，你只是犯事，不是背叛。只要诚心认罪，国君是会宽恕你的。于是，我就脱掉上衣，露出肩背，伏在斧刃之下请求治罪。后来，如他所料，大王开恩赦免臣下。因此，臣下认为他是智勇双全，适宜出使秦国。赵惠文王依其言。

蔺相如进入咸阳，先是演了一出"送璧、观璧、要璧、砸璧"的好戏，又私下让人扮成商贩偷运和氏璧回国，得以"完璧归赵"。回国后，蔺相如受封上大夫。秦国不割城，赵国也不给璧。

前279年，秦昭王集中力量攻打楚国的时候，主动示好、约会渑池（今河南渑池西）。赵惠文王畏惧秦国，迟疑不决。廉颇和蔺相如商量说，不去的话，只能显示赵国的弱小和胆怯。廉颇率兵送到边境，告别国君说，这次相会，估计30天应当够了；如果过了时间，请允许我们拥立太子为国君，断绝秦国的要挟！惠文王答应了。蔺相如随行。

宴会的时候，昭王借机滋事，要求赵王弹瑟助兴，并让秦国的御史记录下来。蔺相如发觉不妙，上前要求昭王为赵王击缶。秦王勃然大怒。蔺相如又上前，秦王还是不肯。蔺相如大声说，我现在离大王只有五步，如果大王不答应，我就用头颈的血，溅你一身！昭王无奈，敲了一下。毫不示弱的蔺相如，旋即命令随从记录下来。回国后，蔺相如被任为上卿，居官于廉颇之上。

廉颇以战功自恃，很不服气，扬言要找机会羞辱蔺相如。蔺相如得知，推说有病，不愿意上朝，也不与廉颇争位次的高低。有时出门，远远看见廉颇，就掉转车子避开。蔺相如的门客不解，就发牢骚说，我们离开亲人来侍奉您，不过是仰慕您的高尚品德啊。现在您的职位比廉颇将军高，却是胆小如鼠，我们这些人没有才能，也没有本事改变局面，请允许我们离开吧！蔺相如淡淡地说，廉将军与秦王相比，哪个厉害？门客回答，秦王厉害。蔺相如说，以秦王那样的威势，我敢在秦国的朝廷上呵斥他、羞辱他，还怕廉将军吗？但是，强大的秦国之所以不敢轻易对赵国用兵，就是因为有我们两个人在啊！现在两虎相斗，势必不能共存。我之所以这样做，是以国家利益为先，个人利益为后！

这话自然传到廉颇耳中。他非常惭愧，就脱去上衣，露出上身，背着荆条，由门客带路，来到蔺相如家，跪在门前请罪。这就是著名的"负荆请罪"。二人遂成"刎颈之交"。

2. 廉颇

廉颇是战国时期的传奇人物，与白起、王翦、李牧并称"战国四大名将"，勇猛果敢、闻名于世，先后在赵国、魏国和楚国出任军事主帅。老死楚国，葬于寿春。

廉颇曲折、复杂的履历，既有个人性格的驱动，也有国家政策的变更，还有时代的痕迹。但是，它能够清晰地描绘赵国在高端人才政策的细微调整，效果却是相差很大。

前283年，秦、韩、燕、魏、赵六国联合讨伐齐国。廉颇长驱直入，攻取阳晋，威震诸侯。班师回朝，拜为上卿。此后，廉颇、赵奢多次率军击破秦军。前262年，韩国太守冯亭便将上党献给了赵国。赵奢已死，蔺相如病重，廉颇领兵。他采取筑垒固守、疲惫敌军、相机攻敌的作战方针。上党地区的军民，或从事战场运输，或从事筑垒抗秦的工作，使得赵军壁垒森严。秦军求战不得、锐气渐失。秦国速胜不行，便用反间计。不久，赵括替代廉颇。

话说廉颇被免职，从长平前线回家的时候，门客都已经走光了。廉颇十分伤感。等到长平大败，孝成王重新启用廉颇担任将军的时候，门客们又都聚拢上来。廉颇对此十分生气，关着大门不让门客进来。一个门客上前说，这没什么奇怪的？您有权势，我们就跟随您；您没有权势，我们就离开。这和买卖是一样的呀。您又有什么可以埋怨的呢？廉颇无语，吩咐开门。

前251年，燕国得知赵国"壮者尽于长平，其孤未壮"，出兵偷袭。临危之际，廉颇、乐乘率领一群老弱病残、一群娃娃兵迎阵，居然打得燕国落花流水，进而一路高歌猛进，围困燕国都城。后来，燕国割五城求和，又献出大量的财物，方才解围。廉颇被封信平君，任代理相国。几场战争打下来，庞煖、乐乘、李牧等年青将领脱颖而出。赵国得以短暂中兴。

前245年，赵孝成王卒，赵悼襄王继位。悼襄王听信郭开的谗言，解除了廉颇的军职，派乐乘代替廉颇。性情刚烈的廉颇，由此大怒，发兵攻打乐乘，乐乘逃走。这属于叛国性质的行为，罪责很大，廉颇只得投奔魏国。魏安釐王忌惮廉颇，只是拜他为客卿。

不久，赵悼襄王醒悟过来，派遣使者试探廉颇。廉颇的仇人郭开，唯恐廉颇东山再起，暗中重金收买使者。可怜的廉颇，面对这个级别比自己小得多的使者，竟然吃下1斗米、10斤肉，还拿着刀、披甲上马，来回跑了几圈，显示精力十足。拿了钱的使者，也很有意思，汇报的时候，不动声色地说，廉将军饭量很好，也能骑马。只是，和我坐了一会，去过3次厕所。赵王叹息。南宋时期，著名的大词人辛弃疾，对此发出感慨道："廉颇老矣，尚能饭否？"

楚国得知，暗中派出使者，迎接廉颇入楚。担任楚将之后，廉颇无心也无意替楚国征伐。在喝酒的时候，他时常说道，我还是想回到赵国。然而，赵国消息全无。在无尽的盼望和等待之中，廉颇老死在楚国的寿春，时年85岁，也是得以善终的战国名将之一。

北宋著名的丞相司马光评价道，"廉颇一身用与不用，实为赵国存亡所系。"明末清初思想家王夫之指出，"有良将而不用，赵黜廉颇而亡，燕疑乐毅而偾。"其实，这只是一面之词。诚然，廉颇忠心赵国，却得不到新国君的重用；屡次与小人郭开争斗，却始终落得下风；总是默默等待重用，却缺乏有效的政治手腕；等等。特别是廉颇自恃功高（公开训斥郭开）、目中无人（不愿意开口求情）的个性，不计后果（攻打乐乘）、因小（个人名声）失大（国家利益）的脾气，过于专心打仗，缺乏与最高领导直接而有效的沟通，使得本来无关的小人乘隙得志、谗言不断。

3. 赵奢

赵奢与赵王室同宗，一度主管赵国的赋税。家大口阔的平原君赵胜，经常拖欠赋税。赵奢毫不示弱，先后杀掉赵胜家9个管事。性情温和的赵胜，忍无可忍，扬言要复仇。赵奢主动登门说：您在赵国是（王室）贵公子。现在，纵容您家而不奉行公事，那么国法就被削弱，国法削弱则国家弱，国家弱则诸侯发兵入侵。这样，赵国没有了，您又怎么能享有这种富贵！凭您的尊贵，只要奉公守法，上下就安定了，上下安定则国强，国强则赵国政权稳固。而您贵为王族，难道会被世人看轻吗？赵胜认为赵奢贤能，就推荐给国君。

前269年，秦昭王借口攻打赵国的要地阏与（今山西和顺）。赵惠文王向廉颇、乐乘问询。二人都认为山高路远，无法援救。召见赵奢的时候，后者认为可以取胜。于是，就派赵奢领兵。

阏与之战，赵奢隐蔽作战企图，麻痹敌人，促其骄傲轻敌，尔后出其不意，突然发动攻击，抢先占领要地，使己方处于有利地位，将一场胜算不大的战斗打成了胜仗。秦国向东兼并的锋芒，也因之受挫。战后，赵奢被封马服君，与廉颇、蔺相如同位。

《战国策》记载，阏与战役结束后，田单曾与赵奢论兵。赵奢说，必须拥有20万以上的兵力，才能征服天下。田单不服气。事实证明，王翦、王贲征战六国的时候，将士数量高达60万。

燕王封宋国人荣蚠为高阳君，攻击赵国。赵王仿效燕王，割让济东、令庐、高唐、平原陵地等57个座城邑给齐国，换取威名赫赫的田单统率赵军。平原君赵胜坚决支持。但是，赵奢强烈反对。他说，赵国并不是没有名将；我曾经担任燕国的官职，熟知燕国地理和形势，让我领军更加合适。田单是齐国人，讨伐燕国，不利于齐国利益。因此，忠于齐国的田单是不会尽心，也不会尽力的。赵王不听，执意田单担任相国，统率军队。结局正像赵奢所预言的那样，田单一反常态、行动迟缓，兵马死伤无数，只夺到燕国几座小城。

赵奢的儿子赵括，喜爱兵法、喜好辩论，闻名一时。他曾经忧虑地对妻子说，打仗是非常残酷的事情，赵括视之如同儿戏，今后国家不用赵括，也就算了，如果真的用，赵国必然因之惨败。赵奢死后，赵孝成王求胜心切，强行罢免廉颇，任用赵括为将。赵括母亲力谏未成。

长平惨败，40万赵国青壮年被坑杀。朝野悲痛万分、愤怒至极。孝成王只得再举屠刀，杀死一批官吏、将领，祸及亲戚和家属。赵括的母亲，因为曾经劝谏，免除一死。

明末清初的思想家唐甄评说道，"白起、赵奢、乐毅之属，神于用兵，所向无敌"。他认为，这三人用兵诡异、出奇制胜，有别于其他的战国名将。当时，秦国的间谍遍布赵国都城邯郸的大街小巷，赵奢对儿子赵括的言论，无疑是咎由自取、引火烧身。作为父亲，明知道自己的儿子今后可能会误国误民，却没有做任何防范。在这个问题上，"受分之日，不问家事"的赵奢，须得引以为鉴。

（二）平原君赵胜

赵胜是战国四公子之一，赵国的正宗贵族，赵武灵王之子，惠文王之弟。他先后三次出任赵惠文王和孝成王的丞相，封地在东武城，门客有几千人。

1. 斩妾求才

赵胜家有座高楼，面对下边的民宅。赵胜的妾住在楼上。有一天，她看到民宅中的跛子一瘸一拐打水的样子，哈哈大笑。次日，跛子找到赵胜说道，听说您喜爱士人，士人不怕路途遥远、千里迢迢归附您，就是因为您看重士人、卑视姬妾啊！我不幸得病致残，可是您的姬妾却在高楼上耻笑我。我希望您杀死她！赵胜随口答应。等跛子离开，赵胜对左右的人说，这个跛子竟想找借口杀我的爱妾，太过分了！

过了一年多，宾客、食客陆续离开，将近一大半。赵胜感到很奇怪。门客上前说，因为您不杀耻笑跛子的美妾，大家认为您喜好美色，而轻视士人，所以离去。于是，赵胜斩下爱妾的头，登门向跛子道歉。门客闻讯，陆陆续续地回来了。

2. 魏齐之死

前266年，范雎出任秦昭王的相国。他的仇人，也就是魏国的相国魏齐，闻讯逃到赵国，得到赵胜的庇护。次年，昭王邀请赵胜到秦国聚会，随机扣留了他，要求拿魏齐的人头来交换。赵胜说，魏齐是我的朋友，就算在我家，也不应当交出来，何况又不在我家。情势如此危急，他还是拒绝交人。

昭王又给赵孝成王写信，后者发兵，围住赵胜的家。不久，魏齐自杀。赵胜得以回国。

3. 毛遂自荐

前257年，秦军在长平之战获胜，随即包围赵国的都城邯郸，形势十分危急。赵国派赵胜向魏国和楚国求援。

赵胜想挑选门客20人，一同前往楚国，却只挑出19人。平时并不上眼的门客毛遂，自告奋勇，要求同去。平原君问道，你来赵国几年了？毛遂回答，三年。平原君又问道，如果你是圣贤之辈，我三年都没有发现你，是你自己无能呀。毛遂的回答十分经典：我是囊中之锥，没有机会显示锋芒；现在不同了，我有机会了！平原君将信将疑，率领毛遂等20人前往楚国。关键时刻，毛遂打破僵局、说服楚王派遣春申君救赵。这就是成语"毛遂自荐"的由来。

回到赵国，平原君感叹不已，自责地说，我一向自以为能够识得天下贤士豪杰，不会看错怠慢一人。可是，毛遂在我的门下三年，我竟然没有发现他。当时，毛先生于楚国朝堂之上，唇枪舌剑，豪气冲天，不仅促成约纵，且不失赵之尊严，大长了赵国之威风，使得赵国的威望重于九鼎。他的三寸之舌，强于百万之师。从此，我赵胜再不敢以能相天下之士而自居了。

赵胜回到赵国后，楚国春申君、魏国信陵君的援兵还没有到。这时，秦国急速围攻邯郸，邯郸告急。赵胜极为焦虑。邯郸传舍吏的儿子李同（李谈）劝说道，您不担忧赵国灭亡吗？赵胜说，赵国灭亡了，我就要做俘虏，为什么不担忧呢？李同说，邯郸的百姓拿人骨当柴烧，交换孩子当饭吃，危急至极了！可是，您的后宫姬妾侍女数以百计，侍女穿着丝绸绣衣，精美饭菜吃不完！而百姓却粗布短衣难以遮体，酒渣谷皮吃不饱。百姓困乏，兵器用尽，有的人削尖木头当长矛箭矢，而您的珍宝玩器、铜钟玉磬照旧无损！假使秦军攻破赵国，您怎么能有这些东西？假若赵国得以保全，您又何愁没有这些东西？现在，如果您命令夫人以下的家族成员都编到士兵队伍中，分别承担守城劳役，把家里所有的东西全都分发下去供士兵享用，士兵是很容易感恩戴德的。于是，赵胜采纳李同的意见，得到3000名忠勇的士兵，发起反冲锋。秦军后撤30多里。

楚、魏两国的救兵到达，合围秦军，邯郸得以存活。李同阵亡。赵王下令修一座巨墓，予以厚葬，命名其墓为"侠士冢"，还赐封他的父亲为侯。

前251年，赵胜去世。后世对他的为人、待士均有所评论，且分歧较大，主要是集中在四个焦点：被扣秦国，不愿意出卖魏齐；杀死美妾，借以求士；贪图上党地区，引来长平之战，发生坑杀悲剧；任用毛遂、李同，解了邯郸之围；等等。孰是孰非，难以界定。

（三）赵括、乐乘、李牧

1. 赵括

前262年，长平之战爆发，这是秦国与赵国的战略决战。赵国统帅廉颇初战失利，坚壁不出，双方进入胶着状态。前260年，北方大旱，颗粒无收。赵国派出使者借粮。不料，邻国也是捉襟见肘，迫于秦国的势力，不肯出手相救。反观秦国，蜀郡的粮食源源不断输送到前线。

秦昭王采纳范雎的建议，实行离间计。赵国名将马服君赵奢的儿子赵括，最终被赵孝成王选中，替代廉颇。赵括自幼熟读兵书，与父亲赵奢推演兵事，经常取胜。但是，赵奢对此忧心忡忡。这就是"纸上谈兵"的由来。

赵孝成王急于打破僵局，命令赵括改守为攻、全线出击。不料，秦军统帅已经暗中更换为名将白起。根据赵国的心态，白起率领秦军，一边假装抵抗、一边依次撤退。赵孝成王非常满意，专门派人到前线奖励。赵军乘胜追击，士气高昂。

不久，双方进入平原交战。这时，赵军远离依托的坚壁和深沟，强大的骑兵进入谷底，优势立即消失。白起居高临下，团团围住赵军。年迈的秦昭王，亲自赶到前线督战，切断越国国都邯郸与前线长平的粮道，赵国的援兵也被牢牢阻挡在包围圈以外。断粮46天的赵军，喝脏水、宰战马，甚至是争割死尸，陷入绝境。

赵括不甘示弱。首先，派遣刺客深入敌后，刺伤主将白起。后者虽然没有伤重，却也留下病根。其次，集中所有精锐部队分为几个编队，不分昼夜轮番突围。最后，无奈之下，赵括身先士卒、冲入秦阵，立中数箭、犹呼向前，被秦军射杀。40多万投降的赵国军队，被哄骗坑杀。这是中国古代战争史上最令人心酸的一幕。诸侯国闻讯，震惊不已。

赵括之死，归因于三。一是父亲赵奢明知这个儿子纸上谈兵，却没有采取得力的行动，听之任之、养痈成疾，导致悲剧发生。二是国君赵孝成王，贪图速战速决，不顾多人的谏阻，弃用老将，起用青年将领赵括。然而，他忽视了一个事实，廉颇是老将，未必能打赢，却能够保持不败。三是名将白起的确是经验老到：先让你小胜几回，让你高高兴兴地向国君报功，让大家兴高采烈地感觉你的确与众不同，让你感到无比欢乐，然后诱你脱离坚固的阵地，进入包围圈，一举歼灭、没有余地。个中曲折、千秋往事，谁人又能清楚明白。

长平之战结束，秦军兵分三路。韩国、赵国异常恐惧。赵国派遣使者携带重金到达秦国，游说范雎。范雎主张和议，秦昭王允许。韩国割让垣雍，赵国割让六城。秦军退兵，赵国得以喘息。

秦昭王获胜，深深体会到，稳固的粮食供给是国之根本。前256年，秦昭王着令蜀郡太守李冰，迅速提高当地的粮食产量，保障今后的东方作战。于是，举世闻名的都江堰工程，就此兴建。

2. 乐乘

原在燕国为将。前251年，燕国乘赵国长平惨败、国力下降的时候，攻打赵国。廉颇大败燕军，斩杀其主将栗腹。乐乘归服赵国。

次年，廉颇、乐乘统领赵国军队追击，直入燕境。燕国重礼求和。战后，赵王封廉颇为信平君，代理相国的职位，封乐乘为武襄君。

前249年，武襄君乐乘攻打燕国，围其国都，燕国再次割让五城求和。

前256年，乐乘、庆舍与秦国王龁对垒，大破之。前245年，赵孝成王卒，其子赵悼襄王继位。悼襄王听信郭开的谗言，解除廉颇的军职，指派乐乘代替廉颇。廉颇发怒，攻打乐乘。乐乘逃走，廉颇也逃到魏国。

廉颇出走之后，乐乘仍然留在赵国，再无明显的建树。乐乘的史料并不充分，但是从他的所作所为来看，他没有得到重视。这是非常可惜的。

3. 李牧

李牧与白起、王翦、廉颇并称"战国四大名将"。前309年，赵武灵王推行"胡服骑射"，军事力量逐渐强大。但是，到了惠文王、孝成王时期，匈奴各部落军事力量逐步恢复强大起来，并不断骚扰赵国北部边境。赵王便派李牧带兵北部戍边。

前229年，赵国大旱。秦王政趁机派遣大将王翦进攻邯郸。赵王任命李牧为大将军，司马尚为副将，奋力抵抗。秦军多次受挫。秦王政再行反间计，派大夫王敖带着一万两黄金，行贿建信君郭开。郭开喜出望外。随即拿着秦将伪造的、李牧写给秦王的书简交给赵王。赵王迁大怒，委派宗室赵葱和齐国人颜聚，取代李牧和司马尚。司马尚急忙入朝劝谏，也被罢了官，贬为庶民。

李牧不从，后被刺杀，人头在军前示众。5万精兵眼见主帅被杀，无不伤心流泪，纷纷逃跑。随即，王翦急攻，赵葱战死。秦军杀到赵国国都邯郸。郭开力劝赵王献城投降，并代写降书，带着赵国地图与和氏璧，前往秦军请降。公子嘉逃到代。前222年，秦国俘虏公子嘉。赵国彻底灭亡。

（四）郭开

在赵国短短的历史上，郭开是无法与蔺相如、廉颇、赵奢、乐乘、赵胜、赵括、李牧等人，相提并论的。但是，赵国的败亡历史却无法绕过郭开。

与其说郭开是赵国灭亡的罪魁祸首，不如说是秦国的重金收买、使用间谍的胜利。

早在赵孝成王时期，太子在秦国做人质。应当说，这是一个对秦国非常有利的人选。前245年，孝成王死去，赵偃即位，也就是赵悼襄王。他下令在全国征调人力和财力，在平邑到与中牟之间修建一条直道，使得赵国南北交通十分便利。姚贾加紧运作，赵、燕、齐、楚国团结一致，轮番攻打秦国。

秦国在四面受敌的情形下，开始实行重金政策收买间谍，他们挑中赵国的郭开。《战国策》记载，赵悼襄王当太子时，偏爱男色。伴读郭开生得英俊。二人经常同宿，关系暧昧。史书还记载，赵悼襄王患有比较严重痔疮。郭开经常用舌头去舔痔疮，达到止痒的效果，因而备受宠爱。赵悼襄王即位，郭开被任命为相国，加封建信君。

重金之下，以前舔痔疮的伴读、如今的朝廷重臣郭开被暗中收买。他平时不怎么说话，这符合一个超级间谍的本色，关键的时刻，他有着特殊的作用。

第一，赶走姚贾。被罢免的时候，姚贾还来不及郁闷，秦国使者的车就在门前等候多时了。对于这样背负"梁之大盗，赵之逐臣"名声，却是地道的奇才，秦国自然热烈欢迎。此后，姚贾成功瓦解楚、燕、赵、魏四国联盟，被拜为上卿，封千户。

第二，提前立储。悼襄王上台，听从郭开的建议，废了德行不错的太子赵嘉，反立宠妃的儿子赵迁为太子（即后来的赵王迁、赵幽缪王）。秦国从第二代入手，扶持平庸之人承继，进而挖断赵国的王脉，大大减轻了战争负担。

第三，彻底摆平廉颇。先是廉颇被赵括取代，后来又被乐乘取代。廉颇被迫流亡的时候，秦国的间谍王敖无意间问郭开，你不怕赵国灭亡吗？郭开回答，赵国的存亡是整个国家的事，可是，廉颇当众羞辱我，就是我的仇敌。

第四，计陷李牧，如前述。

第五，力主请降。别的不说，按照赵国军队的作风，不免又是一场死战。秦军没有屠城。赵王迁被废。

赵国危亡之际，赵王迁和贵族们开始搬家，落户千里之外，郭开却没有跟随。他被秦王政封为上卿。大家如梦初醒。

不久，郭开呈请秦王政批准，回到邯郸旧宅，把昔日埋藏的金银财宝，装了满满四车，启运咸阳。途中，遇到一伙强盗。他们杀光随行家丁，把郭开剥得一丝不挂，绑在大树上，轮流割上一刀。没有多久，郭开被割得只剩下骨头和一团血水。据说，这些人都是李牧的部下，为了给李牧报仇，牢牢盯死郭开，并派人打入郭府，耐心等待时机。报仇完毕，他们带着财宝扬长而去。

三、魏国

战国时期，士阶层信奉"良禽择木而栖，贤臣择主而侍"。尽管各国诸侯都知道人才的重要性，但是能够真正留住人才、用好人才的君主却寥寥无几。魏国成为高端人才的派遣中心，无偿地"资助"别的国家。

（一）魏文侯

前453年，三家分晋。魏国地处中央，是自古以来的四战之地。魏文侯日夜忧患、雄心勃勃，成为战国时期最早推行变法图强的君主。执政期间，他师从卜商（子夏）、田子方、段干木等人，任用翟璜为相，改革弊政；任用乐羊、吴起为将，攻掠中山国，支持李悝变法，依法治国。

这些出身于小贵族或平民的士，开始在政治、军事方面发挥其作用，世族政治逐渐成为官僚政治的支柱力量。魏国因此蒸蒸日上，在战国时期最早强盛而称雄。前403年，魏与赵、韩一起被名义尚存的周天子正式封为诸侯。

1. 李悝变法

前445年至前396年，魏文侯任用李悝，实施变法。这就是战国时期最早的"李悝变法"。

在政治上，废止世袭贵族特权，选贤任能，赏罚严明。经济上，主要实行尽地力、平籴法。这都极大地促进了魏国农业生产的发展，使魏国因此而富强。为了进一步实行变法，巩固变法成果，李悝汇集各国刑典，著成《法经》一书，以法律的形式肯定和保护变法，固定封建法权。

李悝变法，是中国变法之始。当时，魏国的变法对各个诸侯国震动很大，旋即引发中国历史上第一次轰轰烈烈的变法运动，为奴隶制向封建制的过渡铺平了道路。战国时代政治、法律、军事、经济、文化的革新逐渐进入更深入、更广泛的层面，即整个社会结构和制度的变动。由此，中国文明进入更广泛、更深刻的阶段。后来，著名的商鞅变法、吴起变法等，无不受到李悝变法的影响。

特别是，李悝主持制定的成文法，在魏国的政治生活中发挥了巨大的作用。由于魏文侯带头遵守，贵族和官员也要依法行政。这套法律后来也被秦国献公、孝公和商鞅所采用，一直影响了中国2000多年。

2. 吴起为将

魏国山多地少，人口密集，粮食生产尚可。著名的盐产地盐池（今山西运城解池）就在境内，远销四方、获利颇丰。魏文侯断然决定把盐业收入投入常备军建设。这就是著名的"武卒"。吴起主持的武卒建设非常成功，演变成为建军制度和军功贵族制度，对后来吴起在楚国变法，秦献公、秦孝公和商鞅在秦国变法，都产生过很大的影响。

魏文侯时期，任用吴起为将军。李悝率领魏军，冲破秦军西河防线。吴起直扑渭河平原的门户郑（今陕西华县），秦国举国震惊。秦简公调集重兵防守，派遣使者敦请齐国、楚国出兵。齐宣公和楚简王趁机夺得魏国的几块土地。秦简公命令西河防线的秦军，与驻守郑的秦军夹攻吴起。魏文侯并不理会，严令吴起继续攻秦。不久，魏国完全占据西河地区。

吴起还夺取了戎狄的大片土地，设置上郡；又占领陕，控制西方与中原交通的黄金通道。秦国被迫沿着洛水西岸，构筑防御工事。魏文侯也在东岸修筑长城。秦国全然被魏国压制在洛水以西，不得与中原交通，长达80多年。

3. 西河学派

卜商是孔子的学生。魏文侯在延请的时候，卜商已是百岁老人，眼睛也瞎了。弟子齐人公羊高、鲁人谷梁赤、魏人段干木和子贡的弟子田子方等，教授学生。最初，卜商非常犹豫。魏文侯知道他是各国士人的灵魂宗师，亲自拜卜商为师，异常尊重他。

卜商备受感动，遂到西河坐镇。华夏文化的重点就转到魏国，转到西河，形成了著名的西河学派。这个事件的象征意义极其重大，魏国俨然成为中原各国的文化宗主国，对秦国、楚国、赵国等外族文化占上风的国家，起到引导和开化作用。

4. 西门豹治邺

邺，是抑制赵国南进中原与魏国争利的战略据点。魏文侯选派西门豹前往管理。

当时，漳水经常泛滥，百姓深受水灾之苦。当地的权贵、巫师借为河神娶媳妇，搜刮大量的钱财。姿色姣好的女子经常被挑中，投入河中，想避免厄运，要么行贿，要么逃走，人口因此流失严重。西门豹到达，借口向河神请安，投进一个巫师，接着又投入一个，说是打听消息。等到挑选第三个巫师前去打听消息的时候，权贵、巫师们全都吓得趴在地上，战战兢兢。西门豹随即废除河神娶亲的陋习，减免大量的赋税。

不仅如此，西门豹在漳水南岸开凿 12 条水渠，既担负泄洪任务，又能够灌溉。邺地变成著名的良田。原来逃走的百姓纷纷回来，或耕种，或从商，家境慢慢富裕起来。那时，邺地的百姓对魏国非常忠诚。赵国多次进攻魏国，老百姓们踊跃从军打仗，奋力支援前线，导致赵国军队始终无法突破，南进无望。

5. 中山之赏

魏文侯派乐羊子攻占中山之后，就想封给自己的儿子击。为此，他征询群臣的意见。大家都拍手说好。任座站起来说，中山应当封赏给您的弟弟，而不是您的儿子，因此，您不是仁君。文侯大怒。任座也不说话，赶紧跑了出去。文侯又问身边的翟璜。翟璜回答说，您当然是仁君。文侯笑眯眯地问，为什么？翟璜指着任座逃跑的方向说，臣听说，国君仁爱，臣子就直率。刚才任座讲话直率，因此，我知道您是仁爱的国君。文侯悔悟，就让翟璜请任座回来，还亲自下堂迎接，拜为上卿。

不仅如此，魏文侯用人也有独特之处。《史记》记载，他召见李克，讨论治国安邦之道。当时，文侯想要设置国相，帮他治理国家。合适的人选包括魏成子和翟璜二人。他询问李克的看法，李克随即说，只要考察一下他们过去的举止表现就可以确定了。比如，平时，喜欢亲近哪些人；富裕时，能给予别人什么；显贵时，能举荐什么人；处于逆境时，又在干什么事；贫困时，还在干什么。从这五个方面进行审察，心中就有数了。从此，魏国遴选相国的时候，多考察候选人的平时行径，判断是否合适，进而形成机制。

前396年，魏文侯去世，太子击即位。这就是魏武侯。一度强盛的魏国，就此拉开人才流失的大幕。

（二）魏武侯

魏武侯少年时期，儒家名流田子方担任其教师。前412年，受命率军攻打繁、庞二地，将当地百姓迁入魏国境内。那时，魏击不过20岁左右。前407年，魏国攻占中山国国都顾城。太子魏击，被封为中山君，已然独当一面。

魏文侯的时候，人才济济，诸侯侧目，开疆拓土，盛极一时。等到了魏武侯上台的时候，李悝病逝。他任命贵族出身、徒有虚名的孟尝君田文为相，后又任公叔痤为相。这种任人唯亲、任人唯贵的做法，推翻了父亲魏文侯任人唯贤的原则。平民出生的吴起，备受歧视，中计失宠，不得不逃往楚国。楚悼王得知，任命吴起为令尹，集军政大权于一身。此后，吴起南定百越，北灭陈、蔡，击败韩、魏、秦等国军队，拓地数百里。

魏武侯在位26年，有勇无谋、四面树敌，又想争霸，又赶能人，只落得两手空空。前370年，魏武侯死去，二子争位。赵国与韩国相继插手废立之事。魏䓨胜出，即是魏惠王。那时的魏国，败象已显。

（三）魏惠王

前369年，魏惠王即位。他比父亲魏武侯稍微开明一些，但是人才战略忽左忽右、摇摆不定。这种貌似谨慎、中规中矩的做法，是无法参与残酷的国际竞争的。许多改变战国命运的人物，也因此从魏国流失。

孙膑、商鞅、惠施、张仪、淳于髡等人，都是历史上赫赫有名的人物。他们没有能够改造魏国，却通过改良其他国家，改变了魏国的命运。

1. 孙膑

魏惠王中期的时候，重用庞涓，军事实力大增。然而，庞涓陷害同学孙膑，捏造罪名将他处以膑刑和黥刑，砍去了孙膑的双足，并在他脸上刺字。魏惠王听之任之。

孙膑逃脱，得以入齐。前354年的桂陵之战、前341年的马陵之战，魏国先后被孙膑统率的齐军打败。名将庞涓战死，魏国军事实力彻底衰落。魏惠王感叹"东败于齐，西丧秦地七百余里，南辱于楚"。

2. 公孙鞅

相国公叔痤病倒，魏惠王探视。公叔痤说，自己的门客、卫国人公孙鞅怀有奇才，请国君任命他主持国政。惠王不置可否。公叔痤又说，如果不用，请杀之。惠王默然。

惠王走后，圆通老练的公叔痤迅速找来公孙鞅，告诉原委，劝他赶快逃命。公孙鞅清楚，魏惠王既不会用他，也不会杀他。一直等到公叔痤死后，才从容投奔秦国，后来因为有功，得名商鞅。他主持了著名的"商鞅变法"。魏惠王后悔莫及。

3. 惠施

他是战国时期，名家的代表人物。魏惠王任命主张合纵抗秦的惠施为相国，限制奴隶制残余势力，制定新法。后来，惠施被驱赶出境。直到惠王死了，惠施方才回国。

4. 张仪

前322年，魏惠王采纳张仪"欲以秦、韩与魏之势伐齐、荆"的策略，驱逐惠施，起用张仪为相。前319年，魏惠王死后，魏襄王即位，驱逐张仪，启用倡导合纵的公孙衍为相。

5. 淳于髡

淳于髡以博学多才、善于辩论著称，是稷下学宫中最具有影响的学者之一，长期活跃在齐国的政治和学术领域。有人向魏惠王推荐淳于髡，淳于髡却一句话也不说。惠王感到很奇怪。淳于髡说，第一次来拜见的时候，惠王在谈论别人献给他的马。第二次来的时候，惠王在评论他喜欢的歌唱艺人。我还有什么话要说呢？魏惠王道歉，和淳于髡谈古论今，一连谈了几天。不久，淳于髡告辞，原因不详。

前361年，魏国迁都大梁（今河南开封）。迁都以后，魏惠王苦心经营。城周长达30余里，有12个城门，城墙高约5丈，护城河四面沟通，又宽又深。城内大街长约10里，居民可达30多万。

大梁城建造得规模宏大，是战国时期最坚固的都城，也是当时中国规模最大的城市之一。然而，大梁地处中原，被诸侯国四面团团包围。此外，魏国接二连三地失去高端人才，甚至是顶级人才。因此，魏国注定是守不住的。

（四）魏昭王

前295年至前277年，魏襄王之子、魏惠王之孙魏昭王，继任魏国第5代国君。

早期的时候，齐国的孟尝君投奔魏国，魏昭王任命其为相国，与诸侯共同讨伐齐国，大胜而归。

后来，大夫乐毅借口出使燕国的时候，再也没有回来。范雎被相国魏齐打成残废，偷偷地逃到秦国。

此后，魏昭王在长子魏圉、次子魏无忌（信陵君）之间，果断挑选了善妒、好忌的魏圉继位，是为魏安釐王。

再后来，魏昭王死了。

（五）魏安釐王、信陵君魏无忌

前277年，魏安釐王执政。当时，孟尝君田文已在魏国从政十几年。魏安釐王为牵制田文，把其弟魏无忌封于信陵（今河南宁陵），信陵君由此得名。

前273年，秦昭王派遣白起进攻魏国，孟尝君田文举荐芒卯为主帅，率领魏国军队与秦军交战。白起在华阳大败魏军，斩获魏军13万人，芒卯战败而逃。举荐人田文被魏安釐王免去丞相，田文失势后门客纷纷投奔魏无忌门下。

前257年，秦国围困赵都邯郸。赵国求救于魏王。初，安釐王派晋鄙前往救援。但是，魏王惧怕秦国，又命令按兵不动。信陵君多次呈请出兵。魏王不听，故晋鄙率兵只到邺（今河北临漳）。信陵君盗得虎符，前去代替晋鄙。晋鄙验证无误，但还是表示怀疑，不想交出兵权。魏无忌的随行朱亥动手用铁椎杀死晋鄙，强行夺权，最终打败了秦国。这就是"窃符救赵"。

然而，安釐王并不在意信陵君的成功，而是顾忌他的实力。信陵君也很知趣，和门客滞留赵国，10年不回。直到前247年，秦国攻打魏国，魏王被迫任他为上将军，击退秦军进攻。秦王政派人携带上万斤黄金前往魏国。秦国使者到达魏国后，找到被信陵君杀死的魏军将领晋鄙的门客，买通他们，让他们在魏安釐王面前诬陷信陵君。魏王听信谗言，疏远信陵君。前243年，闭门托病的信陵君，耽于酒色而死。同年，安釐王也死去。

前225年，秦国将军王贲率领军队来到大梁城下。面对高大坚固的城墙，面对人才流失的魏国，面对惊恐不安的国君，王贲绕着城墙逛了几天，大手一挥，引来黄河、鸿沟的水，倒灌大梁城。水淹三月，城内死伤无数。魏王假出城投降，国家遂亡。

四、楚国

楚国，又称荆、荆楚。商朝末年，楚人首领鬻熊协助周文王姬昌起兵灭商，成为功臣。前1042年，周成王封鬻熊曾孙熊绎为子爵，楚始建国，国土面积只有20多平方公里。随着时代变迁和历代楚君的雄韬伟略，楚国从一个小国逐渐变成拥地千里的强国。

楚国全盛时期，疆域包括现在的湖北、湖南全部，重庆、贵州、河南、安徽、江苏、江西、浙江的部分地方。楚人在丹淅流域频繁活动，在这里留下了众多的遗址和遗物。楚文王时期，灭邓国、绞国、权国、罗国、申国等国。前306年，灭越国。

前224年，秦国王翦率领60万秦军南下攻楚，楚国溃败。次年，楚国灭亡。

（一）楚昭王、楚惠王

楚惠王和他的父亲楚昭王都是幸运的。前527年，楚平王派大夫费无忌到秦国去为太子建迎娶新妇。快到国都的时候，费无忌就只身冲进王宫，对楚平王说，这个秦国女子简直太漂亮了！您可自己娶她，再替太子另找一个。楚平王听了他的话，最终自己娶了这位秦国女子，生下儿子珍，另给太子建娶亲。后来，珍被立为太子。前516年，珍得以即位，这就是楚昭王。

楚昭王是中兴之主。楚国一度被吴王阖闾、伍子胥、孙武、伯嚭打得到处躲藏，后来逐渐强盛起来，先后灭亡顿国、胡国，大败蔡国，攻占夷虎国。

前505年，孙武、伍子胥统率吴国军队攻陷楚国国都。昭王逃到随国。大夫申包胥向秦国求救，哀公不理。他就在秦国宫门外日夜痛哭，长达7天7夜。秦哀公听到，不禁也流下眼泪说："楚虽无道，有臣若是，可无存乎？"于是发兵救楚，击败吴军。吴王阖闾收兵回国。

前489年，昭王病倒在军中。红色的云霞，仿佛群鸟一样，围着太阳。昭王询问吉凶，巫师说这个对国君不利。将相们听到，纷纷向天空祷告，希望把疾病降落在自己的头上。昭王说，将相如同我的手足，还是我来承担吧！巫师又说，这是管理黄河的神仙在捣鬼。将相们请求杀死几个童男童女，祭祀河神。昭王却说，别扯淡了！先王受封后，保佑我们的是长江、汉水。黄河，离我们太远，我们还没有得罪过！坚决不答应将相们的祭祀请求。

楚昭王宅心仁厚，深得部下爱戴。临终之际，他要兄长子西即位，子西坚辞不受；又要贤能的子期即位，子期哭着不答应。昭王又让子闾（公子启）即位，子闾先后推辞5次，后来眼见昭王日益病重，遂假装答应。昭王死后，子闾与子西、子期封锁消息，秘密派遣使者迎接王子熊章回来，这就是楚惠王。楚国军队不动声色地撤回国都。昭王的死讯随即传开，哭声长达百里。

楚惠王历经春秋晚期、战国初期，在位57年。他重用子西、子期、子闾等人，改革政治，与民休息，发展生产，使楚国的国势得以迅速复苏，再度进入争霸中原的行列。加之，其母是越王勾践的女儿，恰时外公越王勾践复国、打败吴国，楚国参加讨伐吴国的战斗，使得长期受累于吴国的局面，宣告结束。

相传，楚惠王心地仁慈、爱惜民力。一次吃饭的时候，他发现凉拌酸菜里面有一条水蛭（蚂蟥），就吞食了。不久，他肚子剧痛，根本不能吃东西。王宫的医官问其原因。楚惠王轻描淡写地说："我发现水蛭的时候，如果不惩治厨师和佣人，就是破坏法令；如果按照法令，厨师、佣人和主管膳食的官吏，都得处死。我于心不忍。当时，我担心左右的人看见，急忙就吞了，没有咀嚼啊。"听到这里，医官离开座位，一边叩拜，一边笑着说，臣下听说，上天只会帮助有德行的人。您有仁德，是不会被伤害的！说来也巧。当晚，楚惠王去厕所的时候，排出水蛭，不久发现，多年以来的腹部积水症也痊愈了。时至今日，湖北省的洪湖、荆州、襄阳地区，还流传这样神奇的民间偏方。只不过，活的水蛭（蚂蟥）被烤熟之后，磨成黑色的粉末，再加上几味中药，口服就行了。

《左传·襄公二十六年》记载，"晋卿不如楚，其大夫则贤，皆卿材也。如杞梓、皮革，自楚往也。虽楚有材，晋实用之。"从现有的史实来看，至少在楚昭王、楚惠王时期，国运还是不错的。

（二）楚悼王

前432年，楚惠王死去，儿子楚简王即位，执政23年。前407年，楚简王的儿子熊当即位，即楚声王，6年后，被"盗"所杀。

春秋战国时期，朝廷失势、诸侯并列，强盗和土匪现象十分猖獗。《吕氏春秋》记载，"聚群多之徒，以深山广泽林薮朴击遏夺""夺人车马衣裘自利者"。这些流民和那些"士"的性质大致一样，只不过是凭借体力来生存。他们占据山林和要道，对王公贵族、平民百姓都是平等相待的：只认钱，不认人。前506年，楚昭王仓皇出逃的时候，途中也曾被土匪打劫过。战国初期，魏国李悝的《法经》专门讲到如何盗法、贼法、囚法、捕法。

区区的一群土匪，也能够干掉国君，是有原因的。这就是权力真空。楚国长期实行王室宗亲专政，由国君的兄弟们掌握令尹、司马等要职，横行霸道、为所欲为，社会矛盾日益加深与激化。一时间，流寇众多，大盗横行。打、砸、抢屡见不鲜，偷、摸、盗司空见惯。国君虽然高高在上、深居简出，却也不能自保。堂堂的楚声王，居然死于强盗和土匪的手上，无疑反映楚国的国政积弊日深。

前401年，楚声王的儿子熊疑即位。这就是著名的楚悼王。当时，国际形势发生重大变化，三晋强大、秦国崛起；而在国内，国家权力被屈、景、昭三家权贵掌握。

这个时候，来了一个落魄的名人。他就是卫国人吴起。在鲁国，吴起大破齐军；后来遭到排挤，来到魏国；又遭到排挤，来到楚国。

悼王对吴起的到来万分高兴。在接待吴起的豪宴上，悼王问道，将军为魏国建立了那么多功勋，怎么反而会舍得放您？吴起回答说，如果魏文侯在世，我又怎么会舍得？现在，武侯继位，听信小人，臣下无立足之地，才来投奔楚国。悼王将信将疑，让已经名闻诸侯国的吴起先到宛地当太守。

宛是一个小地方。吴起整顿吏治，重用和提拔廉洁奉公的有能之士，裁汰庸碌无能之辈，打击贪官污吏；同时，推行耕战政策，奖励开垦荒地，发展农业生产，充实府库；此外，建立军民一体化的军备体系。

悼王得知，坚定重用吴起的决心。于是，吴起回到国都。这时的吴起，已经熟悉楚国的国情，提出许多问题，涉及权臣、土地、兵源、百姓生计、军队腐败等。悼王授权吴起，进行变法。首先，吴起削减贵族特权，对大臣的权力进行限制。其次，整顿吏治，禁止结党营私，提拔才识之士。其三，积极开发边远地区。一些贵族迁到地广人稀的地区，新垦许多耕地，能够自食其力。其四，改革军制，根据身材和特长分类编队。强化单兵技艺、阵法、编队以及联络记号等训练。其五，奖励军功，鼓励耕战，解决粮食供应，改善士兵及其家属的生活条件。特别是，禁止纵横家进入楚国，不受口舌之扰。在变法过程中，王公大臣激烈反对，都被楚悼王强势镇压。

前383年，魏、赵两国为争夺卫国而交战，齐国协助魏国。于是，魏、齐、卫联合讨伐赵国。战况激烈，赵国不支。赵国走投无路，便向楚国求救。前381年，楚悼王命吴起统率大军救援赵国。吴起的确十分了得，直接攻打已经空虚的魏国都城。正当楚军取得决定性的胜利，悼王病逝。吴起从前线赶回，被贵族势力借机射杀。

《史记·孙子吴起列传》评说道，"楚悼王素闻起贤，至则相楚。明法审令，捐（损）不急之官，废公族疏远者，以抚养战斗之士。要在强兵，破驰说之言纵横者。于是，南平百越，北并陈、蔡、却三晋，西伐秦，诸侯患楚之强"。

(三) 楚宣王、楚威王

前381年，楚悼王死后，他的儿子楚肃王登基。这是一个厉害的角色。即位不久，就以伤害悼王尸体的罪名，收拾了70多家贵族。楚肃王执政时间不长，却已经不像父亲那样威武神气了。

前370年，楚肃王去世，由于无子，弟弟楚宣王即位。楚宣王在位期间，一方面对外"广辟土地，著税伪财"，兼并战争激烈，形势也更加错综复杂，在这种情况下，楚国保持实力，不轻易出击；另一方面则洞察形势，抓住有利时机，也大力加入兼并战争的行列，攻城略地、开拓疆域，使楚国在战国时期出现了最强盛的局面。

前362年，也就是楚宣王执政第7年的时候，秦献公死去，21岁的秦孝公登基。这年，秦国颁布"求贤令"。卫鞅来了，得以重任，开始变法。

前342年，楚宣王率军30万东进，与齐国、越国、宋国大战，夺得淮安、盐城、徐州、枣庄、临沂、日照、连云港等战略要地，消灭淮北、泗上地区的10多个小国。这个时候，卫鞅率20多万兵分两路，合围汉水上游的富饶之地，素称"北方江南"的商州地区，夺取丹凤和少习关（今武关）。楚宣王大怒，质问秦孝公。后者十分狡猾，把这个地方封赐卫鞅，商鞅就此得名。原来属于楚国的商州，到了神武十足的商鞅手上，自然变成鸟飞不过、风吹不进的铜墙铁壁。楚宣王重病快死的时候，还在喊着要收复商州。

楚宣王也算是明君，可是与迅速崛起的秦国相比，楚国已经慢慢走下坡路了。

楚威王是楚宣王之子，致力于恢复楚庄王时代的霸业。前333年，楚威王进攻越国，杀死越王，尽取越国占领的吴国地盘。越国成为楚国的附庸。同年，楚国移师北上，与齐师大战于徐州，击败齐国。楚国的版图，西起大巴山、巫山、武陵山，东至大海，南起五岭，北至汝、颍、沂、泗，囊括长江中下游以及支流众多的淮河流域。据《史记》记载，当时，"楚，天下之强国也；王，天下之贤王也。地方五千余里，带甲百万，车千乘，骑万匹，粟支十年。此霸王之资也"。

(四) 楚怀王、楚顷襄王

前329年，楚威王去世。儿子熊槐即位，是为楚怀王。楚怀王即位的时候，已然拥有强大的国力，曾被山东六国推为纵约长；又趁越国发生内乱，攻灭越国，设郡江东。但是，他排斥改革派，误信秦国的说客张仪，毁坏齐、楚联盟，先后败于秦、齐，失去汉中等地。在位时，他任用令尹子椒、子兰,上官大夫靳尚,宠爱南后郑袖,排斥正直的左徒屈原,致使国事日非。前299年,楚怀王贸然入秦被扣,被囚4年多。楚怀王意志坚定、誓死不屈,直至病死。秦国把怀王的尸体送回楚国,楚国朝野悲痛万分。秦、楚国之间的长期联姻关系随之破裂。

前298年,得知国君被押,还在齐国当人质的太子熊横,迅速回国,成为新的国君,即楚顷襄王。秦国逐渐强大,开始讨伐楚国。前279年,白起率军长驱直入楚国腹地,攻得16个城池,次年攻陷都城郢。楚顷襄王被迫迁都。前263年,悲愤交加的楚顷襄王病死。楚国只有10万多常备军,土地面积还不到强盛时期的10%。

在秦国崛起的年代,楚悼王、楚肃王、楚宣王、楚威王四代,逐渐达到强盛,甚至有着统一中国的实力。即使在楚怀王、楚顷襄王二代,也并不是没有机会。然而,这没有成为现实。

屈原,出身楚国贵族,一度任三闾大夫、左徒,兼管内政外交大事。他是中国最伟大的浪漫主义诗人之一,也是已知最早的著名诗人、世界文化名人。

他主张对内举贤能,修明法度;对外力主联合齐国、抵抗秦国。楚怀王曾经命令屈原制定宪令。上官大夫靳尚也想参与,被屈原拒绝了。于是,靳尚谗说屈原。楚怀王很生气,开始疏远屈原。

楚国与齐国联盟断裂之后,楚国先后讨伐秦国,结果都被打败,8万多军队战死,70多名高级将领被俘。这时,楚怀王醒悟,"悔不用屈原之策",复用屈原,准备让他出使齐国,重修楚国和齐国的盟约。然而,令尹子椒、上官大夫靳尚、宠妃郑袖等人,或是接收秦国的贿赂,或是内心的忌惮,或是权力的争斗,屈原遭到了流放。怀王要到秦国聚会的时候,流放回来的屈原极力阻止。但是,子椒、靳尚怂恿前往,怀王被囚,客死异乡。在齐国当了多年人质、怀王的儿子楚顷襄王上台之后,屈原再次被流放。

前278年,秦国大将白起攻陷楚国的都城郢。屈原抱着石头,走向江边,长叹道,"举世混浊,而我独清;众人皆醉,而我独醒"。遂沉江自尽。

屈原之死,至少说明三个问题:第一,文学青年单纯凭借理想和抱负,是进入不了国家政治核心圈层的;第二,没有一定的政治手腕,是不能主持变法和改革的;第三,效忠国家的方法有很多,自尽是没有实质意义的。

尽管如此,屈原备受世人尊崇。公元770年冬天,唐朝伟大的现实主义诗人杜甫，辗转到湖南岳阳附近，冻饿了几天。有天晚上，他不顾年老体弱，执意赶到汨罗江边的屈子祠拜谒，不幸死在小船上。时称"一江两魂"。

（五）楚考烈王

楚顷襄王死的时候，正在秦国做人质的太子完逃回楚国，被拥立为楚考烈王。那个时候，名列"战国四公子"的黄歇，名声显赫、春风得意。前262年，楚考烈王任命黄歇为相国，封为春申君。

早在前298年，秦国攻打楚国，楚顷襄王急于求和。于是，派遣不是王室直系血亲的、才华出众的黄歇，出使秦国。他上书秦昭王说道，秦国和楚国是最强大的两个国家，如果秦国打算攻打楚国，必然会导致两败俱伤，很容易使韩、赵、魏、齐等国家得渔翁之利，还不如让秦国和楚国结盟，联合起来对付其他国家。秦昭王同意了，派使臣给楚国送去厚礼，与楚国缔结盟约，互为友好国家。楚顷襄王派黄歇和太子熊完到秦国做人质，整整10年。

前263年，楚顷襄王病重。黄歇对太子熊完说，楚王辞世，您不在楚国，势必不能即位。太子认同。黄歇让太子化装成车夫，跟着楚国的使者安全回到楚国。黄歇估量太子平安离开之后，向昭王请罪。这时，黄歇的好朋友、丞相范雎出面了。他说，熊完即位楚王，肯定重用黄歇；如果杀死黄歇，楚国定痛恨秦国，反而无益。

楚考烈王继位后，一直无子。赵国人李园看准时机，先把妹妹李环送给春申君，转而进献楚王，生下一对双胞胎。李环遂被立为王后，儿子也被立为太子。李园逐渐得势。

春申君的门客朱英，已然察觉李园的动向，多次劝说春申君，世界变化无常，君主迟早一死。您担任20多年的楚国相国，与其辅佐幼主，不如自立。李园私养刺客，已经很久了。楚王一死，李园肯定会抢先动手。如今，您可以预先安排我进宫，掌管近卫部队；一旦有变，我会替您先除掉李园。春申君没有理会。前238年，楚考烈王去世，春申君前去奔丧，随即被李园的刺客斩杀，满门也被抄斩。同年，楚考烈王的长子楚幽王即位，李园被任命为令尹。

后人评说到，春申君"当断不断，反受其乱"，不听朱英之劝，受制于李园这样的小人。3000多门客，竟然没有一个人挺身而出，主动攻杀李园。

（六）楚王负刍

前228年，楚幽王去世，魂归西天。他的同胞弟弟，也就是考烈王次子熊犹登基，即楚哀王。但是，楚哀王在位2个多月，就被异母兄负刍的门客杀死，其母王太后、李美人也被杀，舅舅李园家满门抄斩。负刍自立为楚王。

前226年，秦军伐楚，攻占10多个城池。前223年，秦军攻入楚都寿春（今安徽寿县），负刍被俘，楚国灭亡。

曾经强盛至极的楚国，落得兵败国亡的地步，主要有三个方面的原因：一是旧势力根基未除，导致政局掌握在宗族、权臣手上，时常发生政变；二是吴起变法，没有得到应有的继承，反而加重刑罚的力度，导致民不聊生；第三，国内的高端人才纷纷奔向秦国，人才流失严重，而外国的高端人才又畏惧国君的反复无常，不敢踏入国门。凡此种种，相比迅猛崛起的秦国，确是霄壤之别。

五、燕 国

前1045年，周武王灭商，封召公奭于燕，建立臣属周朝的诸侯国。前7世纪，燕国吞并蓟国，并以蓟城为都。春秋时期，山戎大规模侵略燕国，庄公不敌，向齐国求援。齐桓公出兵讨伐山戎，顺手也灭了孤竹国、令支国、无终国等小国。

战国初期，各国纷纷进行改革。唯独燕国默无声息，发展缓慢。而齐国为了向北扩张，不断进攻燕国。前380年至前355年，齐国和燕国激烈交战。

前222年，秦王政派王翦率军伐燕，攻破都城蓟。燕王喜被俘，国灭。800余年的国祚、40多代的君主顿成回忆。

燕国地处偏远、国力弱小，几无逐鹿中原、争夺天下的机会。然而，能够列入战国七雄，自然有着一定的道理。在人才领域，可圈可点的国君，不过燕昭王一代而已，宛如流星、一逝而过，却留下耀眼的光芒。

（一）燕昭王

前311年至前279年，燕昭王在位。燕昭王，姬姓，名职，燕王哙之子，太子平之弟，也称燕昭襄王。因为不是长子，他长期在韩国当人质，按当时的传国次序和惯例来说，与王位无缘。前321年，燕易王去世，燕王哙即位。

1. 箪食壶浆

前319年，燕王与齐、楚、赵、韩支持魏国，改用公孙衍为相，逐张仪至秦，次年与魏、赵、韩、楚合纵攻秦。不久，他任用子之为相国。子之办事果断，善于监督考核臣属。苏秦之弟苏代，与子之结有姻亲，一度作为齐国使臣，出使燕国。燕王哙问苏代，你觉得齐王怎么样？苏代回答，齐王必不能称霸。燕王哙又问，为什么？苏代说，齐王不能重用大臣。之所以这样说，就是刺激燕王哙重用子之。为此，子之送给苏代百金。

不久，燕王哙禅让君位给相国子之。还把300石俸禄以上高官的印玺全部收回，交由子之擢贤任用。子之大权在握。燕国顿时大乱，各种矛盾迅速激化。

前314年，将军市被与太子平聚众作乱，围攻子之。数月下来，死者数万，太子平与将军市被均死于混战。孟子劝说齐宣王抓住时机，攻打燕国。燕国民心已失，任由争斗，"士卒不战，城门不闭"。一些燕国老百姓用箪送来吃的，用壶装来喝的，欢迎齐军入境。这就是成语"箪食壶浆"的来历。

不到50天的时间，齐军攻破燕国都城。燕王哙死于战乱，子之被杀。一直旁观的赵武灵王，火速找到时年24岁、正在韩国当人质的燕王哙之子姬职，送回燕国继承王位。这就是燕昭王。

2. 卑身厚币

当时的燕国，国家残破、民心离散。燕昭王身在中原地带的韩国，能够体会和感受社会改革的对比效应，也能够看见高端人才的引进工作带来的深远影响。秦国任用商鞅，富国强兵；楚国和魏国任用吴起，国势兴旺；齐威王、宣王任用孙膑、田忌，国力大振。对于这些鲜活的事实，燕昭王有着深刻的认识和理解。为此，他决定延揽外国高端人才。

这就是著名的"卑身厚币"战略。所谓"卑身"，就是放下君主的架子，甘心执弟子礼，以贤者为师。所谓"厚币"，就是不惜重金，待遇优厚。

为此，燕昭王找到燕国本土的名士郭隗，求教说，齐国趁着内乱入侵，我的父亲死于战乱。这一奇耻大辱，我誓死要报复。但是，燕国力量薄弱，时机不成熟。所以，我需要大批的贤士治理国家，希望先生帮助我。郭隗也不含糊地说，国君的态度不同，得到的人才高下也就不同：想称帝的和师长相处，想称王的和朋友相处，想称霸的和臣僚相处，想亡国的和仆役相处。国君以老师的礼节对待贤士，胜过自己百倍的人才就会到来；国君能够听取贤士的正确意见，胜过自己十倍的人才就会到来；国君即便只是平等待人，和自己能力差不多的人才就会到来；国君摆着架子、派头十足，对贤士的人颐指气使、随意呵斥，奴性十足的人自然就会到来。以贤者为师，虚心受教，才能招来贤者。

燕昭王称善，敦请郭隗推荐。郭隗说，国君先从我郭隗开始吧！像我这样的人如果得到重用，贤能的人才一定会不远千里而来。于是，燕昭王拜郭隗为师，"筑黄金台，置千金于台上，以延请天下名士"。果不其然，"乐毅自魏往，邹衍自齐往，剧辛自赵往。士争趋燕"。

3. 乐毅伐齐

乐毅出身豪门，喜好兵法。其先祖乐羊为魏国开国君主魏文侯的名将，曾经率兵攻取中山国，被封在灵寿，世代定居于此。后来，中山复国，他成了中山国人。旋即，中山国又被赵武灵王所灭，他自然就成了赵国人。不久，赵国发生内乱，武灵王饿死。他就离开赵国，到了魏国，又成了魏国人。听到燕昭王修筑黄金台，招揽天下贤士的消息，乐毅主动请缨，作为魏昭王的使者来到了燕国。经与燕昭王交谈，主动提出愿意留下。燕昭王"立于群臣之上，以为亚卿"。

时不多久，乐毅显露出超人的才华。他针对燕昭王急欲报仇雪耻的心情，精辟地分析了当时的形势，一针见血地提出，齐国是个大国，过去曾称霸诸侯，仍有很强的实力。要想战胜它，不能急于求成。燕国应做长期的努力和准备，一是要改革内政，二是要搞好外交。

经过20多年的艰辛积累，"燕国殷富，士卒乐佚轻战"。乐毅又提出，"必与天下图之"的策略，联合楚、魏、韩、赵等国，结成反齐军事联盟。至此，伐齐的条件已完全成熟。

昭王时期，纵横家苏秦也受到礼遇。苏秦一度出面，到齐国交涉被占领的燕国土地。齐宣王听从，把占领燕国的10个城池送回，又送千金致歉。苏秦遂受到燕昭王重用。此后，苏秦斡旋列国。前284年，齐王将苏秦车裂于市。苏秦死时，只有50多岁。

当年，燕昭王任命乐毅为上将军，授以相国印，联合燕、赵、楚、魏、韩五国之兵讨伐齐国。在济西大会战中，击破齐军。楚、魏等国的军队，力疲而归。乐毅率领燕军乘胜前进，轻卒锐兵，长驱直入，一举攻克齐都临淄。齐湣王逃入莒城，仅以身免。燕国取得空前未有的胜利。

燕昭王果断放权，从不干预军事行动。乐毅以弱胜强，屡出奇兵，又在齐国打了5年，转战千里，先后攻下70余城，除莒、即墨两城以外，其他齐国城邑都被吞并。至此，乐毅的军事生涯一度达到顶点，燕国的国势几近巅峰。在战国时代，这是一卷五彩斑斓、极富魅力的历史画卷。

（二）燕惠王

前279年，燕昭王死，太子即位，是为燕惠王。当太子的时候，他和乐毅就有些私人恩怨。即位以后，燕惠王对乐毅用而不信。齐国大将田单探知，趁机进行反间，派人到燕国散布说，除莒城和即墨两城之外，齐国大片土地全在燕军手里。乐毅能够在短时间以内，一举攻下齐国70余城，还打不下这两座孤城吗？其实，他是想用恩德收服齐国的人心，背叛燕国，自立做齐国的国君。燕惠王信以为真。于是，下令派大将骑劫到齐国，接替乐毅的职位。乐毅深知后果，毅然投奔赵国。赵惠王喜出望外，封其为望诸君，是借以牵制燕国、齐国，迫使后者不敢轻举妄动。

田单计谋得逞。面对平庸无能的骑劫，在即墨城下，采用火牛阵大破燕军，杀死骑劫，收复齐国所失的70余城，追歼燕军到黄河边上，直到逐出齐境。

这时，燕惠王后悔了。他担心赵国任用乐毅趁火打劫、进攻燕国。于是，向乐毅写信说，先王（燕昭王）曾以举国之兵托付将军，将军为燕国大败齐军，报先王之仇，天下震动。我也时刻牢记你的功绩。那年，先王去世，我初为国君，误信于左右。之所以派大将骑劫，前往齐国代替将军，主要是顾虑将军长期野外作战，过于辛苦和劳累。所以，想请你回来调息，共议国事。将军却误听传言，和我产生怨隙，放弃燕国投降赵国。如此，将军为自己打算是合宜的。可是，你如何报答先王的知遇之恩呢？

于是，乐毅慷慨激昂地写下《报燕惠王书》，针对无理指责和虚伪粉饰，表明自己对先王的一片忠心，历数与先王之间的相知相得，驳斥燕惠王对自己的种种责难、误解，明确提出"善作者不必善成，善始者不必善终"，申明自己不为昏主效法愚忠，不学冤鬼屈死，故而果断出走的处世原则。

收到乐毅的回复，燕惠王惭愧无比，封乐毅的儿子乐间为昌国君。此后，乐毅并不因个人得失鼓动赵国讨伐燕国，以泄私恨，而是往来于赵国、燕国之间，与燕国重新交好。燕、赵两国都任用他为客卿，职位仅次于相国。后来，乐毅死于赵国。

前273年，燕惠王对外攻伐，设置了渔阳、右北平、辽西、辽东四郡。又过了两年，燕国的相国成安君公孙操，突然发动政变，杀死惠王。原因成谜。

的确，贤才与统治者因为各自的魅力而相互吸引。但是，统治者始终把握着生杀的主动权，一旦发觉自己的地位受到威胁，便想尽办法除去效忠他们的贤臣。然而，真正的圣贤之君，理应选贤任能，功成而不废，赏功罚过。在这个问题上，燕昭王与燕惠王父子，高下立现。燕惠王死后，国势逐渐衰亡。

（三）荆轲刺秦王

前 255 年，燕孝王去世，姬喜继位，史称燕王喜。前 251 年，燕王与赵国结成联盟。使者报告说，赵国年轻力壮者都在长平之战中战死，孤儿还未成年，可以趁机攻伐。燕王征求乐毅之子乐间的意见。乐间回答说，赵国一度四面作战，民风彪悍，熟知军事，不可以攻伐。燕王不听。乐间逃到赵国。

老将廉颇临危受命，率领一群娃娃军，击破燕军，乘胜包围燕国的国都。燕王喜又是重礼，又是割地，赵国方才撤兵。不久，赵国大将李牧、庞煖先后战胜燕国，斩获颇多。几经折腾，燕国萎靡不振。

1. 起因

前 228 年，秦国占领赵国的都城邯郸，逼近燕国，情势危急。这时，燕国的太子丹决意动用刺客。要么劫持秦王，归还诸侯们的地盘；要么刺杀秦王，秦国肯定大乱，无暇顾及燕国。如果顺利，就联合诸侯们一举消灭秦国。

这种猎头的程序就是三步：确定目标、寻找刺客、接近并刺杀目标。其复杂之处在于，搜寻合适的候选人，获得目标的信任。豫让、专诸、要离等刺客的故事，添油加醋、广泛流传，客观上提升了刺客行业的含金量。特别是，刺杀目标是秦王政，难度非常大，这也导致整个计划必须完整而周密。

2. 物色

说来也巧，卫国剑客荆轲，正好游历燕国。在国都的市井，荆轲结交了一个杀狗的屠夫，一个擅长击筑的高渐离，三人成为知己，经常在一起喝酒。似醉非醉的时候，高渐离击筑，荆轲和着节拍唱歌，一会相互打闹，一会拥抱哭泣，旁若无人。稍微有些不同的是，荆轲喜爱读书，时常变得十分安静。

一次，市民们发生群殴，荆轲挺身而出，平息纷争，赢得大家的敬佩。冷眼旁观的隐士田光在大家散开之后，邀请荆轲、高渐离到自己家里，和他谈论天下的时势。果然，荆轲志向远大。为了试探他，田光故意不安排中饭，荆轲也不主动提及，一直饿到晚上。田光说，我的房屋简陋，无法安排你住下。先住到一个小酒店，环境也算不错。接连几天，田光不管不问，荆轲淡然以对。等他动身离开国都的时候，田光突然通知高渐离，快马加鞭地把荆轲请回来。此后，几人时常在一起，亲密无间。

太子丹找到师傅鞠武，共同商议对策，后者推荐田光。这个时候，秦国的叛将樊於期逃到燕国，投靠在其门下。田光来到的时候，太子丹亲自上前迎接，倒退着引路，跪下来拂拭座位，左右奉命低头出门，二人密谈许久。田光也不多话，推荐荆轲担当重任。

3. 断路

不久，太子丹、荆轲秘密见面。田光说，秦国残暴，天下皆知，如今我已经年老了，不能报效国家，只能一死，保守秘密。他拔出佩剑，当场自杀了。二人流泪不已，埋葬了他。

荆轲推辞说，这是国家的大事，我做不了。太子丹爬到他的脚前，以头叩地，砰砰作响。荆轲暂且答应。于是，太子丹尊奉荆轲为上卿，住进上等的馆舍，每天都有丰盛宴席，还配备许多奇珍异宝，不时还进献豪车、宝马和美女。荆轲微微一笑，照单全收，也不多说什么。

赵国徐夫人善于制造匕首，太子丹花费百金买下；还让工匠用毒水淬匕首，找来几条狗，稍微擦破狗的皮肤，没有不死的。考虑到荆轲喜爱喝酒、不怎么精通剑术，太子丹又重金礼聘燕国勇士秦舞阳作为助手。这也是一个厉害的角色，13岁就杀了人。其他的物件、行李都准备齐全。

那时，秦国大将王翦向北挺进，到达燕国南部边界。太子丹着急地说，眼见秦军就要横渡易水。那时，我就不能侍奉您了！荆轲说，正好，我也准备找你。想想，必须取得信任，才能靠近秦王。听说樊於期叛逃，秦国悬赏黄金千斤、封邑万户，悬赏天下。燕国督亢是膏腴之地、水美土肥，秦王政做梦都想要。如果搞到督亢地图，自然更好。有了这两样东西，我就能报效公子。太子丹沉思一下，慢慢地说，地图，是可以的；人头，却不行。樊将军穷途末路，我不能做没有信义的人。还是考虑别的办法吧！

荆轲私下找到樊於期说，将军的父母、妻儿连带家族都被杀尽。你打算怎么办呢？后者仰望苍天，流着眼泪说，每天想到这些，我就痛不欲生。但是，哪里有什么办法，荆轲上前靠近，在耳边轻轻地说，如果我带着将军的首级进献秦王，一定能够得到召见。那个时候，地图慢慢打开，匕首显露出来。我的左手抓住他的衣袖，右手用匕首刺进他的胸膛。将军，你认为怎么样？说罢，嘴唇紧闭、眼光犀利。樊於期缓缓移过荆轲的目光，猛然脱掉上衣、露出臂膀，咬牙切齿地说，这正是我日夜思念的呀！自刎而死。太子丹得知，赶忙到场，趴在尸体上嗷嗷地哭，十分悲哀。

4. 催促

事情到了这份上，也算是悲壮。主角还没有出发，先倒下两个配角。然而，荆轲依然没有出发。太子丹不好直接问，就委婉地说，如果不打算动身，我让秦舞阳先走，顺便安排行程。向来沉静的荆轲，顿时发怒，大声说道，你的意思，我非常明白！还有一位朋友同行，正在等他。如果太子认为我在拖延时间，我就出发吧！

太子丹和少数门客，穿着白衣、戴着白帽为荆轲送行。到了易水岸边，祭祀河神，然后在路边饯行。高渐离击筑助兴。荆轲唱道，"风萧萧兮易水寒，壮士一去兮不复还！"送行的人都默默流泪。他又走上前，歌声旋即变得高亢悲壮、慷慨激昂，送行的人们无不震惊。酒罢曲散，荆轲攀上车辕离去，没有回头再看大家一眼。

5. 失败

荆轲、秦舞阳二人，如期抵达并如愿觐见秦王，然而行刺失败，双双被杀。秦国震怒，重金悬赏太子丹，四处搜捕同伙。前226年，王翦率军猛攻燕国。燕王退守辽东，太子丹被迫自杀。前222年，燕灭于秦。

刺客现象延续至今。有的人改写了历史，有的人书写了人生，有的人增添了故事。燕国濒临灭亡之际，太子丹说服田光、樊於期、徐夫人、荆轲、秦舞阳等人，甘愿为之付出乃至献身救国，是值得人们佩服的。

六、齐 国

西周初年，周武王封吕尚（太公望、姜尚、姜子牙）于齐，故称"姜齐"或"吕齐"。前391年，田成子四世孙田和，废除齐康公，自立为国君，又称田齐。

齐国是贯穿西周历史的强国，也是春秋时代第一个称霸的国家，百姓富足程度是诸国之冠。齐国从一个地薄民寡的小国，一跃成为经济富庶、人口众多的超级大国，个中原因很多。最主要的就是齐国历代统治者长期遵循重用人才的传统，且底蕴深厚。

《淮南子·齐俗训》记载，齐国的始祖太公望、鲁国的始祖周公旦受封，二人相见。太公问，应当怎样治理鲁国？周公认为要以德治国。太公认为要"举贤而尚功"。周公说，重用人才的时候，即使不重视他们的品德，国家仍然会强大，但是，这些功臣有了力之后，谋杀国君的野心也就在所难免了。史实证明，诚如其所料。

春秋时代，齐桓公在管仲的辅佐下，打着"尊王攘夷"的旗号，"九合诸侯，一匡天下"，成为春秋时代的第一个霸主。桓公晚年，任用自己亲信的易牙、竖刁等奸佞小人，搞得天下大乱。齐灵公、庄公、景公三代国君，都任用晏婴（前578—前500）担任相国，长达48年之久。尽管遇有庸君，由于晏婴的治国才能卓越，又能够躬身力行，也确保齐国40多年的盛世时期。

（一）田氏代齐

前672年，陈国内乱。陈厉公的儿子公子完，逃到齐国。齐桓公很器重他，要任用他为卿。陈完说，您能收留我就很不错了，我怎么敢当这么大的官呢？桓公只好任命他为"工正"，掌管百工的技术职位。陈完上任之后，改陈氏为田氏。田氏家族不断兴旺发达，逐渐卷入到贵族之间的政治斗争。之后，田氏与其他政治家族联合相继灭掉庆氏、栾氏家族，召回流亡在外的齐国公子、公孙。齐国朝野都予以肯定，田氏家族也受封"高唐之邑"。

齐景公时期，赋税极重、刑罚严酷。灾荒之年，田氏就向民众贷粮。"大斗出，小斗入"，放粮贷就变成贷多收少了。因此，齐国百姓对田氏"爱之如父母，归之如流水"，田氏家族得到了齐国民众的拥戴。

前489年，田氏家族的代表人物田乞以此事发难，攻入公室，废掉公子荼，重新立公子阳生为国君，是为齐悼公。齐悼公为田乞所立，理所当然，田乞为齐国相，执掌齐国国政。

齐悼公死后，齐简公继位。田乞之子田常与贵族监止一同辅佐简公。二人不和。前481年，田常发动政变，立简公的弟弟姜骜为国君，是为齐平公。自此，"齐国之政皆归于田常"。前379年，田常曾孙田和废掉齐康公，自立为侯。齐国国君的姓氏由姜姓改成田姓。

值得一提的是，这些政变，田氏家族得到临淄"国人"的支持，田家几代收买人心的举动，终于得到回报。诸多士大夫倒向他们一边，城中的百姓还自发地拥戴他们。

（二）人才为宝

前356年，齐威王即位，一度终日沉迷酒色、不理政事，出现"诸侯并伐，国人不治"的局面。平民邹忌以鼓琴求见，劝威王用贤臣、除奸佞，恤民养战，经营霸王大业。威王始得振奋精神，任命邹忌为相国。不久，邹忌劝说威王奖励群臣吏民进谏。于是，齐威王下令：不论朝廷大臣、地方官吏或老百姓，能当面提出君主过失的，得上赏；用书面指出君主过失的，得中赏；在广众中议论君王过失的，得下赏。由于广开言路，弊除政清，齐国大治。

齐威王提出"人才为宝"的口号，着手选拔和储备大批的高端人才，主要包括以下措施。

第一，视人才为宝，像对待珍宝一样。他选用田氏宗室的贤良出任官吏，安抚权贵势力，又加大力度选用门第寒微的士阶层，委以重任。特别是掌管边防的郡守，都是精心挑选出来的。

齐威王、魏惠王曾经一起狩猎游玩。魏惠王问，齐国有什么宝贝吗？齐威王说，没有。魏惠王说，我的国家虽小，尚有10颗直径1寸以上、可以照亮12乘车子的大珍珠。以齐国之大，难道能没有宝贝？齐威王说，呵呵！大臣檀子，我安排他镇守南城，楚国不敢来犯，泗水流域的12个诸侯国都来朝贺。大臣田朌，我让他驻扎高唐，赵国人怕得不敢向东到黄河边来打鱼。还有郡守黔夫，我令他固守徐州，燕国人在北门、赵国人在西门，对着天空为他求福，7000多家先后投奔齐国。担任司寇的大臣种首，兢兢业业、废寝忘食，老百姓可以不关门睡觉，道路上没有人捡拾别人失落的物品。有了这四位大臣，光照千里，岂止是10颗大珍珠呢！魏惠王自认惭愧。

第二，考察人才的是非，当慎之。齐威王不偏听、不偏信，喜欢明察暗访、实地调研，根据官吏的实际业绩再做出奖惩。难得的是，他担任国君期间，判定死罪的人，一定要亲自过问案情，不乱杀。官吏们认真负责，民间也少了很多冤情。

第三，不拘一格选拔能人志士，积极整顿军备。田忌向齐威王推荐孙膑。孙膑曾与庞涓为同窗，一起拜师学习兵法。后来，庞涓出仕魏国，担任了魏惠王的将军，但是他嫉妒孙膑的才能，捏造罪名将孙膑处以膑刑（砍去双足）和黥刑（脸上刺字）。齐国使者出访，孙膑秘密拜见。使者偷偷地载孙膑回齐国，被田忌收留。

田忌经常与齐国公子们赛马，设有重金作为赌注。孙膑发现，参加比赛的马脚力都差不多，分别按照上、中、下三等对抗。于是，建议田忌加大赌注，并保证必能取胜。于是，田忌与齐威王、诸公子设赌千金为注。比上等马的时候，孙膑让田忌用下等马出场，首场大败，齐威王、诸公子狂笑不已。比中等马的时候，孙膑让田忌用上等马出场，获得胜利。最后，田忌骑着中等马，对付齐威王、诸公子的下等马。两胜一负、赢得千金。孙膑名声大振，被保荐为军师。

齐威王召开国务会议的时候，场景是令人难忘的。邹忌是著名的美男子，田忌也是一表人才。而孙膑没有脚，只能被人抬着，脸上又刺了字，丑陋不堪。但是，齐威王一视同仁。

前353年、前341年，齐国在桂陵战役和马陵战役先后获胜，接连打败强大的魏国，开始称雄。齐威王晚年的时候，齐国已然成为诸侯国中最强盛的国家。

(三) 稷下学宫

前4世纪，战国进入波澜壮阔、诡异莫测的时代。新国君们先后亮相：前375年，赵成侯上台，在位25年；前369年，楚宣王出场，在位29年；前369年，魏惠王登基，在位50年；前362年，秦孝公执政，在位24年；前362年，韩昭侯继位，在位28年；前361年，燕文公加冕，在位29年；前356年，齐威王露脸，在位36年。加之，诸侯国联姻普遍，出现"外来媳妇本地郎、不是冤家不聚头"的格局。那时，各个诸侯国的国内政局相对稳定，国际形势却是风云变幻。

人才竞争趋于激烈。历经魏文侯、魏武侯二代，魏国率先强盛，天下贤士争着、抢着来到魏国。不久，秦孝公上台，商鞅进行变法。士人们向西飞去，魏国变成中转站。齐威王登基的第二年，商鞅已经着手第二次变法。士人们慢慢向东走。齐威王中后期，秦孝公死去，商鞅被车裂，旧势力卷土重来。楚威王四处征伐、连年打仗，哪里有时间顾及文人墨客。魏惠王与东方的齐国、西方的秦国、南方的楚国交手，连续战败，无心也无力招贤。天下士子们陆续收拾行李，奔向日益强盛的齐国，汇聚于齐国都城临淄的稷下学宫。

齐威王、齐宣王二代国君，举国家之力，不惜持续投入，招揽各派各流的成名人物、饱学寒士。儒、墨、道、法、兵、刑、阴阳、农、杂等学派的学人，纷纷前来。稷下的学者们有着相当高的地位，经济待遇十分丰厚。

齐宣王定期召见一批学者，通过问答和交谈，了解他们的学术水平、社会名望、徒弟人数、资历深浅等，给予不同的等级称号，享受不同标准的待遇。

凡到稷下学宫的文人学者，无论其学术派别、思想观点、政治倾向，以及国别、年龄、资历等如何，都可以自由发表自己的学术见解，稷下成为学派荟萃的中心。

游学是主要的教学方式。学生可以自由来稷下寻师求学，老师可以在稷下招生讲学，即容许有学与教两个方面的充分自由。这些游学方式的施行，就使学士们开阔了眼界，打破了私学界限，思想兼容并包，促进了各种学说的发展和新学说的创立，大大促进了人才的培养和成长。著名学者淳于髡、邹衍、田骈、慎到、申不害、接子、季真、环渊、彭蒙、尹文、田巴、儿说、鲁仲连、邹奭等，都曾经在这里活动。其中，最著名的是孟子和荀子。

齐宣王即位以后，儒学大师、鲁国人孟轲第二次来到齐国。齐宣王得到消息，亲自出城迎接，让他食宿在最高级别的雪宫，向他请教称霸诸侯的方略。孟子劝齐宣王与民同乐，还告诫他，选拔人才时要注意，左右亲近的人都说好的不可轻信，众大夫都说好的也不可轻信，全国的人都说好的就去了解他，若发现他确实有才干再任用。

孟子的"仁政王道"与齐宣王"辟土地，朝秦、楚，莅中国而抚四夷"相悖。但是，齐宣王仍然热情款待这位名师，给予他上大夫的待遇。面对如此丰厚的政治、经济待遇，孟子回到老家，把老母亲也接到齐国。前317年，孟子的母亲病故。齐宣王资助孟子护送母亲的灵柩回老家葬。守丧3年后，孟子第三次返回齐国，招收徒弟、开办学堂、传播文化、讲授礼制。齐宣王给予大量的经费。

前301年，齐宣王去世，儿子田地继承王位，是为齐湣王。湣王初期，威王、宣王时代的盛况依旧，各国名士云集稷下，学者超过1000多人。可是，齐湣王好大喜功、自以为是。稷下才人极力劝谏，却一再被无视。士人陆续离开，稷下趋于冷清。

前284年，燕昭王任命乐毅为上将军，率领燕、赵、韩、魏、秦五国合纵攻齐，一举攻下70余城。齐湣王仓惶逃奔卫、邹、鲁等地，均被拒绝。楚顷襄王闻讯，派大臣淖齿到齐国担任宰相，却是于事无补。直到齐襄王即位、田单复国，稷下学宫始得重新繁盛，迎来荀子等著名人物。

荀子是赵国人，战国时期著名思想家、文学家、政治家，儒家代表人物之一，世人尊称其为"荀卿"。他先后三次出任齐国稷下学宫的祭酒；后来，他到达楚国，被任命为兰陵令；春申君死后，辗转到日益强盛的秦国；又到过北方的赵国，和赵孝成王有过交流；老死于楚国。荀子对儒家思想有所发展，提倡性恶论，著作集为《荀子》。名满天下的韩非、李斯，都是他的入室弟子。

而到了齐王建的手上，稷下学宫日益衰落，直到与国俱灭。可以说，战国时期的稷下学宫，是齐国命运兴起、强盛、衰落的缩影，也是人才集聚而振兴国家、人才流失而败亡国家的见证。

（四）孟尝君田文

孟尝君田文，是田婴的儿子，战国四公子之一，齐国宗室大臣。田婴在齐威王时期担任要职，齐宣王时期又担任宰相，权倾一时，谥为靖郭君，以广招宾客、食客众多闻名于世。门客不分待遇，不分等级，吃饭喝酒的规格与田文相同无异。

1. 鸡鸣狗盗

前299年，秦昭王邀请孟尝君前往秦国，出任宰相。不久，大臣们劝说秦王，孟尝君的确贤能，可是他事事都在为齐国考虑，不利于秦国的利益。这样下去，秦国就危险了。于是，秦昭王罢免孟尝君的宰相职务，把他软禁起来。孟尝君得知，安排门客求见昭王的宠妾。宠妾说，我只希望得到孟尝君的白色狐皮裘。原来，孟尝君进入秦国的时候，带有一件价值千金的白色狐皮裘，已经献给昭王。大家急得直跺脚。这时，一个门客站了出来，说自己能够拿到。当晚，他披着狗皮，潜入秦宫，偷得那件白狐裘。宠妾得到白狐裘后，自然出面说情。昭王同意了。

孟尝君立即逃跑。夜半时分，到了函谷关。昭王反悔，急令侍卫追捕。根据秦国的法律，函谷关已经关闭，要到次日公鸡打鸣的时候，才能开门。大家急得直跺脚。一个门客开始学着鸡叫。附近的公鸡，都跟着叫了起来。守关的士兵十分疑惑，只得根据律令，打开城门。一行人顺利逃出。追兵赶到城门，看着天色已晚、路口又多，只好回去。

人们评价说，孟尝君的门客很多，难免鱼龙混杂。但是，平时不那么起眼的小人物，也能够在关键时刻，发挥常人没有的特殊作用。这就是成语"鸡鸣狗盗"的来历。

2. 路杀无辜

孟尝君逃出秦国，路过赵国。平原君赵胜以贵宾之礼相待。路过一个小地方的时候，老百姓听说孟尝君贤能，都出来围观，一睹其风采；见了之后，却嘲笑说，原来以为孟尝君是一个魁梧强壮的美男子，没有想到，竟然是一个瘦瘦的小个子。

门客们听到这儿，不由得大怒，一起跳下车，不分老幼、不分男女，残忍地砍杀几百人。然后，丢下一堆无辜百姓的尸体，扬长而去。这是极其残忍的狂妄和自负。

当时，齐湣王执政。因为派遣孟尝君去秦国担任丞相，感到十分内疚。孟尝君回到齐国，就出任宰相，执掌国政。

3. 冯谖烧债

薛国人冯谖，穷困潦倒、生计困难，投靠孟尝君为食客。孟尝君问，你有什么爱好？冯谖回答说，没有。孟尝君又问，你有什么才能？冯谖回答说，也没有。孟尝君笑了笑，点头同意了。其他人看到这个情形，就按照下客的规格对待他。

孟尝君的门客分为三等：上客吃饭有鱼，外出乘车；中客吃饭有鱼，外出无车；下客饭菜粗劣，外出自便。不久，冯谖一边倚着柱子，一边弹着剑唱道，我带着宝剑回来了，碗里怎么没有鱼？孟尝君说，给！又不多久，冯谖弹着剑又唱道，我带着宝剑回来了，出门怎么没有车？孟尝君又说，给！此后不久，冯谖弹着剑又唱道，我带着宝剑回来了，出门怎么没有家？其他门客指责他贪得无厌。孟尝君听说冯谖的老母亲生活比较贫苦，随即安排一并给吃给穿。

此时，孟尝君被封薛地，食邑万户。3000多门客，开销巨大，于是派人到外地放债，一年之后还没收到利息钱。冯谖爽快答应前往收债，辞别的时候就问，收到钱回来，需要带什么东西？孟尝君随口说道，你看看家里缺什么，就买吧！冯谖驱车到了外地，派官吏召集应该还债的人，偿付息钱，结果多数债户交不出。冯谖通知所有的人前来验对债券，对有能力的债户，当场订立还期；对无力偿还的债户，一把火烧了其债券。

孟尝君得知，立即派人召回冯谖，二人见面，他十分恼怒地责问冯谖为何如此行事。后者回答说，您家什么也不缺，就是缺乏民众的爱戴和拥护，我是按照你的指示在做，有什么错呀？孟尝君听后，不耐烦地挥手说，行了，先生休息去吧！

又过了一年，有人在齐湣王面前诋毁孟尝君。孟尝君被罢，只得返回自己的封地。距离薛邑尚有百里，百姓们早已扶老携幼，在路旁迎接孟尝君。此时，孟尝君拍着肩背，感慨地对冯谖说，先生烧毁债券，为我买来民心，的确好啊！

孟尝君的门客大多散去，只有几个人不离不弃。冯谖说，请给我50辆车，500斤黄金到魏国。经过冯谖游说，魏惠王空出相位，让原来的相国做上将军，派出使节，以1000斤黄金、100乘马车去聘请孟尝君。冯谖赶回薛地，告诫孟尝君说，先不着急接受。魏国使者登门三趟，孟尝君坚决推辞。齐湣王得知，十分震恐，派遣太傅带着重金、重礼，向孟尝君谢罪，请求他重新担任宰相。这时，冯谖劝说，索取先王的祭器，在薛地建成齐国的宗庙，方才赴任。

孟尝君重新出任宰相，感叹说，我喜好宾客、乐于养士，接待宾客不敢失礼。那个时候，3000多门客都在我家吃饭喝酒。这些，先生您是知道的。然而，他们看到我被罢官，都离我而去！如今，依靠先生之力，我重新担任宰相，那些离去的宾客们，还有什么脸面再见我呢？如果遇到，我一定把唾沫吐到他们的脸上，狠狠地羞辱他们一番。

听到这儿，冯谖收住缰绳，下车而行礼。孟尝君也立即下车，还礼说，先生是替那些宾客道歉吗？冯谖回复，您的话说错了！万物都有常理。富贵的人，朋友多；贫贱的人，宾客少。世界就是这样。天刚亮，人们争相奔向集市，即使拥挤不堪也不放弃。日落的时候，经过集市门口的人，甩着手臂大步路过，懒得多看一眼。不是人们喜欢早晨、厌恶傍晚，而是由于所期望得到的东西,集市已经没有了。您失去官位,宾客都离去;您得到官位,大家都回来,这是正常的啊,希望您和以前一样!孟尝君连续两次下拜说,我一定听从您的教导,不再提这件事了!

此后的10多年,孟尝君在冯谖的辅佐下,也算是安然度过,偶尔出一些政治状况,也能够从容应对。

(五)田单复国

前284年,燕国将军乐毅率领燕、秦、赵、魏五国联军进攻齐国。联军攻略城池,掠夺土地,齐国面临灭顶之灾。时势造英雄,田单应运而出。

即墨城守将战死,田单被人们推选为将。田单也是难得的人才。他首先分析敌我双方的实力,认识到敌强我弱的现状。当时齐国70余城被燕军占领,只剩莒城和即墨,而莒被敌军包围,即墨外援无兵,内有伤残,实力很弱,想要速战速决很难。燕国是远道而来,孤军深入,战线很长,军队管理和给养补充存在困难。田单认为燕军不会坚持太久,决定实行坚守、闭门不出的持久战,与乐毅相持5年,静静地等待时机。

前279年,田单认为时机已到,他巧用三个计策。第一计,就是反间燕国,撤掉燕将乐毅。第二计,激发齐军的斗志。第三计,采用火车阵,大破燕军。复国后,田单担任宰相,辅佐襄王19年,使齐国后期政治清明。

田单善于发现和举荐人才。貂勃非常有见解,被他推荐给齐襄王,成为自己的得力助手。五国攻齐的时候,稷下学宫荒废,齐襄王时期重新恢复,荀子等著名学者先后到来,使得战国后期的齐国重新焕发光彩。

(六)齐王建

前265年,齐襄王去世,儿子田建继位,在位44年。齐国是秦国最后一个灭亡的大国。

这主要取决于两个因素:一个是贤德的君王后大力扶持,内部比较安定,与诸侯讲求诚信;另外一个是秦国实行远交近攻的策略,笼络齐国,优先进攻韩国、魏国、赵国等三晋。应当说,战国后期,天下大乱,秦军连续攻打韩、赵、魏、燕、楚五国,各诸侯国接连战败。而远在东方的齐国,安享太平40多年之后,不战而降。

前284年,齐湣王被杀。燕、秦等六国攻打齐国,齐湣王之子田法章改名换姓在太史敫家里当佣人,躲避战乱。这时,太史敫之女看到田法章状貌奇伟,便与他私通。后来,田法章继位,是为齐襄王,立太史敫之女为王后，史称"君王后"。有趣的是，太史敫却说，自己的女儿不委托媒人，而是自己做主私通、嫁人，根本不配做我女儿，玷污祖宗名声。女儿离家之后，太史敫终生不见女儿。

秦王政曾经派遣一名使臣到齐国，试探性地送给君王后一副玉连环，挑衅地说，听说齐国人都很聪明，你能解开这个玉连环吗？君王后把玉连环拿给群臣看，群臣都不知道方法。于是，君王后拿起一把锤子敲破玉连环，告诉使者回去禀报，玉连环已经解开了。这不是什么技术，只是一种简单的心理对抗。前249年，君王后病死。

秦国始终也没有忘记这个躲在东方，隔岸观火、偏安一隅的齐国。他们对齐国了如指掌。因为，秦国物色了一个名叫后胜的人，还把他送上齐国宰相的宝座。后胜的宾客、仆从也经常收受秦国的金钱。于是，他们力劝齐王，一是没有必要修筑城池，没有必要扩充军队，这样只是浪费人力和物力，体恤百姓的国君才是最英明的；二是不要出兵援助其他诸侯国，同样浪费人力、物力和财力，保证自己的国民吃好喝好，就不错了。听到这些建议，齐王建的自我感觉超好，也就安然做太平国君了。

后胜收受秦国重金，利用齐王建的苟安心理，处处维护表面的平静。韩国、魏国战败危急，使者站在宫殿下好几天，齐王建听之任之，不派救兵。赵国遭到旱灾，粮食大减产，军队吃不饱，民众闹饥荒，派遣使者向齐国求救，齐王建也不管，索性不上朝。相反，秦国消灭韩、魏两国，齐国赶紧派遣使者前去祝贺。

秦国攻灭五国以后，只剩下齐国。此时，齐王建感觉不妙，慌忙调动军队到西部筑垒。可是，已经30多年没有打仗，安于小康生活的军队，几乎丧失了战斗力，无人敢战、愿战。这时的齐国，无疑是秦国刻意养大的一头肥猪，宰杀只是时间问题了。

前221年，秦国大将王贲避开齐国西部的主力，突然从燕国南部进发，直接进攻国都临淄。大军长驱直入，势如破竹，一路如入无人之境，根本没有遇到像样的抵抗。不久，齐王建听从后胜的建议，竖起白旗，向秦国投降。齐国败亡，小孩们到处唱着一首歌谣："悲耶？哀耶？亡建者，胜也！"公道自在人心，听者无不落泪。自此，六国全部灭亡，秦国一统天下。

秦王政得知捷报，随即传令王贲，姑念在齐王建40多年的恭顺和尊敬，免除其死罪，让其迁到太行山脚下的共城居住。这是秦国征伐六国时的惯例。

这时，后胜穿着打扮停当，正在等候封赏。依照先前的许诺，类似赵国的郭开，后胜应当授予上卿。对于这个已经失效的间谍，如同过期的美女一样，秦王政很快找到两个借口处置后胜，一是后胜唆使齐王抵抗秦军，无端消耗了秦国的军力；二是打开城门投降的时候，故意拖延时间，怠慢了秦军。于是，下令将后胜就地斩首，全部家产查抄充公。得到命令的王贲，兴高采烈、不折不扣地执行了。后胜这才醒悟，但已经晚了。

早些年，秦国重金收买、许诺高官厚禄的时候，无一例外地兑现，不过是给躲在其他国家、暂时还没有暴露的受贿者（间谍们）以坚定而踏实的信心。到了这时，完全不必做秀了。

再说，齐王建和妻儿、佣人一行，千辛万苦地到达封地。名义上，秦国封齐王建为万户侯，其实就是一片荒地，人烟稀少，侍从、宫女、太监先后逃走。不停流泪、默然不语的齐王建，最终死在荒野丛林。

第三节　秦国崛起

前823年至前246年，近600年的时间，秦国作为一个默默的偏僻小国，不仅没有被其他的诸侯吃掉，反而逐渐强大起来，吞并六国，这是后起的人才竞争优势使然。可以说，正是一批人才，特别是一些外国高端人才，改变了秦国的命运，从而也改变了当时的中国。

早期，秦国是落后地区，仍然施行非常严格、极其残酷的奴隶制度。国家之间的竞争形势异常激烈，秦国处于"东突、西翘、北压、南顶"的尴尬局面。东有黄河，过去不易；西是荒漠，动也无法；北是犬戎，随时进攻；南是秦岭，盗贼猖獗。权贵阶层也对国家的发展需求不一，既得者，乐之；新兴者，恶之；底层者，忍之。

那些长期在外做人质，行尸走肉、生不如死的国君后代或者贵族，反而成了"留学"归来人员，受到广泛的欢迎。尽管，事实证明这是错的。因为，变态的人必定有变态的做法。

所幸的是，这个蕞尔小国，并没有沉沦。首先是奴隶主和权贵阶层意识到，他们必须开始革新。秦国在内忧外患之下，选拔日夜劳作、即便没有多少文化但具有一定管理才能的人才，逐渐抬升到国家治理层面，使奴隶出身的人才逐步得到成长空间。穷者，穷也，自然也有生存之道理。虽然国君有传承选择嫡子的传统，而且血缘关系固然重要，但并没有得以严格执行，所以只要有一丝希望，稍有视野和知识的阶层就绝不放弃革新的机会。

前770年，春秋时期来临。秦襄公出兵援救有功，好歹也在国际社会抛头露面，风光了一阵。秦穆公称霸时期，自然也是风光无限。即使到了春秋后期的秦哀公时代，吴王阖闾也得避让其三分。

一、百年激荡

前476年，周敬王姬匄病死。秦悼公之子秦厉共公登上君位后，派兵攻魏城。前475年，迎来此起彼伏、波澜壮阔的战国时期。

秦厉共公以降，直到献公的110多年间，秦国正处于奴隶制向封建制的过渡时期，新兴的封建势力与既有的奴隶贵族激烈交锋，政局风云变幻，国力江河日下。

厉公时期，秦国国力逐渐强盛。蜀国、楚国、义渠、晋国前来进贡。前461年，秦厉共公在黄河边修筑护城河，征伐西戎大荔，夺取其王城。前457年，他亲征绵诸戎。而到了前444年，他又征伐了义渠，俘虏其国王。前443年，秦躁公即位。前430年，义渠国进攻秦国，一直冲到渭水蒿域，才被击退。次年，躁公卒，其弟从晋国归来即位，是为怀公。

秦怀公时期，旧贵族势力操纵国政。庶长晁联合其他贵族，威逼登位不到4年的秦怀公自杀。次年，怀公的长孙被立为君，即秦灵公。

前414年，秦灵公去世。嫡子连（嬴连、嬴师隰）只有5岁。秦怀公之子、灵公的叔父嬴悼子夺位自立，即秦简公。公子连被放逐。

前413年，秦简公出师攻魏，败于郑。前409年，简公令官吏带剑以防身。这是秦国革新礼制的一大措施；次年，允许百姓阶层可以随身带剑。同年，魏伐秦，尽占河西地，筑洛阴、郃两城，秦退守洛水（今陕西境内洛水），为加强防御、保障国内改革，组织军民在东境修筑长城。这是战国时期最早的长城，又称秦东长城，即"堑洛长城"。秦国开始向封建社会过渡。

前387年，秦简公之子秦惠公，悍然进攻蜀国，攻占南郑（今陕西省西南边陲、汉中盆地西南部），不久病死。

战国初期，在各个诸侯国开展轰轰烈烈的变法运动，励精图治、奋发前行的时候，秦国的生产力十分落后，本来就不大的疆域被压缩，前线军队总是打败仗，文化也极其落后。如贵族、官吏们仍然享有特权，奢侈成性，享有"赏多罚少"的特权；人殉制度广泛存在，青壮年男人被屠杀；父母、成年的兄弟姐妹们，共居一室，甚至都睡在一个大床；地广人稀、民风粗放，一妻多夫的现象普遍，母子、兄妹之间的血缘关系混乱；大量的田地被闲置，得不到开发；等等。

国际形势已经不容乐观。"六国之时，贤才之臣，入楚楚重，出齐齐轻，为赵赵完，畔魏魏伤。"而且，"……衰周之际，兼并最烈。时君之求才，载饥载渴，又不徒奖励本国之才而已，且专吸他国者而利用之"。

许多国家吸引外国人才，变法图强。秦国的宫廷政变却是热闹非凡。前385年，两岁的惠公之子秦出公即位。母亲主持朝政，重用宦官与外戚，为了笼络人心，赏赐过多，导致国库空虚，不得不加重税率，引起了新兴的地主和自耕农的强烈不满。"群贤不说自匿，百姓郁怨非上。"次年，左庶长嬴改发动政变，将出公、太后押至渭水岸边。曾经权势一时的太后苦苦哀求，恳请留下幼子。不许，太后抱子投河。亲戚、从党等，被以殉葬之礼全部驱赶淹死。观者漠然以视。

穆公时期，秦国的国力强大，可是，君诛臣、臣弑君，来回折腾几次，锐气全无。权贵集团相互争斗，中下层官吏们则根本没有机会参与国家政治。即使出现一些人才，多是忙于自保，跟对领导，多活上几年；站错队了，人头顿时落地。

由于韩国、魏国的迅猛崛起，秦国的东方出口也被牢牢控制了。可怜的一点物产运不出去，优秀的人才也走不进来。不要说参与国际人才竞争，就是盐、铁这样的生产和生活必需品，也得看别国的脸色。这时的秦国，"对外怀柔、对内残忍"；谁打了它，它就怕谁。

二、人才强秦

前445年，魏文侯即位。文侯重用李悝、吴起、西门豹等人。政治军事上，实行法治，设立奖励军功制，奖励有功于国家的人。经济上，推行"尽地力"和"善平籴"的政策，鼓励精耕细作、增强产量，国家在丰年以平价购买余粮，荒年以平价售出，以平粮价；鼓励多种粮食作物同时和轮番播种，以防灾荒。魏国成为战国初期的强国之一。前408年，吴起多次击败秦军，完全夺取秦穆公时期就占有的河西地区。

秦国被压缩到陇山以东、洛河以西、秦岭以北的渭河平原，土地狭小，几近灭亡。秦惠公病死之际，文侯之子魏武侯决定送公子连回国争夺君位，兵不血刃、争得先机。这就是秦献公。

（一）废殉强军

前384年，40岁出头的献公执政。他流浪外国29年的经历，比著名的重耳的19年，还要多10年。当时，秦国奴隶主势力依然很强大，贵族享有减免税收、劳役、刑罚等特权，掌握朝政和军队，甚至控制国君。

春秋时期，列国都存在人殉现象，秦国尤盛。前677年，秦武公去世，殉66人。前621年，秦穆公死，殉177人，其中有父子、兄弟、姐妹若干。奴隶主贵族以人殉的数量和质量,来彰显地位和身份,许多青壮年奴隶也正是死于此。前384年,献公废除秦武公以来300多年的人殉制度,受到民众的赞扬。作为殉葬制度的变通,秦国的奴隶贵族开始以陶俑代之。

面对秦国地多人少的窘境,献公鼓励多生、奖励多生,人口数量明显提高,很多荒田也得到了充分开垦。同时,献公还吸引周边国家和部族到秦国种地、放牧,与本国人一视同仁。

次年,都城从位于西部的雍城迁到东部、地近河西地的栎阳。献公采取笼络贵族势力的办法,迎娶最有势力的名门望族的女儿为妻子;还进行了一系列的改革,涉及扩大商业活动、编制户籍和推广县制。为了协调多方利益冲突,献公从地主阶层选拔一批有才能的人担任官吏,允许地主和自耕农从军,依靠立功获得爵位,等于给了地主和自耕农从政的政治出路。

前375年,秦国为户籍相伍,把五户人家编为一伍,农忙时,互相帮助;农闲时,军事训练。如果有人犯法,实行连坐。于是,人人自危、互相监督,社会治安明显好转。

献公还选择"以外战,平内乱"的方法,前366年,起兵勤王,在洛阳打败韩魏联军,得到周显王赞赏。前364年,秦军进攻魏国,夺取河西地区,一直打过黄河,斩首6万多,取得前所未有的大胜利。然后,秦献公把这些土地以战功的方式赏给贵族和地主们。国内矛盾得到缓解。

前362年,秦军在少梁之战取胜,俘虏魏国相公叔痤,攻取庞城。早年的秦献公,曾经在魏国做人质,公叔痤对之不薄。献公知恩图报、盛情款待,将公叔痤放回。双方息兵。

秦献公回国后,既没有高歌猛进,也没有血腥反扑,而是和风细雨地兼顾奴隶主的既得利益,适当考虑地主阶层的新兴要求,选拔贤能担任官吏,改善民众的生活环境。特别是,通过外战集合两股势力的力量,以增加人力、物力和财力,来满足奴隶主和地主的阶层欲望。如此一来,国力滑落的势头逐渐打住,政局逐渐稳定。

(二)商鞅变法

前361年,秦献公去世,21岁的太子渠梁即位,这就是秦孝公。登基之时,诸侯们压根就没有把秦孝公当一回事,派出几个官阶低卑的使者,带着几份薄礼,算是草草打发了,场面尴尬而冷清。孝公悲愤地说:"诸侯卑秦,丑莫大焉。"

当时,在还没有渭河平原(郑国渠没有建成),真正获得成都平原

（都江堰也没有建成）之前，秦国是极度缺乏粮食的，也养不起庞大的军队，而军队却是争霸最关键的要素。素有"小江南"的商州地区，还在楚国手中，也没有得到很好的开发。

那时，东方黄河眺望，北方飞土扑面，西方铁骠冲击，南方大山阻隔。没有吃的，没有喝的，又能够做什么？彪悍凭体力，凶猛须能力；打仗要士兵，出征要粮草。此时，似乎什么都缺乏，什么都没有的秦国，俨然已经被势力庞大、繁荣昌盛的诸侯国们边缘化。积极吸引大量的外国人才，成为秦国的基本国策。

不久，秦孝公颁布"求贤令"，"宾客群臣有能出奇计强秦者，吾且尊官，与之分土"。奇人必有奇事，奇事必有奇人。这时，一名30岁模样的年轻人，带着李悝的《法经》来到了秦国。此人正是商鞅。

商鞅并不是无名之卒。年轻时，他侍从魏国国相公叔痤，官至中庶子。公叔痤多次在魏惠王面前推荐说，商鞅有国相的才能，能够治理国家，如果实在不想用，一定要杀掉，免得投奔别国。惠王不以为然。其好友、秦孝公的宠臣景监，引见他给孝公。

但是，事情并不顺利。第一次见面，商鞅讲帝道之术，孝公听得直打瞌睡，指责景监交友不慎。过了几天，商鞅再次觐见秦孝公，改用王道之术，孝公也没有什么兴趣，景监又被训斥一次。第三次，商鞅又改用霸道之术，孝公点头肯定，却没有什么表示。商鞅央求景监第四次，当然也是最后一次引见秦孝公时，畅谈富国强兵之策。孝公听得十分入迷，膝盖不知不觉向商鞅挪动。二人畅谈数日，毫无倦意。景监不得其解。商鞅说，孝公意在争霸天下，帝道、王道之术耗时长、见效慢，自然不感兴趣。不久，商鞅被委以重任。

前359年，商鞅颁布《垦草令》，旨在刺激农业生产，削弱贵族和官吏的特权，鼓励贵族从事农业生产，开始实行统一的税租制度。为了取信于民，他派人在国都南门竖起一根木杆，公告说把木头搬到北门，就得赏金10两。百姓们十分诧异，无人敢搬。商鞅不动声色，宣布将赏金追加至50两。终于，一个胆大的人站了出来，把木杆搬到北门，果然获得赏金。史称"徙木立信"。《垦草令》实施过程中，太子驷触犯新法。商鞅毫不手软，处罚太子之傅公子虔，太子之师公孙贾被黥刑。后来，公子虔触犯新法，被处劓刑。权贵阶层受到沉重打击，不敢公开闹事。过了几年，秦国路不拾遗、山无盗贼，百姓家境富裕，愿意效力国家，乡村、城镇秩序安定。

前356年，商鞅主持第一次变法，主要是改革户籍制度，实行什伍连坐法，明令军法、奖励军功，废除世卿世禄制度，严惩私斗，奖励耕织、重农抑商，改法为律、制定秦律，推行小家庭制等。

最重要的是，商鞅推翻世卿世禄制，建立军功爵制。这样，使得贫苦百姓，也能够通过战争获得进入上流社会的机会。他下令"有军功者，各以率受上爵，为私斗争，各以轻重被刑"，以奖励军功而禁止私斗。规定爵位依军功授予，宗室非有的军功不得列入公族簿籍，即"有功者显荣，无功者虽富无所荣华"。就是说有功劳的贵族子弟，可享受荣华富贵；无功劳的，虽家富也不得铺张。根据军功的大小授予爵位，官吏从有军功爵的人中选用。经过若干年的发展，军功爵制发展为后来著名的"二十级爵"。《汉书》记载，"商君为法于秦，战斩一首赐爵一级，欲为官者五十石"，也就说明了奖励的做法：将卒在战争中斩敌人首级一个，授爵一级，可为五十石之官；斩敌首二个，授爵二级，可为百石之官。各级爵位均规定有占田宅、奴婢的数量标准和衣服等次。

所谓私斗，并不是指一般人打架，而是指"邑斗"。"邑"是指一般的城镇，被奴隶主所占有。奴隶主之间为了争夺土地、财产，经常发生争斗。新法规定不准私斗，目的在于削弱奴隶主的势力，加强封建中央集权。这无疑埋下了一些仇恨的种子。

由于推崇战功，秦国军队成为虎狼之师，战斗力大大提升，国力进一步增强，从而扭转了长期以来被动落后的局面。但是，商鞅是"大赏大罚"，也实行极其严酷的"连坐"法，一个犯法时常连带无辜的邻居，而且不许辩解。一次，商鞅亲自带领士兵在渭河边连杀带砍，一口气处决700多名囚犯。河水因此变红。老百姓的嚎哭之声惊天动地。

前350年，秦孝公命商鞅征调士卒修筑冀阙宫廷，次年迁都至咸阳。商鞅随即进行第二次变法，包括开阡陌封疆，废井田，制辕田，允许土地私有及买卖，推行县制、初为赋，统一度量衡，禁游宦之民，执行分户令等。二次变法后，秦国的国力持续上升，进而奠定西方霸主的地位。东方的士阶层突然发现秦国是发挥自己聪明才智、建功立业的理想处所，以投奔秦国作为首选。"秦国势便形利，权谋之士，咸先驰之。"当时，天下的孔雀纷纷向西飞。

不仅如此，商鞅还作为主将，指挥军队与魏国作战，收复河西失地，攻占战略要地安邑和固阳，取得西鄙之捷，立下赫赫军功。魏国三战皆败，被迫割让河西部分土地求和。此时，魏惠王方才想起当年公叔痤"不用即杀"的进言，后悔不已。

商鞅变法前，秦国各地度量衡不统一。为了保证国家的赋税收入，商鞅制造了标准的度量衡器，要求全国统一施行，也就是如今传世的"商鞅量"。据史书记载，"商鞅量"的内容有："爰积十六尊，五分尊之一为升"。从中得知，商鞅规定的 1 标准尺约合今 0.23 米，1 标准升约合今 0.2 升。"商鞅量"上有铭文，记有秦孝公监造，说明当时统一度量衡是十分严肃认真的，要求秦国人必须严格执行，不得违犯。

而秦孝公关于统一度量衡的诏书，字数并不多，"廿六年，皇帝尽并兼天下诸侯，黔首大安，立号为皇帝，乃诏丞相状、绾，法度量则不壹歉疑者，皆明壹之"。秦孝公统一度量衡的意义是非常巨大的，全国上下有了标准的度量准则，为人们从事经济文化交流活动提供了便利的条件，对赋税制和俸禄制的统一产生了积极作用，有利于消除割据势力和旧贵族势力的影响，为后来秦国的经济发展奠定了坚实的基础。

前338年，秦孝公去世，太子驷即位，是为秦惠文君，又称秦惠王，秦惠文王。

旧贵族从中挑拨，秦惠文君以谋反罪，逮捕商鞅。商鞅听到消息，立即逃跑。当晚，他找到一家客店准备住宿，店主不知他的真实身份，对他说，我们的相国商鞅定下规矩，留住没有凭证的人，就要受"连坐"处罚，一家人甚至邻居们都要牵连进去，我不敢收留你呀！商鞅只得逃往魏国避难。但是，因为他曾经率领军队攻打魏国，也被拒之门外。无奈之下，只好重返封地。听到商鞅谋反，惠文君派重兵进攻。这时商鞅率领门客、家丁进行抵抗，终于不支，战败被杀，尸体被带回咸阳，在闹市被车裂。与想象的刚好相反，"秦人不怜"，普通的老百姓甚至还有许多人颇高兴或者感到解恨。而秦国的上层社会，认同变革带来的新土地、新人口和新财富，却是"用其法不用其人"！后人也有"商鞅变法，作法自毙"的说法。

商鞅死后，其言行、思想及著述被编成《商君书》，又称《商子》，主张依法治国、重农抑商、重战尚武、重刑轻赏，贬斥儒家学说、纵横家及游侠，成为法家学派的代表作品之一。

后世对他个人的评价，分歧也非常大。毛泽东指出，商鞅是"首屈一指的利国富民伟大的政治家，是一个具有宗教徒般笃诚和热情的理想主义者。商鞅之法惩奸宄以保人民之权利，务耕织以增进国民之福力，尚军功以树国威，孥贪怠以绝消耗。此诚我国从来未有之大政策"；还高度评价商鞅"可以称为中国历史上第一个真正彻底的改革家，他的改革不仅限于当时，更影响了中国数千年"。

（三）不世之功

秦惠文君在当太子的时候，因触犯新法，成为既得利益集团的支柱人物。他上台不久，就非常残忍地车裂商鞅，引得旧贵族们欢呼不已。可是谁也没有想到，这个曾经是坏小子的秦惠文君，政绩作为居然不逊于父亲秦孝公。

当时，一个魏国人来到了秦国，他的名字叫张仪。年轻的时候，他替人家抄书，遇到没有见过的好句子就写在掌中或腿上，晚上回到家中就折下竹子，刻写在上面，久而久之就集成一个厚厚的小册子。后来人遂以"折竹"或"张仪折竹"，形容勤奋上进、刻苦学习。

根据《史记》和《资治通鉴》的记载，张仪和苏秦一起拜鬼谷子为师。苏秦自认为才学比不上张仪。后来，苏秦说服赵肃侯，游说各国的诸侯们合纵联盟，抵抗日益强大的秦国。张仪还是一个无业游民，前往赵国投奔，却被苏秦羞辱，一气之下前往秦国。

张仪文武双全。前328年，秦惠文君任用张仪为客卿，与公子华领兵，攻打并占领魏国的蒲阳。张仪劝说秦惠文君把蒲阳归还魏国，还派公子繇到魏国去作人质。魏国把上郡15个县和少梁献给秦国，用以答谢。秦惠文君任命张仪为相，位居百官之首，参与军政要务及外交活动，并修筑上郡要塞。不久，秦惠文君念其功劳卓著，遂封张仪为"武信君"，赐封其5座城邑。张仪以秦国的利益为出发点，游说于魏、楚、韩等国之间，利用各个诸侯国之间的矛盾，或为秦国拉拢，使其归附于秦；或拆散其联盟，使其力量削弱。张仪不仅使秦国在外交上连连取得胜利，也能够带兵作战、开疆拓土，使得秦国的综合国力日益强大，也为日后统一中国奠定了坚实的基础。

前325年，秦惠文君改"公"称"王"，即秦惠文王，又称秦惠王。这也是第一个称王的秦国国君。从国际环境来看，惠王在东、南、西、北方向都取得骄人的战绩。

东方。前330至前328年，秦国数次攻击魏国获胜。魏国割让上郡15县。从此，秦国不仅把魏国黄河以西的地盘全部吞并，而且在黄河的东岸建立了东进的桥头堡。前318年，魏、赵、韩、燕、楚五国联合攻秦，惠王派庶长樗里疾破魏、赵、韩军于修鱼，战事稍休。

西方。前316年，巴国和蜀国对攻。惠王想趁机灭蜀，却又因为韩国正在侵犯秦国边境，举棋不定。张仪主张攻韩。大将司马错认为，讨伐韩国将导致诸侯合纵对秦；伐蜀则不同，既可以得到丰富的人力和物力充实军备，又可以占据有利的地势顺水而下攻打楚国。惠王同意了。司马错与张仪、都尉墨等率领军队进攻蜀国。蜀王败逃，不久被杀。相近蜀国的巴国、苴国，也被顺手灭掉。

北方。前315年，秦国调集重兵，从东、西、南三面进攻义渠，先后夺得25座城池，占领大片的优良牧场。义渠国的疆域被压缩，实力锐减，猖獗不再。

南方。前312年，秦国联合韩、魏国攻楚，占领汉中，解除楚国对本土和巴蜀的威胁。

前323年，秦惠王派张仪和齐、楚两国的相国在啮桑会盟。不久，张仪被免职。次年，张仪到魏国担任国相，企图说服魏国臣事秦国，魏惠王不肯。秦惠王大发雷霆，攻克魏国的曲沃、平周，暗中给张仪的待遇更加优厚。前319年，魏惠王去世，魏襄王即位。张仪劝说魏襄王，后者不听。于是，张仪暗中传递消息，让秦国攻打魏国。魏国战败。次年，韩国、赵国、魏国、燕国、齐国率领匈奴，一起进攻秦国。秦国打败联军，杀死8万官兵。诸侯们震惊而恐慌。前317年，张仪再次游说魏襄王退出合纵盟约，臣事秦国。于是，魏国宣布退出南北合纵，请张仪与秦国和解。张仪回到秦国，重新出任国相。随后，秦惠王派遣张仪、司马错救援苴国和巴国、吞并蜀国。史载，张仪念念不忘巴国和苴国的富饶，说服秦惠王攻取巴国，擒获巴王，设立巴郡、蜀郡和汉中郡，将三郡土地分为31个县，并在江州筑城。

前314年，魏国又背弃秦国，加入合纵盟约。秦国就出兵攻打魏国，夺取曲沃。魏国不得不再次臣事秦国。前311年，秦惠王去世，武王即位。张仪失宠，借口出使魏国。秦武王信以为真，安排30辆兵车，送张仪到魏国。张仪再度出任魏国相国。一年以后，死于魏国。

关于张仪的为人，史学界向来争论不休。关于他的功绩，却是有目共睹的。李斯在千古名篇《谏逐客书》中写道，"惠王用张仪之计，拔三川之地，西并巴、蜀，北收上郡，南取汉中，包九夷，制鄢、郢，东据成皋之险，割膏腴之壤，遂散六国之从，使之西面事秦，功施到今"。刘向的《战国策序》则明确指出，"苏秦为纵，张仪为横，横则秦帝，纵则楚王，所在国重，所去国轻"。

自此，秦国东方休顿、北方安定、西方稳固、南方无忧，关中、汉中、巴蜀地区连成一大片。在战略上，以富饶的巴蜀地区为壶腹，关中、汉中为提手，潼关天险如同壶嘴，外带河东的桥头堡，自东向西，宛如一个巨大的茶壶。这时的秦国，不再是西北边陲备受诸侯歧视的蕞尔小国了。

三、迅猛崛起

弱者出局，强者恒出。襄公、怀公、孝公、惠文王、武王、昭王诸人，无一不是血性贲张、欲望强劲。精英治国的理念，在那个遥远的奴隶时代，已经成为现实的必要。这种残酷、没有人性的国君淘汰方式，不再遵从夏朝以来的国君传承，反而确立国家利益至上的最高法则。

国家和民众没有耐心等待幼小的国君成长起来，足以胜任国政，毕竟那时的秦国是弱小的、脆弱的。在国君继承问题上，能者上、弱者下，遂成朝野共识。外部人才成为改变现实基本的，甚至是唯一动力。

（一）秦武王

前310年，秦惠王去世，武王即位。这是一个传奇人物。他身高体壮，重武好战。乌获和任鄙以勇猛力大而闻名，秦武王破例提拔为将，给予高官厚禄。齐国人孟贲，力大无穷，一人同时可制服两头野牛。听说秦武王重用天下勇士，孟贲赶赴咸阳，也被任用为将，与乌获、任鄙享受一样的待遇。

秦武王执政只有4年时间，传奇刚刚开头，很快结尾。尽管如此，他却做了几件大事。首先，将张仪、魏章驱逐到魏国。其次，派兵攻打义渠、丹犁。再次，崇尚武力的秦武王，不怕蜀道艰难，派遣军队围剿，彻底平定蜀国叛乱。此外，攻打楚国，夺取商于（今湖南西部及贵州东北部）之地，建立黔中郡，等于在楚的后腰上深深地插了一刀。最后，创造一个官位的新名词——"丞相"，任命甘茂为丞相兼领上将军，樗里疾为右丞相。他没有想到，自己一时兴起创造的这个新词语，被后世沿用2000多年。

秦武王做过的最有名的事，应当是君臣之间的"息壤在彼"。前308年，秦武王对甘茂说，寡人有个心愿，想坐着垂帷挂幔的车子，去看一看周朝都城，即使是死，也算心满意足了。甘茂心领神会地说，要达成这个心愿，必须有一个前提，就是拿下韩国。请允许我到魏国，与魏国相约攻打韩国。甘茂抵达息壤，就不走了。秦武王赶到，询问原因。甘茂说，宜阳是韩国的战略要地。秦军远行千里去攻打，取胜的把握并不大，除非是下定决心。如果攻打不利，其他的臣僚一定非议我，到了那个时候，我就无所适从。秦武王说，原来是这样呀，我和你盟誓，坚决支持你。

于是，甘茂带兵攻打宜阳。5个多月过去，却没有什么进展。重臣樗里疾和公孙奭，带领一群官吏反对甘茂。武王无奈，召见甘茂，打算退兵。甘茂淡淡地说了一句"息壤在彼"。意思是说，息壤就在那里，国君可不要忘记了。武王连连说，对，我们君臣有过盟誓。于是，调整部署、调集重兵，让甘茂继续进攻宜阳，斩首6万多，终于拿下宜阳。韩襄王派公仲侈到秦国谢罪讲和。

宜阳大捷，秦武王如愿来到周朝太庙游览，看见九鼎，便和几个勇士打赌举鼎。于是，武王深吸一口气，使出全身力气，鼎被举起半尺。接着，他开始移动左脚，不料右脚独力难支，鼎落地面，正砸到右脚上。武王惨叫一声，两目出血、胫骨折断，当晚气绝而亡，时年23岁。秦武王临终留下遗诏，传位于远在千里之外的弟弟公子稷，即秦昭王，也称昭襄王。

不久，甘茂受到排挤，逃出秦国，在前往齐国的路上，恰巧碰上代表齐国出使秦国的苏秦的弟弟苏代。甘茂说，我听说一个贫家女和一个富家女一起搓麻线，贫家女说，我没有钱买蜡烛，而你的烛光有剩余，请分给我一点光亮吧，这样无损于你的照明，却能使我和你享用烛光。可见，甘茂才思敏捷，确非常人可比。

苏代对即位的秦昭王说，甘茂三代受到重用，他属于极品型的士人，对于秦国的地形、山川和险要了如指掌、深知利弊。如果他投靠齐国、韩国或者魏国，对秦国有弊无利。秦昭王醒悟，许诺上卿的官位，派遣使者带着相印追赶甘茂。后来，得知甘茂不愿回国，反而做了齐湣王的上卿，又赶紧免除甘茂全家的赋税徭役，进一步表示诚意。

齐国派甘茂出使楚国。秦昭王听到消息，迅速通知楚怀王，转达邀请甘茂回国的意向。大臣范蜎听到，立即禀告楚怀王说，甘茂是天下奇才，送回秦国，对楚国不利；让他返回齐国，齐国势必强大，也对楚国不利。于是，君臣一致决意羁留甘茂，美女豪车、好吃好喝，就是不放人。直到他病重的时候，方才送向秦国。经历一番的辗转与劳累，甘茂死于魏国。

听到甘茂的死讯，秦国、齐国、楚国的国君们都轻轻地擦了一把汗，长长地舒了一口气。面对甘茂这种重量级的人物，秦国宁可软禁，也不愿意放他出去，担心他为别国效力，于己不利。齐国、楚国都想重用他，却担心秦国借机滋事，更不愿意放虎归山，只得软性处理。其实，甘茂惧怕秦国竞争对手的迫害，前线停战、果断出走，并没有可以指责之处。然而，楚怀王刚刚上位，齐湣王惧怕秦国，使得甘茂处于三国之间"用也不行，放也不行"的尴尬局面，只能闲置、慢慢等死，才能让全体参与"政治摇号"的国君们放心。

（二）秦昭王

前306年，还不到20岁的昭王即位。秦武王的母亲惠文太后、秦武王的同母弟弟公子壮不服，引发宫廷政变。昭王的母亲宣太后和舅舅魏冉果断出手，一网打尽政变者，惠文太后被逼自杀。此后，宣太后当权，外戚魏冉为宰相，诛杀武王的弟弟们，只留下昭王的两个胞弟。魏冉推荐白起为将军。

1. 白起

白起，郿（今陕西眉县）人，外号"人屠"，善于用兵，封武安君。他是中国历史上继孙武、吴起之后又一个杰出的军事家、统帅，与廉颇、李牧、王翦三人合称战国四大名将，且位列第一。《史记》记载，"其明年，白起为左更，攻韩、魏於伊阙，斩首二十四万，又虏其将公孙喜，拔五城。起迁为国尉。涉河取韩安邑以东，到乾河"。前280年，率军沿汉江东下、长驱直入，攻取汉水流域要地邓城，攻克楚国的别都鄢城。次年，白起再次出兵攻打楚国，攻陷楚国国都郢，焚烧楚王的坟墓夷陵，史称"鄢郢之战"。楚襄王被迫迁都于陈自保，兵力只剩下10余万人，势力范围只有15个城池。从此，楚国国力和军力都一蹶不振，残喘至灭亡。

前262年，长平之战爆发。两军对垒三年，没有进展。范雎以反间计，使得赵国以夸夸其谈的年轻将领赵括，代替经验丰富的老将廉颇统率军队。秦国名将白起，面对鲁莽轻敌、高傲自恃的对手，决定采取后退诱敌、分割围歼的战法。战况紧张的时候，64岁的秦昭王亲临河内督战，征发15岁以上的男丁从军，阻绝赵国的援军和粮草。赵军断粮40多天，饥饿不堪、自相残杀。赵括率精兵出战，被射杀，40万赵兵投降。白起全部坑杀，只留下200多儿童兵回国报信。白起大破赵军，使得所有的诸侯国上下为之震惊。从此，赵国元气大伤，一蹶不振。

秦昭王也是为数不多的，采取"不用则杀"的方法，控制高端人才的国君之一。前258年，王陵进攻邯郸，进展不顺。秦国增派军队，损失惨重。昭王征召武安君白起统率，却被婉拒。于是，就派应侯范雎去请白起。白起是坚决反对攻打邯郸的，于是心有不满，称病不起。无奈，昭王改派王龁代替王陵，秦军伤亡很多。白起发话说，国君不听我的意见，现在终于知道了！昭王听到，怒火中烧、强令赴任。白起仍然不肯。范雎也专门过去劝说，仍然推辞。

昭王就免去白起的官爵，降为士兵，让他离开咸阳迁到阴密。但是，白起有病，未能成行。3个月之后，诸侯联军攻击秦军，情形更加紧迫。秦王恼怒，派人强行驱逐白起。

白起已经离开咸阳西门，到达杜邮。秦昭王、应侯和群僚商议说，白起负气出走，恐有不测。昭王惊觉，立即派遣使者赐剑，勒令其自杀。东方诸侯得知"人屠"死去，奔走相告、欢庆不已；而秦国的百姓，却念其无罪得祸，建立祠堂祭祀。

昭王得知，沉默不语、大手一挥，算是默认了。秦王政（始皇帝）的时候，思念白起的功劳，封他的儿子白仲于太原，官至最高级别的彻侯。子孙世代遂为太原人。

那是一个崇尚军功、开疆拓土的年代，一个捷报不断、举国欢庆的年代，一个人才辈出、群星璀璨的年代。50多岁的秦昭王，已经创建不世之功。母亲宣太后、舅舅魏冉、华阳君控制朝政，弟弟泾阳君、高陵君出任将军，还有武安君白起、蒙骜、王龁、王陵、司马错、王翦等杰出将领。其中，蒙骜本是齐国人，后来投奔秦国；儿子蒙武、孙子蒙恬，都成为战功赫赫的名将。

2. 范雎

前271年，又一个名叫范雎的魏国人来到了秦国。他本来是魏国中大夫须贾的门客，跟随出使齐国。齐襄王赠送黄金和美酒，范雎拒收。须贾小题大做、捕风捉影，回到魏国，就在相国魏齐面前中伤范雎。魏齐听罢大怒，命令左右抽打范雎，打断了其肋骨，牙齿也掉了出来。范雎装死。魏齐让人把他卷进席子，丢进厕所，喝醉的宾客轮番在他身上撒尿。范雎央求看守的人说，你若能放我，日后必当重谢。看守起了恻隐之心，跑去请示。魏齐酒醉未醒，顺口答应。在好友郑安平的帮助下，范雎易名张禄，躲藏起来。

这时，秦昭王派使臣王稽出访魏国。郑安平就假装当差役，侍候王稽。王稽问道，魏国可有贤能的人士，愿意跟我一起到西边（秦国）去吗？郑安平说，有位张禄先生，想求见您。不过，他有仇人，不敢白天出来。王稽说，今天夜里，你跟他一起来好了。当夜，和范雎交谈没有几句，王稽就直接说，请先生在魏国的边境三亭冈等着，我带先生进入秦国。不久，范雎到达咸阳，王稽向秦昭王推荐他。当时的秦国，崇尚武力、排斥文人。范雎并没有得到重视，临时住在普通客舍，饭食粗劣。

不知不觉一年多过去了。范雎几次求见不成，只得上书。在书信的结尾，直截了当地说道，希望国君把游览观赏的空闲时间预留出来，让我拜见一次，如果一次谈话没有效果，我请求伏罪受死。秦昭王收到信件，安排王稽用专车去接范雎。

秦昭王三次跪下，请范雎赐教。范雎分析了天下形势，指出秦国的战略过失，坚持免去魏冉的丞相之职。激动的时候，范雎披肝沥胆地说，"臣知今日言之于前，而明日伏诛于后，然臣弗敢畏也。大王信行臣之言，死不足以为臣患，亡不足以为臣忧。死者，人之所必不免也。臣死而秦治，贤于生也"。昭王如梦初醒，授予范雎客卿的官职，一起谋划军事。

前270年，秦昭王兴兵伐齐。范雎见秦昭王之后，献上"远交近攻"之策，阻止此事。《战国策·秦策》记载，"范雎曰：王不如远交而近攻，得寸，则王之寸；得尺，亦王之尺也"。他抨击当时秦国越过韩国和魏国而进攻齐国的做法，认为齐国势力强大，离秦国又很远，中间还隔着韩国和魏国。攻打齐国，部队要经过韩、魏两国。军队数量派少了，难以取胜；多派军队，人力和财力消耗巨大，就算把齐国打败了，却无法把齐国和秦国连接起来。所以，最好的办法就是远交近攻，暂时稳住与齐国的关系，将韩、魏作为秦国兼并的主要目标，先攻打邻国韩、魏，然后再逐步推进，这样就能够扩大秦国的地盘，而兼并韩、魏两国，齐国也就保不住了。秦昭王听从范雎的谋略，派五大夫绾带兵攻打魏国，拿下怀邑。二年后，夺取邢丘。

前266年，范雎被拜为客卿。他又提醒昭王，秦国的王权太弱，需要加强王权，秦昭王听从范雎的意见，废掉太后，收回穰侯魏冉的相印，拜范雎为相，封应侯。接着，又把国内四大贵族穰侯、高陵君、华阳君、泾阳君驱逐出国都。果不其然，魏冉搬家的时候，马车和牛车超过1000辆，珍宝器物比国君还要富有。

秦国经商鞅变法之后，势力迅速地发展了起来，这个时候的秦国兵强马壮，正当秦昭王开始图谋吞并六国、独霸中原的时候。范雎的出现，改变了战国时代的政治格局。一是促使秦国推行"远交近攻"的外交方针，不再单纯依靠武力征服，结交远离自己的国家而先攻打邻国，从而达到事半功倍的效果，牢牢驾驭了复杂的国际局势，分化瓦解敌方联盟，各个击破，从而使得"得寸，则王之寸；得尺，亦王之尺也"；二是帮助秦昭王，独揽大权、政出一门，为专权统治打下了深厚的基础；三是在与东方诸侯的多次作战过程中，取得了决定性的胜利。秦朝的丞相李斯曾经评说："昭王得范雎，废穰侯，逐华阳，强公室，杜私门，蚕食诸侯，使秦成帝业。"

然而，范雎是奇人，恩怨分明、睚眦必报。但是，秦昭王对此并不在意，甚至相当地宽容。以王稽、郑安平、魏齐为例。

范雎推荐恩人王稽，秦昭王任命其做了河东郡守；又推荐郑安平，也被任命为将军。不久，郑安平领兵攻打赵国，被赵军团团围住，情况危急之下，带领2万人投降了。按照秦国法令，范雎举荐郑安平，应当同等治罪，理应处罚父、母、妻三族。可是，秦昭王下令，谁再议论郑安平的事，就按郑安平的罪名予以治罪；当天还派遣使者到范雎的府上，赏赐一些食物，让后者不必担心。

魏齐，是范雎的仇人。秦昭王写信给平原君说，久闻你为人高义，邀请来秦国小住几天，开怀畅饮。平原君应约而来。宴饮期间，秦昭王借助酒意对平原君说，从前，周文王得到吕尚，尊他为太公。齐桓公得到管夷吾，尊他为仲父。如今，范雎先生是我的叔父啊。他的仇人魏齐住在你家，希望你送来他的脑袋；要不然，你出不了函谷关。平原君拒绝了。秦昭王见计不成，又写信威胁赵国国君。赵孝成王收到信，就派士兵包围平原君的家宅。魏齐连夜逃出，投奔王弟信陵君，希望通过介绍，逃到楚国。不料，信陵君不肯接见。魏齐愤然自杀。赵王取了脑袋，送到秦国。范雎豪宴欢庆。

面对秦昭王的笼络和关爱，范雎还是有所收敛，甚至多次请罪处罚。前255年，曾经举荐范雎、后来又被范雎举荐的王稽，因为通敌之罪被杀。范雎懊丧、羞愧而恐惧。于是，他推荐燕国人蔡泽继任丞相，自己回到封地，不久病死。

前314年，秦大举伐义渠国，连克25个城池。数年后，又接连攻打义渠，义渠亡国，只有义渠王占据陇东。前306年，秦昭王立为国君，母亲宣太后摄政。她改变正面征讨义渠戎国的策略，采用怀柔、拉拢、腐蚀的政策。遂邀请义渠王到甘泉宫长期居住，生活待遇优厚。宣太后和义渠王私通，先后生下两个儿子。前272年，秦昭襄王与宣太后日夜密谋攻灭义渠之策，引诱义渠王入秦，杀之于甘泉宫，秦国趁机发兵攻打义渠。义渠地区彻底被征服，领土并入秦国，推行郡县、修筑长城。秦国得以消除长期以来的后顾之忧，收缴一批骁勇的士兵和众多的牲畜，也获得比较雄厚的军事资源。

3. 李冰

巴蜀物产富饶，地理位置重要，是水路攻楚的必由之地。前316年，秦惠王派兵占领蜀地。因为地方势力仍然强大，只把蜀王降格为蜀侯，只派蜀相、蜀守，形成互相牵制的统治格局，也就是地方首领和中央政权共治巴蜀。这是权宜之计，隐患并未解除。惠王和武王时期，发生两次蜀乱，秦国派兵平定。前277年年，秦军从巴蜀攻占楚国巫郡及江南地，设黔中郡。于是，昭王着手从根本上解决巴蜀问题，以谋反嫌疑罪杀死蜀侯馆，蜀国灭亡。秦在巴蜀推行郡县制，政权才真正巩固。自此，"得蜀则得楚，楚亡则天下并矣"。

前256年至前251年，昭王任命李冰为蜀郡（今成都一带）太守。期间，李冰父子征发民工在岷江流域兴办水利工程，主持修建的都江堰水利工程，成功治水，立下奇功。

整个工程是由鱼嘴、飞沙堰和宝瓶口三个主要工程组成的，规模宏大、地点适宜、布局合理，兼有防洪、灌溉、航行三种作用，在世界水利工程史上也是罕见的奇迹。都江堰水利工程充分利用当地西北高、东南低的地理条件，根据江河出山口处特殊的地形、水脉、水势，乘势利导，无坝引水，自流灌溉，使堤防、分水、泄洪、排沙、控流等要素，相互依存、共为体系，保证防洪、灌溉、水运和社会用水综合效益的充分发挥。

都江堰的工程布局和"深淘滩、低作堰""乘势利导、因时制宜""遇湾截角、逢正抽心"等治水方略，以"历史跨度大、工程规模大、科技含量大、灌区范围大、社会经济效益大"的特点，在政治上、经济上、文化上有着极其重要的地位和作用，为成都平原成为天府之国奠定坚实的基础。

昭王末期，《史记·张仪列传》记载，秦国"地半天下，兵敌四国，被险带河，四塞以为固。虎贲之士百余万，车千乘，骑万匹，积粟如丘山"。在战国七雄当中，秦国占据30%的土地总和，30%的总人口和60%的总财富。加之，连年征伐获胜，俨然取得决定性，尚不是压倒性的综合国力和战略竞争优势。

前256年，秦兵攻打东周，周赧王降秦。昭王贬爵为君，东周公为家臣，封于梁城（今陕西韩城县南），祭祀从此断绝。不久，周赧王死。次年，九鼎迁秦。这个政治事件制造了巨大的心理威慑：东方诸侯们的末日，慢慢来临了。

（三）秦庄王

前259年12月17日，赵国国都邯郸，和往年一样，连降暴雪。正在做人质的子楚，迎来呱呱出生的儿子嬴政（赵政）。

前257年，秦昭王派大将王龁围攻邯郸。情形危急，子楚、吕不韦一行人，重金贿赂城吏，得以脱身，逃到秦地。

赵姬、嬴政二人，寡母孤儿被扔在赵国，没有人知道母子的苦难。20多年之后，也就是前228年，秦国大将王翦攻占邯郸。秦王政旋即赶到前线，召来一班高级将领，也不说什么，扔下一卷写满名字的竹简。这是一份寡母孤儿受到欺负的名单。也许有贵族，也许有官吏，也许有商人，也许有平民，也许有嫖客，还有隔壁、邻居等，都在上面。将领们心知肚明，这个不是命令的命令，被不折不扣地执行了。2000多人被活埋。哭声一片，震破天空。这是31岁国君的复仇。尘埃落定，秦王政悄然经过太原、上郡，返回都城咸阳。

前251年，昭王去世，享年75岁；在位56年，实际执政时间仅次于清朝乾隆皇帝的60年。56岁的太子安国君终于出头，即孝文王。华阳夫人为王后，子楚为太子。远在异国他乡的嬴政，自然成为储孙太子。赵国醒悟过来，找到躲避多年的赵姬、嬴政母子，派兵护送回到秦国。

前250年，秦孝文王死去。子楚继位，是为秦庄襄王。尊嫡母华阳夫人为太后，尊亲生母亲夏姬为夏太后，拜吕不韦为相国，封文信侯，食河南洛阳十万户，执掌朝政大权。

前247年，即位不到3年的庄襄王突然死去，留下一堆的麻烦、秘密和传闻，13岁的嬴政继承王位。

第四节　千古第一帝

"及至始皇，奋六世之余烈，振长策而御宇内，吞二周而亡诸侯，履至尊而制六合，执敲扑而鞭笞天下，威振四海"，贾谊在其《过秦论》提出，秦孝公、惠文王、武王、昭襄王、孝文王、庄襄王，是为"六世"，其实不然。

立国以来，30多代秦国的国君，真正有所作为的，也不过穆公、惠文公、厉共公、简公、献公、孝公、武工、昭王、庄王几代而已。特别是穆公、孝公、昭王时期，接连形成三波人才高潮，使得国力迅速巩固、转折和上升。

前356年，商鞅变法以来，秦国探索和大致形成法律与王权并行的人才发现、吸引、使用和管理机制。特别在高端人才领域，大胆采用前所未有、闻所未闻的举措。基于国家为主体利益的分封、军功、贿赂、遣散、供养等机制，随之萌芽。

秦昭王后期，已对东方诸侯国形成决定性乃至压倒性的优势。在"一打六"，甚至是"一打多"的国际形势下，以综合国家实力为后盾，辅以灵活多样的外交手腕，开创了事实上的"两手都要硬，两手都要抓"国家发展战略，取得了显著的成效。

经过100多年的艰辛积累，秦国的人才效应进入发酵期，瓜熟蒂落，喷薄欲出。

一、引贤：指向明确

战国早期，秦国人才引进是开放的，没有什么限制。高端人才的使用，却是有些讲究的，指向非常明确。

(一) 引进原则

秦国一度是落后国家。但是，它承认自己的落后，从不掩饰自身的不足。这反而使得国势得以转机。

1. 合心

人才引进，必须与秦国的发展战略保持同步，与国君的治国方略紧密吻合。比如，前361年，商鞅先后3次晋见秦孝公，讲帝王、贤君之术的时候，秦孝公只是打瞌睡，根本没有兴趣。第4次见面，商鞅大谈争霸之术。酒醉未醒的秦孝公，多次挺直身板，强打精神，二人遂"合心"。差点被轰走的商鞅，被委以重任。

又如，前264年，秦昭王邀请才识渊博的荀子，前往秦国观光考察。荀子大讲儒家的王道思想。听到这些与国家、自己的想法迥异的东西，秦昭王十分无奈，只好礼送出境。荀子辗转赵国，与赵孝成王交谈，结果也是不受重视。后来，楚国的春申君对他的主张很有兴趣，任命其为兰陵令。

2. 重能

这是秦国选拔人才的重要原则。只要能够做事，就会被任用，不怎么计较是不是外国人，也不大计较出身，甚至包括个人的年龄、品德和修养。

比如，蒙骜、蒙武、蒙恬、蒙毅、王翦、王贲、王离，都是祖孙三代担任将军。内史腾投降后，先是攻灭韩国，后又调到偏远的黔中郡，然后又回到都城担任卫成司令，直到老死任上。《史记》曾经感叹："蒙氏秦将，内史忠贤。长城首筑，万里安边。"

又如，大将王龁，秦昭王的时候就担任白起的副将，后与蒙骜、王陵交替征战；秦王政的时候，也不得休息。70多岁的王龁仍然在前线指挥，直至战死。

正是大批的优秀将领不断涌现，秦国军队的战斗力非常强悍、凶猛异常。史载，"齐之技击不如魏之武卒，魏之武卒不如赵之劲骑，赵之劲骑不如秦之死士"。

这种以"能"为基本原则，甚至是唯一的原则，在秦国迅猛崛起、平定天下的过程中，成效极其显著。秦朝建立之后，仍然沿用旧法，就显得不合时宜。然而，这种立竿见影、急功近利的人才政策，也是秦朝败亡的主要祸根。

(二) 组合策略

秦国长期认真执行客卿制，成为人才引进政策的制度保证。郑玲童认为，秦国显著发展的时期都是外国人才发挥重要作用，施展才华，博取富贵的时期。

1. 引进类别

秦国地处西北边陲，长期杂居戎狄，游牧习气明显，文化落后。这也造就秦国重实用、重功利和崇尚武力的文化特点。儒、墨、道等流派，是不怎么受欢迎的。

基于此，秦国重点引进法家、纵横家、军事将领，如商鞅、李斯为法家，张仪、公孙衍、范雎为纵横家，司马错、蒙骜、蒙恬等为军事将领，特点就是很实用，见效快。

2. 引进方向

秦国重点引进的高端人才，主要来自楚国和三晋地区（韩国、赵国、魏国）。楚国幅员辽阔、教育发达，"唯楚有才"。《左传》记载，"晋卿不如楚，其大夫则贤，皆卿材也。如杞梓、皮革，自楚往也。虽楚有材，晋实用之"。应当说，三晋地区的国际猎头是比较成功。可是，三晋地区的纵横家、法家人物，反而经常被挖到秦国。这种累进式的猎头，无疑节省很多成本，包括高端人才的成长、培养、交流和实验费用。

清朝学者洪亮吉在其文集中指出，"春秋时，列国皆用同姓，惟秦不然。……则好用异国人，则亦自穆公启之。《秦本纪》所云，求百里奚于楚，迎蹇叔于宋，取由余于戎，求丕豹公孙支于晋外，又有内史廖，随会等数人，若孟明视，西乞术、白乙丙，则又百里奚之子也。降至战国，而孝公用商鞅，惠文君用公孙衍、张仪、司马错、岳池、魏章，武王用甘茂、陈轸、齐明、周最，昭襄王用田文、楼缓、寿烛、向寿、白起、任鄙、吕礼、蒙武、尉斯离、胡伤、客卿竈、王龁、司马梗、张唐、范雎、蔡泽、将军摎，庄襄王用吕不韦、蒙骜，及始皇用庶公、王齮、茅焦、尉缭、桓齮、杨端和、王翦、李斯、羌瘣、昌平君、昌文君、王贲、李信、王绾、冯劫、王离、赵亥、隗林、王戊、赵婴、杨摎、蒙恬、辛胜类皆异国人也"。

3. 重点突破

秦国喜好纵横家，乃是人才引进政策的主要亮点，这些从事外交的高端人才，非常被重视。

学者马非百统计，秦国的外交使臣很多，国籍繁多，大致有：穆公时期的公孙縶（秦）、冷至、内史廖、西乞术（戎）；孝公时期的商鞅

(卫)；惠王时期的陈轸（楚）、张仪（魏）、公孙衍（魏）、苏代（东周）；武王时期的樗里疾（秦）、甘茂（楚）、向寿（楚）；昭王时期的公孙昧（秦）、司马庚（秦）、芈戎（楚）、魏冉（楚）、公孙他（秦）、公子缯、苏涓、任固、许绾（秦）、起贾（秦）、公子池（秦）、姚贾（赵）、盛桥、王稽；秦王政时期的顿弱（秦）、李斯（楚）、荆苏、蔡泽（燕）、张唐（秦）、甘罗、陈驰等。

一些著名的使节，并非都是纵横家，但是通常能言善辩、不辱使命。最著名的代表人物是魏国人张仪。他作为秦国的使节，共出使过楚、魏、赵、韩、齐、燕等六国，为秦国奔走游说，竟然拆散齐楚联盟，为秦国的孤立两国、各个击破创造了条件。

二、广揽：任人唯能

战国晚期，秦国的王宫、属地和军营中，身居要职的外国人并不罕见。这与秦国最早的地域狭小、文化发展落后有关，也得益于陆续吸引外国人才的政策和做法。

秦国朝野根本不受什么《周礼》的制约，也不大重视什么繁缛的礼节。贵族、官吏、后宫，也都比较忠诚朝廷。国君任免官吏，有着绝对的决定权，少有干扰。这在其他的诸侯国，比如家族轮流执政的楚国和赵国，名门望族严格控制朝廷的齐国，世袭无替的燕国，都是不可想象的。

（一）吕不韦

吕不韦是杰出的政治家、军事家、思想家，也是著名的豪商，杂家代表人物。他说来也是一奇人，经商倒卖，可以富得流油；玩弄权术，明显高于常人；治理国家，自有一套办法；做学问，也是不差；带兵打仗，是一把好手。当然，奇人有奇事，也有奇命。

这是战国晚期最卓越、最著名的士，能与战国初期的"天下第一士"吴起，相提并论、媲美辉映。

前290年，吕不韦生于卫国，似无贵族渊源，早年经商致富。前249年，秦庄襄王登基，41岁的吕不韦被任命为相国，封文信侯，食邑河南洛阳10万户，门客3000多人，家僮上万。秦王政即位，也只有43岁。吕不韦连续15年担任秦国丞相，时间不长也不短。

执政的时候，为人圆滑、做事刚武的吕不韦，非常重视和起用老臣宿将，调整好统治集团内部关系，以稳定国内的统治秩序。特别是非常注意发现、荐举人才，比如甘罗、尉缭、李斯等人。

吕不韦堪称一代名将。前249年，东周公国联络诸侯，谋划伐秦。庄襄王获悉，立即派吕不韦统领 10 万大军，一举攻灭了东周，迁东周公于阳人聚（今河南省临汝县西）。周朝的最后残余被铲除，"东西周皆入于秦"。东伐韩国，取成皋，建三川郡，并继续蚕食三晋，北向攻赵，取得 37 个城池，建立太原郡。秦国深深插入三晋的腹地，占有太行山以西地区，控制进出太行山的要道，为统一六国打下坚实的基础。他还成功地瓦解了韩、魏、赵、燕、楚五国两次大规模合纵攻秦。

亲政之前，秦王政极为重视和依赖吕不韦，尊吕不韦为"仲父"，对吕不韦礼敬有加。亲政后，二人意见相左。吕不韦主张儒家的仁义观念，治理国家。年轻气盛的秦王政信奉韩非子的法家思想。

前 238 年，发生嫪毐之乱。次年，吕不韦受到牵连，被罢免相位，回到自己的封地。诸侯国闻讯，纷纷派遣使者拜访和慰问，等候的车队沿街排起长龙。前 235 年，秦王政担心出现异动，遂下令吕不韦离开封地，迁移到偏远的蜀地。吕不韦愤然自杀，时年 55 岁。

1. 政商并营

孝文王、庄襄王父子二人本来是与王位无缘的。前 267 年，秦昭王的太子悼在魏国做人质的时候，不幸死去。可是，神武的昭王却不愿意挑选悼的儿子继承王位。这个念头，才让次子安国君有了机会。也许，这个当父亲的活得太久，多少顾及儿子们的漫长等待，是值得回报的。两年后，安国君被立为太子。这也印证了一句话，王权之争最早是比爹妈，然后比才能，如果前两项都差不多，就只能比寿命。可是，安国君有 20 多个儿子，正室华阳夫人最受宠爱，却没有儿子。

安国君的侧妃夏姬，生得一个名叫异人的儿子。母亲不受宠爱，排行又居中，就作为秦国的人质被派到赵国。秦赵之间，连年征战。作为人质的异人，在赵国备受歧视，车马和日常财用困窘。

卫国濮阳人（今河南省安阳市滑县）吕不韦出现了。他往来各地，以低价买进，高价卖出，积累起千万家产。到邯郸去做生意，遇到异人，称之"奇货可居"。于是，拜访异人说，秦王已经老了，安国君被立为太子。我私下听说，安国君非常宠爱华阳夫人。可是，华阳夫人没有儿子。即使是秦王死去，安国君即位为王，你也没有机会。异人说，的确是这样的呀。可是，怎么办呢？吕不韦说，我愿意拿出千金，侍奉安国君和华阳夫人，立你为太子。异人起身，叩头拜谢说，我愿意与你平分秦国的土地。

吕不韦拿出重金送给异人，改善生活、交结宾客，又拿出重金购买珍奇玩物，向西前往秦国拜见华阳夫人的弟弟阳泉君和姐姐，谈及子楚聪明贤能，结交的诸侯和宾客遍及天下。吕不韦劝说，美色侍奉，只能一时，不如选择一个过继，今后也会继续得势，受到尊宠。华阳夫人认同，和安国君刻下玉符，选定异人为继承人，聘请吕不韦当老师。华阳夫人是楚国人，为了讨得其欢心，异人改名子楚。子楚日子逐渐红火，名声也越来越大。吕不韦选取赵姬送与子楚，赵姬被立为正室。

2. 广种小麦

凡是成功的人，必是幸运的。嬴政继位之后，发生了一个奇迹，而这个奇迹导致一系列的国力逆转。先前，秦国关中地区民众的主食是黍，亦称"稷""糜子"。修建郑国渠的时候，适宜播种的新粮种被发现了，这就是来源于中东地区的小麦。

小麦的优点很多。首先，富含淀粉、蛋白质、脂肪、矿物质、钙、铁、硫胺素、核黄素、烟酸、维生素 A、维生素 C 等。其次，关中的小麦包括一年一熟、二年三熟和一年二熟等类型，远比一年一收的黍产量要高很多。再次，小麦磨成面粉后可制作面包、馒头、饼干、面条等食物；发酵后可制成啤酒、酒精、伏特加或生质燃料。此外，面粉制品制作简单、方便携带。简单地说，吃小麦的人，身材和体力明显高于吃糜子的。

执行"疲秦计"的郑国被发现，面临死罪。当时恰好是吕不韦当权，又遇到罕见的天灾，遂被免。郑国渠建成，关中地区的小麦产量多少，无从得知，只按照 4 万顷、亩产 6 石 4 斗、一石约 30 公斤推算，参照秦军打仗的后勤配置，大约能够供给 60 万人的军备需求。而秦国征战六国的时候，兵力刚好就是 60 万。这还不包括来自成都平原的水稻、小麦供应。在冷兵器时代，手中有粮，就会有兵；有兵，就能够打仗。总之，秦国征战东方的时候，将士们的粮草还是有保障的。

3. 工勒其名

庞大的军队，必须要有雄厚的物资保障。如何保证军工产品的制造和运输，的确是令人头疼的事情。

吕不韦用了一种方法，非常简单地解决了这个世界级的军工难题。就是在弓箭、器具、物品上刻下制作者的姓名。然后，监工也在上面刻下自己的姓名或者特殊记号。最后，是吕不韦刻下自己的姓名。这就是"工勒其名"。不管什么东西出了问题，拿过来一看，就能够迅速找出责任人，想跑都跑不了。该打的，就打；该杀的，就杀。

攻灭东方之前，秦国的军工技术已经实现标准化管理。比如，成千上万的箭头，都是按照同一标准、同一规格打造。这有两个好处：一个是自己人通用，拿来就能够用；另外一个，即使打了败仗，只要拿走长弓，敌人缴获箭头，使用效果也得打一个折扣。

4. 排弩列阵

弩是神奇的兵器。源于弓，但是威力更远更强。标准的秦弩，弓长130～145厘米，臂长60～75厘米，以桑木为原料，弓干使用密实的皮条缠扎，弩臂上有经过精细打磨的凹型箭道，弩臂后部装有青铜精密铸造的发射瞄准装置，具有小型化、单兵化的特点。

秦国的弩分为7种，包括臂张弩、角弓弩、木车弩、大木车弩、竹竿弩、大竹竿弩和伏远弩。其中，只有臂张和角弓是轻弩，其余皆为重弩。最初的动机，是对付北方彪悍的戎族骑兵，特别是漫山遍野的冲锋，后来也用于规模巨大的阵地战。

《新唐书》记载，按照汉制，伏远弩射程300步（450米），擎张弩射程230步（345米），角弓弩射程200步（300米），单弓弩射程160步（240米）。"车上定弩弓，以铁钩绳连挂至轴车上，车行轴自转，引弩即持满弦""绞车张之，大矢自付，一发声如雷吼"。特殊的弩，设在绞车上，弩力12石（360公斤）、7箭并发、射程1050米，"所中城垒，无不摧毁"。加之，弩手轮番射击，杀伤力巨大。敌方的许多骑兵远在300米以外，纷纷中箭倒地，哀伤不已。

弩手是国之精锐，配备精良。但是，他们只能远程射击，并没有自卫能力。战斗时，弩手身穿铠甲，专人手持长短兵器护卫。

秦国军队多配备重型步兵、长矛，或是多人协作，或直接安装在车上，多超过2米。考古发现，秦国军队的一柄重型长矛6.3米，加上矛头，完整装备下来，将近7米。不管是方阵冲锋，还是坚守抵抗，简直就是排山倒海、长矛如林。如此，他们组成一个个独立的方阵，进则摧枯拉朽，退则坚若磐石。

秦弩、重矛赋予军队强大的远程打击能力，把自己置于敌人打击范围之外，再加上机动的车骑混合编队，与本阵相配合，守则强弩压阵，攻则集中火力，侧击破敌，车骑混合编队则迂回包抄予以配合。除此，秦国还有许多奇特的攻坚武器，比如，撞门车、抛石机、点火器。

诸多兵种的协同作战，使得秦国军队成为"虎狼之师"，如虎添翼、所向披靡。到了元朝，蒙古大军远征欧洲，多借用秦国的冲锋和攻坚战术，一直打到多瑙河流域。

5. 甘罗

吕不韦执政的时候，也有攀比心理。魏国信陵君、楚国春申君、赵国平原君、齐国孟尝君，是著名的"四大公子"。他们都礼贤下士，结交宾客，名扬四海。于是，吕氏紧急扩招，门客迅速超过3000人，家僮、佣人过万。吕氏毕竟是商人出身。

甘罗，战国末期下蔡人，祖父甘茂曾担任秦国的左丞相。他从小聪明过人，生活所困，投奔吕不韦。其时，秦国企图联合燕国进攻赵国。大臣张唐借故推辞，不愿出使。12岁的甘罗自告奋勇，前去劝说。他引用战功赫赫的白起因为不服从命令攻打赵国，被撵出咸阳，被赐死在杜邮的故事，警告张唐将面对可怕的后果，吓得后者赶紧出使。

甘罗还按照吕不韦的想法，前去赵国游说，不费一兵一卒，得到河间之地。回国之后，甘罗被封为上卿，继承祖父甘茂的封地。随之，甘罗死去。原因不详。

6. 吕氏春秋

吕不韦主持、门客们编撰书籍，成书于前221年，全书12卷、160篇、20多万字，注重博采众家学说，以道家黄老思想为主，兼收儒、墨、法、兵、农、纵横和阴阳各先秦诸子百家言论。这是包揽"天地、万物、古今"的奇书，是为《吕氏春秋》。

他还请来书法名流，把全书誊抄整齐，悬挂在咸阳的城门，声称改动一字，即赏千金。人们蜂拥围观，诸侯国士闻讯赶到，一睹为快。

《汉书》将其列入杂家。其实，"杂"不是杂乱无章，而是兼收并蓄，博采众家之长，用自己的思想主导，一以贯之。它以黄老思想为中心，"兼儒墨，合名法"，提倡在君主集权下实行无为而治，顺其自然，无为而无不为，主要是缓和社会矛盾，使得百姓休养生息，恢复经济、提升国力。

《吕氏春秋》既是治国纲领，又是执政借鉴，虽非字字珠玑、尽善尽美。可惜，秦王政（始皇）弃而不用。胡适先生说，"杂家是道家的前身，道家是杂家的新名。汉以前的道家可叫做杂家，秦以后的杂家应叫做道家。研究先秦汉之间的思想史的人，不可不认清这一件重要事实"。

然而，它保存和记录许多的遗文佚事，兼顾主流与侧枝，让人们能够更加全面地认知历史的做法，也是一些的后来统治者们不想、不愿也是不能做到的。

（二）蒙骜、蒙武、蒙恬、蒙毅

这是秦国历史上少见的祖孙三代都被任用为高官的现象。外来的王氏家族（王翦、王贲、王离）和蒙氏家族（蒙骜、蒙武、蒙恬、蒙毅），都为秦国的统一做出巨大贡献。《史记》评价说，"秦始皇二十六年，尽并天下，王氏、蒙氏功为多，名施于后世"。这也从侧面证明了，只要效忠国家、追随国君，做官的风险并不大。

1. 蒙骜

蒙骜本是齐国人,秦昭王时期西入秦国,官至上卿,历仕秦昭王、秦孝文王、秦庄王、秦王政(始皇)四朝,与秦国著名统帅白起、司马错、王龁三人,皆有从属及共事的经历。

前249年,蒙骜率军攻打韩国,韩国割让成皋、巩二城。秦国设置三川郡,疆界到达魏国的都城大梁。次年,蒙骜率军攻打赵国,平定太原。又次年,蒙骜攻克魏国的高都、汲县,攻打赵国,夺取37个座城池。同年,魏国信陵君魏无忌率领燕、赵、韩、楚、魏五国联军攻打秦国,在黄河以南打败秦军,击退蒙骜。

前246年,秦王政即位,任用吕不韦为丞相,李斯为舍人,蒙骜、王龁、麃公等为将军。同年,秦国攻占赵国的晋阳。不久,晋阳反叛秦国,蒙骜率军平定叛乱。前244年,蒙骜攻打韩国,夺取13个座城池。次年,蒙骜攻取魏国的氏簝、有诡二城。又次年,秦国得知魏无忌去世,派蒙骜再次率军攻打魏国,夺取魏国的酸枣、燕、虚、长平、雍丘、山阳等20多座城池,设置为东郡。

前240年,南征北战、劳累一生的蒙骜病死。时年70多岁,也算是善终。

2. 蒙武

蒙骜的儿子蒙武也在秦国担任高官,前224年出任王翦的副将,攻打楚国,杀死新立的国君、楚将项燕。

3. 蒙恬、蒙毅

他们都是蒙武的儿子,都是秦国的柱石,也都成为秦朝权力斗争的牺牲品。

哥哥蒙恬得到秦王政(始皇帝)重用后,与王翦一起立下了许多战功,尤其在攻打齐国的时候更是大展神威,授任内史。秦朝成立后,和公子扶苏一起,率领30多万军队北上,反击匈奴、驻守边境,督建万里长城,成为权势显赫、声名远播的边疆大吏。

弟弟蒙毅很有才干,秦王政(始皇帝)经常夸奖他,任命为上卿。外出的时候,他与皇帝同乘一辆车子;在王宫的时候,则侍从左右。

(三)昌平君、昌文君

秦国和楚国有着长期的联姻关系。一说,昌平君和昌文君都是楚国的公子,在秦国担任客卿。嫪毐发乱的时候,吕不韦联合他们二人发兵平叛。

韩国灭亡之后,韩王安被迁移到咸阳,后又被迁居到秦国攻占的前楚国首都郢陈。不久,韩国贵族发动政变,被一举扫平。这时,昌平君前往郢陈,利用楚国公子的特殊身份,稳定当地的局势,安抚当地的楚国百姓。

李信率兵攻打楚国,昌平君率领郢陈附近原楚地和原韩国的军民响应,反攻秦国。李信迅速回师,一度夺回郢都,却被楚军击败。昌平君收复大片失地,趁势攻入原来的韩国境内。

秦王政惊恐,不得不起用老将王翦。最终,王翦率领 60 万人征伐楚国,重新攻占郢陈及其周边地区,长驱直入、势如破竹,俘虏楚王负刍。楚国将军项燕带领军队紧急撤退,拥立昌平君为楚王,转移淮南地区。

前 224 年,秦王政闻讯,亲自到郢陈坐镇,要求王翦、蒙武等人一举平定楚国的残余势力。昌平君、项燕战败而死。不久,远在咸阳的昌文君也死了,原因不详。

在这个方面,强势的秦王政是非常成熟,也是谙于心计的。即使,他知道臣子有异心,也只是适当放松一下缰绳,让臣子玩一会,哪怕玩得他心跳;但是,阴谋暴露了,被抓住把柄了,就毫不客气地铲除干净。如此,天下的贤能志士不但不会埋怨他,还会拥护他。

(四) 韩非

韩非 (前 280—前 233) 是韩国贵族,"喜刑名法术之学",有口吃的毛病。他和李斯都是荀子的弟子。当时,韩国积弱,常受邻国的欺凌。他多次向韩王提出富国强兵的计策,却不被采纳。于是,他写下《五蠹》《孤愤》《显学》《难言》等著作。

《孤愤》指出,有才有谋的人,一定远见并且能明察秋毫,不能明察就不能照亮私暗处的奸邪;能执法之人,一定性格坚毅并且为人刚劲正直,不刚劲正直,就不能矫正奸邪。他还在《五蠹》中论述:作为明君,应不用有关学术的文献典籍 (指《诗经》《书经》),而该以法令为教本;禁绝先王的言论,而以吏为师;不提倡游侠刺客的凶悍,而只以杀敌立功为勇敢。这样,国内民众的一切言论都必须遵循法令,一切行动都必须归于为国立功,一切勇力都必须用到从军打仗上,才能奠定称王天下的资本。他毫不客气地称学者 (儒生)、言议者 (纵横家)、带剑者 (墨家侠者与侠客)、患御者 (怕被征调作战的人)、工商买卖者是扰乱君王法治的五种人 (五蠹),严厉指出,这些人无益于耕战,就像蛀虫那样有害于社会。

秦王政读了韩非的文章,极为赞赏:"嗟乎,寡人得见此人与之游,死不恨也!"后来即以发动战争作为要挟,逼迫韩国派韩非出使秦国。

前233年，韩非出使秦国。李斯与姚贾诬陷，说韩非是韩国宗室公子，必定不会效忠秦国，既然不能为秦国所用，暂时禁锢在云阳。秦王政深以为然。不久，二人密谋，找了一个借口，派遣使者送去毒药，让韩非自杀（一说）。

等到秦王政突然想起的时候，为时已晚。他未能"得与韩非游"，然而终其一生贯彻韩非子的思想和主张，实行君主专制中央集权。甚至在统一六国之后，他全力清除世袭的奴隶主贵族，"设郡县，分而治之"，还做出"焚书坑儒"的决定。

（五）赵高

赵高本来是赵国（一说秦国）的贵族，家道中落。父亲、兄弟皆战死沙场，母亲被卖到秦国，做了低贱的奴婢，受尽屈辱。后来，他被送入秦宫，做了最低级的苦役（一说宦官）。由于在磨难中长大，他十分善于阿谀奉承、察言观色。同时，他工作非常勤奋。行事坚韧不拔，果断敢行，具有出众的行政管理能力。客观上说，他根本不是什么法家的弟子，也不知道什么法家的法，但是他似乎已经清楚，秦国的未来在哪里。于是，他开始废寝忘食地自学法家学说。

秦国的法制严格而复杂，功夫不负有心人，不久赵高对秦国的律法了如指掌、倒背如流，成为王宫赫赫有名的"活法典"，遂被秦王政发现，侍从左右。

赵高的法学造诣深厚，这还不算什么，难得的是，他的文学水平、书法水平都是一流的。他著有《爱历篇》六章，书法非常精美，堪称秦汉时期的书法大家。北魏时期的《古今文字志目》，罗列秦、汉、吴三朝的著名书法家59人，赵高赫然在列。

秦始皇晚年的时候，聘请他做了少子胡亥的指导老师，并不是没有道理的。后来，赵高被任命中车府令，还掌管国君的兵符、玉玺，传达政令，长达20多年。一说，秦王政（始皇帝）任用奇才赵高，目的是平衡权势如日中天的李斯。不管怎样，那时的赵高已与显赫的李斯相提并论，不再是那个父亲、兄弟都战死，母亲被卖为奴婢，来自赵国的贫苦孤儿了。

三、明察：有过则改

秦王政很少动情，或许与他的早期经历有关。严格来说，他是典型的工作狂，也是狂热的国家主义者，更是不折不扣的扩张狂人。然而，他算是比较冷静而理智的国君。

（一）李斯

李斯是楚国上蔡人，生于战国末年，年轻的时候做过低级的小官，掌管文书。《史记》记载，李斯看到厕所的老鼠又肮脏又干瘦，遇到人或者狗来了，赶快逃走，但是，粮仓的老鼠又大又肥，优哉游哉地嬉戏交配，人或狗来了，根本不躲避。于是，他感慨道："人之贤不肖譬如鼠矣，在所处耳！"其本义是，人的富贵与贫贱如同老鼠一样，取决于位置和环境！现代猎头也有经典名言：世界上本来没有什么垃圾，只有放错位置的黄金。

李斯果断辞去小吏，远到齐国求学，叩拜著名的思想家、文学家、政治家，儒家代表人物荀子为师，学习"帝王之术"。不久，他完成学业，来到秦国，投靠在丞相吕不韦的门下。他的文章写很好，字也非常漂亮，很快得到信任，偶尔还能够直接面见秦王政。

一次，李斯对秦王建议，凡是干成事业的人，都必须抓住时机。秦穆公时期，国力强大，却没有完成统一大业，主要是时机还不成熟。秦孝公以来，周朝彻底衰落，诸侯国之间连年混战，秦国逐渐强大起来。现在，秦国的国君贤德、民富兵强，消灭六国就像拿着扫帚，清除灶上的灰尘一样简单，千万不能错过。他还提出"先灭韩，以恐他国"的吞并次序与具体方略。于是，他得到秦王赏识，被提拔为长史。

不久，秦国采纳李斯、尉缭的建议，派遣姚贾、顿弱、王敖等人，带着金银财宝，收买、贿赂诸侯国的重臣和将领，离间六国的君臣关系，效果十分明显。随后，他晋升客卿。

前237年，韩国的"疲秦计"被识破。宗族和贵族们十分恼怒，秦王政下令，驱逐来自六国的客卿，李斯身在其中。

这时的李斯并没有唉声叹气，或是赶紧收拾行李，而是在一片混乱中，不慌不忙地写就《谏逐客书》，递交秦王政。信中说道，从前秦穆公求取贤能的人，从西方的戎挖来由余，从东方的楚国换来百里奚，从宋国迎来蹇叔，任用晋国来的丕豹、公孙支。正是倚重这些外国人，秦穆公得以兼并20多个国家，称霸西戎、威服诸侯。秦孝公重用卫国人商鞅，实行新法，移风易俗，国家富强，打败楚国、魏国，扩地千里，秦国逐渐强大起来。秦惠王采用魏国人张仪的计谋，拆散了六国的合纵抗秦，迫使各国服从秦国。秦昭王重用魏国人范雎，削弱贵戚力量，加强王权，蚕食诸侯，秦成帝业。四代英明神武的国君，都是由于善于和任用来自外国的客卿，取得骄人的功绩；如果他们下令逐客，哪里会有今天的秦国！

秦王政幡然醒悟，赶紧派遣使者，追赶李斯。到了府第，大家都在手忙脚乱地收拾行李，只有李斯拿着竹简，悠闲自在、旁若无人地读书。过了几天，他被任命廷尉，荣登九卿，执掌刑狱。这也是秦国主管司法的最高官吏。

逐客之举，其实是长期以来的宗亲制度与战国时期盛行的"重士"风尚之间不可避免的正面较量。然而，秦王政知错就改、唯才是用，体现了过人的胸怀和眼光。

攻灭六国的时候，李斯起了很大的作用。统一中国之后，他还提出"设郡县，分而治之"，倡导统一度量衡和文字，使得秦朝在政治、经济、文化领域，实现了真正的大一统。

李斯的《谏逐客书》《论督责书》《言赵高书》《狱中上书》，文笔优美、流传于世。鲁迅先生称赞，"秦之文章，李斯一人而已""然子文字，则有殊勋"。其书法更是天下一绝，"小篆入神，大篆入妙"，被誉为书法鼻祖。李斯的碑铭也是相当有名，计有《邹峄山刻石》《泰山刻石》《碣邪台刻石》《芝罘刻石》《东观刻石》《碣石刻石》《会稽刻石》等。

(二) 王翦、王贲、王离

王翦，战国时期的秦国名将，关中频阳东乡人，杰出的军事家。《史记》记载，"王翦者，频阳东乡人也。少而好兵，事秦始皇"。他是继名将白起之后，秦国不可多得的大将之才。他曾经攻破赵国都城邯郸，也曾消灭燕、赵、楚。他与儿子王贲消灭六国中的五国。史料记载，父子二人，手上沾满的鲜血，足有250万人之多。

王翦带兵，绝对有方。初次担任主帅，他就命令全体士兵们列队，然后拿着名单，点名独生子的出来；再点名，是兄弟曾经阵亡的出来；又点名，生病和弱小的出来。以上这些人全部遣返回家，10万人最后只剩下3万。副将说，哥哥，这不行的，人明显不够用呀。王翦说，够了，这3万人能够当作15万人来用。遂规定连坐、诛杀之律令。果然，士兵声如震雷、杀破敌军。

《史记》说，攻打楚国的时候，将军李信自恃少年壮勇，夸口只要20万将士便可灭楚。王翦摇头，说非60万不可。秦王认为这是怯弱，遂命李信出征。李信大败。秦王政赶紧认错，驱车来到王翦家，等待几个时辰才得见。秦王上前握手说，"寡人以不用将军计，李信果辱秦军"。王翦坚持60万出军。秦王政倾全国之兵力，交给他。

王翦带领60万大军出征，刚刚出门，就停在国都东郊的灞上，不走了。秦王政催促。他说，我打了几十年，今后打不动了，想要一些良田，供养年迈的妻子、正在成长的子孙。秦王政立即照办。过了几天，他仍然不动。秦王政派出使者询问他。他又说，打仗多年，从来没有享受过年轻美女的侍候，晚上总是很寂寞。秦王政立即照办，给他送上美女。又过了几天，还是不动。使者又来询问他。他说，我的身体不好，胳膊有问题。秦王政立即派遣王医一同随军侍候。大军始发。事后，有人不解。王翦说，整个国家的兵力都在我的手上，国君不担心吗？多要点田地、美女、良医，不过是让他知道，我只会打仗，不会谋反。众人顿时拜服。

他的儿子王贲、孙子王离，也是名将。司马迁高度评价说，秦始皇重用王翦，能够诚意"师之"，尊敬而又信任他，乃是平灭六国的军事主因。

（三）茅焦

秦王政平定嫪毐叛乱，摔死嫪毐与太后所生的两个儿子，勒令太后迁出咸阳，软禁到雍城；还下令凡是为太后求情的，格杀勿论。27名贵族和官吏，执意进谏，先后丧命。一时间，没有人再敢进谏。

富贵险中求。这时，在秦国为客卿的齐国人茅焦挺身而出，他感慨地说，儿子囚禁母亲，天下哪里有这种道理？于是，他决意冒险。

他先是上书，自报家门说，我是齐国人茅焦，是因为太后的事情来劝说大王的。这次也不知道是怎么回事，秦王政的心情比较好，派了一个使者过去，提醒他道，你难道没有见到那些因为来说太后之事还躺着的尸体吗？茅焦回答说，我听说天上有28颗星宿，如今已经有27个了，我就是要凑够28颗。我不怕死！听到使者的回报，秦王政大怒，传令召见，并让手下准备一口大锅，火苗烧得旺旺的，水也翻滚起来。

茅焦出发的时候，平时和他称朋道友的哥们，认定他必死无疑。大家几乎没有怎么商量，就瓜分他的财产，一哄而散。茅焦到达王宫，秦王政按剑端坐。

气氛十分紧张。茅焦慢慢地走进大殿。带路的使者，催促动作要快点，不要让国君等待。茅焦说，我马上就要死了，您就不能让我慢点吗？使者听了十分悲哀，掉下眼泪。他来到国君面前，不慌不忙地行过礼，然后说，我听说长寿的人不忌讳谈论人的死亡，国君不忌讳研究国家的灭亡。人的寿命，不会因为忌讳死亡而长久，一个国家不会因为忌讳亡国而保存。人的生死，国家的存亡，都是开明的君主最关注的，不知道您是否愿意听一些建议？

秦王的怒气稍稍缓解，问道，这个话怎么讲？茅焦回答说，忠臣不讲阿谀奉承的话，明君不做违背世俗的事。现在，大王有极其荒唐的作为，我如果不讲明白，就是辜负国家。秦王停顿了一会，说道，你继续说吧。茅焦上前说道，天下之所以尊敬秦国，不仅仅是因为秦国的力量强大，还因为大王是英明的君主，深得人心。现在，车裂你的仲父（吕不韦死后，尸体拖回咸阳，也被车裂），是为不仁；杀死你的两个弟弟，是为不友；将母亲软禁在外，是为不孝；杀害进献忠言的大臣，是夏桀、商纣的作为。如此的品德，如何让天下人信服呢？天下贤能的人听到，不会心向秦国。我实在是为秦国担忧，为国君您担心啊。说完之后，茅焦自己解开衣服，走出大殿，趴在地上，等待左右把他丢进大锅。

秦王政听到这里，默然不语。突然，他放下宝剑、起身，大步走下大殿，扶起茅焦，诚恳地说，先生请起，穿上衣服，我愿意听从先生的教诲。茅焦一边穿衣服，一边说道，以前来劝谏大王的都是些忠臣，希望大王厚葬他们。否则，忠臣都会因此心寒，再也不敢说真话、说实话了。您想一统天下，不能背负软禁母亲的恶名。秦王政一边帮忙整理茅焦的衣服，一边说，以前我认为这是家事，所以不愿意臣下介入。哪里知道，这其实是国事呀！我听从先生的指教！

前237年，秦王政厚葬因为劝谏而被杀死的人，亲自驾车，前往雍地把太后接回咸阳。太后极为高兴，母子设宴款待茅焦。席间，太后放下架子，亲自给茅焦倒酒、夹菜，称赞说，先生是秦国的功臣！既维护了秦国的形象，安定了秦国的民心，也使得我们母子重新相会！然后，太后又回忆当年和年幼的赵政流落邯郸，到处躲藏、到处受人欺负的往事。秦王政默默流泪、暗记于心。后来，秦军攻占邯郸，他连夜赶赴前线，大开杀戒。

茅焦回家的消息，顿时传开。估计他的那些哥们，以各种稀奇古怪的理由，归还偷走的财产和行李。因为，按照当时的秦国法律，这是重罪。过了一些时间，太后抱着长孙、太子扶苏玩耍，秦王政进来了。太后亲着扶苏的小脸，慢悠悠地说道，孩子长大了，也得找个教师了。我看呀，茅焦不错，给太子当老师，感觉挺合适的。秦王政看着一边是眼含慈爱、满头白发的母亲，一边是童心无限、憨态可掬的儿子，乐也融融、情也融融。这点小事，还是没有什么问题的。于是，茅焦被封为太傅，尊为上卿。事情到此，不能说死在茅焦前面的20多人都是傻瓜、笨蛋，只能说他们没有摸透国君的心理。

这就说明一个问题，家事和国事一旦冲突，秦王政将会毫不留情地置家事于不顾。茅焦非常清楚地认识到这一点，将看似风险极大的事情，变成脱颖而出的云梯，得以跻身上流社会。

秦王政非常勤政。《史记》记载，他日夜不息地审阅刻在竹简上的公文，经常是一天阅读和批示50多斤的竹简。遇到紧急的事情，左右可以直接进入卧房,大声叫醒他。前线战况激烈的时候,他需要翻阅的公文重达120斤。按照《本草纲目》竹简版本重达128斤、190多万字的参考,再按照当年流行的小篆体例折算,50斤竹简大约18万字,120斤就是44多万字,这是惊人的。历史上,只有明朝开国皇帝朱元璋、清朝的雍正皇帝,能够与之比肩。

四、礼贤:宽容优待

在奴隶制度下,手工业者、商人、市民处于社会底层,活动受到一些限制。当时,诸侯国纷纷变法,耕战、商业政策始得普遍推广。特别是管仲变法的时候,鼓励盐铁走私、官办娼妓、设置关卡等增加国家收入的措施,遂被效仿。

秦王政的父亲异人和母亲,与商业有着不解之缘,这是从吕不韦开始的。当时,韩国、魏国处于整个中原地区的交通枢纽地带,商业转运成为重要的财政收入,也是供应军队的重要财源。而在秦王政的时候,东方的道路并没有打通。

然而,这不妨碍早期的巴清、乌氏倮等人施展商业才能,推动军工贸易,特别是冷兵器时代下的战略物资生产、运输与储备。

(一)巴清

巴清也称巴寡妇清。她本是一位巴国富商的第6位妻(妾),丈夫死后,没有再嫁。这在两性关系开放的战国时期,比较罕见。秦国攻占巴国,设置巴郡的前后时期,清执掌家族大权。这也证明,她不仅年轻美貌,还富有胆识和手腕。

《史记》记载,"巴蜀寡妇清,其先得丹穴,而擅利数世"。这里的"丹穴",具体地点不详,应当在今四川省、重庆市及其周边地区。它盛产三样东西,都是秦王政(始皇帝)喜欢的:黄金、美玉、朱砂(丹砂)。清的家族,财力雄厚,"僮仆千人"。据说,家财之多,约合白银八亿万两,还有赤金五百八十万两等。

清作为商人,是一架重型的战斗机;作为女人,却是又一个"吕不韦"似的人物。她非常清楚,秦国的军队如狼似虎,骁勇善战。如果与秦国火并,肯定不能取胜,只能散尽家财,偏安一隅;如果与国君合作,就成为国家的柱石,性质就完全改变了,不仅能够在秦军的铁骑之下保全家族,还能够有更多的机会。为此,她与秦国上层就有了交往。具体的协议和方案,无从考证。

始皇时期,清积极地、也可能是摊派性质地,出钱修万里长城,出钱修建骊山陵，大量提供黄金、玉石、朱砂、水银等。晚年的时候，她被接进咸阳养老，封为"贞妇"。死后，秦始皇下令修筑祭台，命令"女怀清台"。

的确，清能够扬名四海，除了金钱以外，具有精准判断天下形势的政治头脑。与其说吕不韦、秦王政因为种种原因，看中了她；不如说她精明而成功地猎获了帝王之心。司马迁对此评价说："清，寡妇也，能守其业，用财自卫，不见侵犯。秦皇帝以为贞妇而客之，为筑女怀清台。清，穷乡寡妇，礼抗万乘，名显天下，岂非以富邪？"

（二）乌氏倮

秦国以北的地区水草丰美、气候宜人，向来比较发达，却长期被戎族控制。秦惠王期间，曾在乌氏戎族的主要居牧地设立乌氏县。一位名叫倮，也称乌氏倮的戎族人，非常善于经营。

其实，他也就是做倒买倒卖的生意。首先，他把自己的马、牛、羊贩卖给关中农耕地区的农民；收购丝绸、铁锅、宝石、黄金等物品，卖给草原上的牧人；再换取大量的马匹，特别是品相上好的军马，卖给四处征伐的秦国军队。如此几年，赚得大量的金钱。乌氏倮不辞艰辛，经常向居住在大山深处的戎王，进献各种奇珍异宝和精美的丝织品。戎王也乐意以价值10倍的牲畜和畜产品作为交换，并安排骑兵沿途保护。

秦王政时期，乌氏倮成为西北地区的大牧主兼大商人，也是有史记载的、宁夏历史上最早的首富，拥有马、牛、羊不计其数。始皇帝初期，秦国设置有管理牛马的机构太仆寺，颁布《厩苑律》《牛羊律》等，加速畜牧业的发展，保障军队马匹的供应。

前220年，秦始皇巡视陇西、北地郡，途经六盘山，耳闻目睹乌氏倮漫山遍野的牛、羊，以及不遗余力地输送军马的业绩，随即给予他"比封君"的待遇，等同王侯，进宫朝见、参与议事。在重农轻商的封建时代，这非常少见。其主要的原因，就是乌氏倮为秦国东征，提供了大批军马和良草，才受到格外的恩宠。

五、治军：驱虎赶豹

经历商鞅的二次变法、秦昭王中兴与扩张、韩非学说受到重视、吕不韦治军、尉缭得势等主要阶段，秦国长期实行的"军功爵位"和"什伍连坐"制度，日益成熟，趋于完善。吕不韦执政期间，有过之而无不及。秦王政（始皇帝）采用韩非的主张，更是变本加厉。

事实上，秦朝建立之前，冷酷和无情、铁腕与残暴，多体现于此。但是，或者说至少，没有扩大化，也没有全民化。

(一) 军功爵位

商鞅变法的军事改革，主要是建立"二十级军功爵位制"，目的是奖励军功、鼓励杀敌求胜。这是新兴的地主阶级为提高军队战斗力而采取的一项措施，同时也是调整当时社会关系的途径之一。

二十级军功爵位制共分二十级，最低的是一级公士，其次是二级上造，然后依次是三簪袅、四不更、五大夫、六官大夫、七公大夫、八公乘、九五大夫、十左庶长、十一右庶长、十二左更、十三中更、十四右更、十五少上造、十六大上造、十七驷车庶长、十八大庶长、十九关内侯，最高的是二十彻侯。

秦国的军队律令规定，士兵只要斩获敌人"甲士"（军官）一个首级，就可获得一级爵位（公士）、田一顷、宅一处和仆人一个。斩杀的首级越多，获得的爵位就越高，证据是敌人的人头（首级），这就是原始的猎头。如果一个士兵在战场上斩获两个敌人"甲士"首级，做因犯的父母就可以立即被释放。如果他的妻子是奴隶，也可以转为平民。杀敌五个"甲士"，可拥有五户人的仆人。打一次胜仗，小官升一级，大官升三级。

爵位高低不同，每顿吃的饭菜甚至都不一样。三级爵（簪袅）有精米一斗、酱半升、菜羹一盘。二级爵位"上造"，只能吃粗米，没有爵位的普通士兵能填饱肚子就不错了。军功爵是可以传子的。如果父亲战死疆场，他的功劳可以记在儿子头上。当爵位到五大夫的时候，衣食300户的租税；衣食600户的，可以蓄养家臣与武士。

以实物的形式向各级官吏发放的俸禄，主要是粟米（后来，小麦或者面粉），也可兑换布匹。有的时候，国君高兴了，发一些数量很少的钱币、黄金。秦国以年为单位发放俸禄，叫岁俸（年薪）。粟米的计量单位是"一石"，大约30.75千克。最低的公士，一年是50石，大约4.2千克/天。最高的彻侯，一年的标准是1000石，超过3万千克。

爵位不同，装束和发式也不同。佩剑、板冠、战袍、铠甲、花结，也有着严格的区别。级别低下的，想有和上级领导一样的发型，几乎是不可能的；反之亦然。

(二) 什伍连坐

商鞅变法的时候，制定"什伍法""连坐法"和"参夷法"。廷尉掌管刑法，御史负责监察。军队外出打仗，御史随行。刑罚种类很多，包括鞭打、肉刑、刖刑、黥刑、劓刑、宫刑等。仅仅死刑，也分得很细，包括赐死，主要是惩处高级军官；生埋，也叫坑之、活埋；车裂，把人的四肢分别绑在几辆马车上，然后撕裂；弃市，在闹市斩首，陈尸数日；腰斩，拦腰砍成两半；等等。这些刑法到秦王政的时候，一直沿用，有增无减。

1. 什伍法

什伍法最早见于韩国的申不害变法。什伍法主要用于军队。士兵五人编为一伍，登记在册，设一名"伍长"。如果一人逃亡，其他四人就要处罚。情况严重的，家属连同处罚。每十人设"什长"。如果伍长犯罪，什长一并同罪处罚。以此类推。

2. 连坐法

连坐法起源于夏朝，西周、春秋、战国时期都有，主要是牵连关系。对于犯罪的人，即使是父母、夫妻、兄弟和朋友，也不能互相包庇，而要主动检举揭发，否则受到牵连。邻里之间要互相保证，互相监视，互相揭发，否则一人有罪，五人（四邻）连坐。除此之外，还有种类繁多的亲属连坐、领伍连坐、职务连坐等。

例如，秦庄襄王之子成蟜，大约出生于前256年。他是秦王政唯一的弟弟，因封于长安，故号为长安君。前239年，成蟜、樊於期率军攻打赵国。一说，吕不韦视其是太子政的死敌，意欲除之。没有想到，全军大败。遂在屯留投降赵国，被赵悼襄王封于饶。

不久，士翦、张唐、桓齮、王贲率军攻打屯留，杀死成蟜，部下都被连坐，一律处死。10多万人的屯留百姓也跟着倒霉，被流放到边远的临洮。

又如樊於期阵前投降，逃到燕国。秦王政依照律令，诛杀全家70多人，并悬赏天下，"购将军之首金千斤，邑万家"。后来，在太子丹、荆轲等人谋划进入秦国王宫、刺杀秦王政的时候，樊於期为了报仇愤然自杀，奉上一份厚重的见面礼。

3. 参夷法

参夷法即"夷三族"，一人犯罪，父母亲、兄弟姐妹、妻子、儿女一同处决。这是战国时期最残酷的刑罚。后来，又出现更加残酷的"夷五族""夷七族""夷九族"，乃至"夷十族"。

前246年，秦王政登基的时候，只有13岁。一说，把持国政的丞相吕不韦，长期与太后（赵姬）关系暧昧。后来，吕不韦物色一个名叫嫪毐的市井无赖，送与太后淫乱，还生下两个儿子。前239年，嫪毐被封长信侯，以山阳郡（今河南焦作东南）为食邑，又以河西、太原等郡为封田。家僮数千人，门客也达千余人。

前238年，21岁的秦王政离开咸阳，前往雍城蕲年宫举行冠礼，正式亲政。这时，野心膨胀的嫪毐，拿着秦王和太后的印信，带领僮仆、门客和卫队数百人，气势汹汹地冲进王宫，企图杀死吕不韦等人。

姜还是老的辣。吕不韦、昌平君和昌文君迅速联手，率兵迎击。两军大战。嫪毐一伙哪里是对手，大败而逃。秦王政得知，旋即下令"生擒嫪毐，赐钱百万；杀死嫪毐者，赐钱五十万"。嫪毐一伙遂被一网打尽。秦王政在闹市上公开车裂嫪毐，灭其三族。至于嫪毐与太后所生的两个儿子，也就是自己同母异父的弟弟，被装进麻袋，活活摔死。卫尉竭、内史肆、佐戈竭、中大夫令齐等20多名同党，均被处以枭刑，斩下头颅，悬挂在木杆上示众。

至于嫪毐的家臣，罪责较轻的人，多处以鬼薪之刑，就是到秦国宗庙打柴挑水，服满3年的劳役。4000多家被剥夺官爵，迁徙到蜀郡，甚至是偏僻的房陵县。太后迁出咸阳，被软禁到雍城。

六、谍战：事半功倍

战国时期，竞争激烈，战争频繁。加之交通不便、信息不对称，农业收成、军事动向、国际外交、人才流动乃至君王、大臣的性格等情报，都成为各国竞相收集的对象。这提供了各种间谍生存的肥沃土壤，也使得谍战精彩上演。

各个诸侯国纷纷采取间谍战，秦国本身也是重灾区。例如，前273年，昭王时期，魏冉与白起、客卿胡阳再次攻打赵国、韩国和魏国，取得华阳大捷。齐襄王十分惧怕，安排苏秦的弟弟苏代劝说丞相魏冉。不久，后者果然退兵。再如，长平之战获胜，白起准备乘机灭掉赵国。韩国和赵国惊恐万分，派遣苏代带着重金，前往贿赂丞相范雎。于是，范雎出面，说服秦昭王，允许韩国割垣雍，赵国割6座城池求和。秦昭王应允。白起闻知，与范雎结下仇怨。又如，韩国的"疲秦计"，也是经典案例。

秦国间谍的活动对象，主要是指身在六国、能够收买和贿赂的王室成员、贵族、高级官吏、消息灵通人士、社会活动者、重要人物的门客等。特级的间谍，当然是六国的王室、贵族和重臣，比如齐国的宰相后胜、赵国的相国郭开，这种人简直就是极品级的内奸；高级一些的，能够跟从国君和重臣左右的，能够参加国务会议的，甚至还有发言权和决策建议权的；中级的间谍，能够左右逢源、穿针引线，善于造谣、寻机滋事，比如，晋鄙的门客被重金收买之后，四处散布谣言，统领联军的信陵君遂被撤换；最为低级的，或者打听农业收成，或者描绘交通地图，或者刺探军事情报，或者干脆就是杀手……

在诸侯国之中，秦国的间谍作战，是最优秀也是最成功的。一个主要的原因，就是实施国家赏金、国家贿赂和国家供养制度。秦国的内部有人专门指导和负责对外间谍活动，包括制定政策、确立原则、选派人员、赏赐奖励、追杀叛徒、安抚家属等。简单地说，就是以国家的力量，进行投资和投入，形成比较完备的管理制度。这是无比巨大的软性进攻。间谍一旦被选中，就会被绝对信任，完全放开手脚。事情办好了，高官厚禄、予以重赏；事情办砸了，身死他国，只要忠诚守密，给予荣誉，供养遗属、子女；对于变节人员，一律从重处罚，动辄车裂、夷三族等，公之于众，以儆效尤。

至于工作思路和方法，秦国的间谍也是花样百出。简单地说，当诸侯国的国君和重臣们还没有犯错误的时候，支持、怂恿和鼓励他们犯错误；已经犯错误的，让其错误的程度更深，使得其错误的代价更大，在错误的道路走得更远。这些常见的错误包括但不限于：日夜淫乱、诛杀忠臣、驱赶良将、沉迷游乐、搜刮钱财、滥杀无辜等。总之，不管什么方法和手段，只要把国家、朝廷、军队搞得乱七八糟，民心失散、民不聊生……尽快或者早点完蛋就是了。

（一）尉缭

尉缭，魏国大梁人，高祖、祖父、父亲都曾经担任魏国的国尉，兵家代表人物，著有《尉缭子》。

前237年，尉缭来到秦国。名将蒙恬、王贲、李信遇到他，当场都惊呆了，如同看见军事学的神。蒙恬亲自牵马，请他到自己的府中，央请尉缭继续著书，遭到回绝。尉缭多次整理行李，要求离开，也被苦苦央求。秦王政闻讯，多次派遣使者召见，尉缭不肯。廷尉李斯揣测心思，遂授予国尉之职，尉缭同意入宫。据此推测，《尉缭子》应当是在他进入秦国的时候，就已经成书。

秦王政与之交谈，遂被折服。尉缭建议，以国家的力量出资贿赂诸侯国的重臣和将领们，利用他们之间相互猜疑的心理，迅速瓦解诸侯国的合纵策略，打乱诸侯国的战略进攻部署。他指出，国君所花掉的不过30多万的金银财物，却能够扫平东方。秦王政十分认同，并安排他在自己的身边，衣服、吃住的规格与国君一样。

这奠定了秦国的"谍战"制度。那个时候，间谍们的福利待遇极其丰厚，大致包括：负责间谍工作的最高长官是秦王政本人，情报直接特快传达，不需要中间人；政治级别最高可达到右丞相，仅次于左丞相；工资极高，排场也不错，香车美女、迎来送往；只要办成事，可以大把大把地花钱，不用问送了谁，送了多少，从来也不要收条；一旦被外国活捉，只要打死也不说，国家负责赡养父母和子女，过年过节的时候，还能够到王宫蹭饭，领受丰厚的奖赏；等等。总之，就是要让间谍们死心塌地为国家效力。

尉缭擅长相面。他曾经对人说，"秦王为人，蜂准、长目、挚鸟膺、豺声，少恩而虎狼心，居约易出人下，得志亦轻食人。……诚使秦王得志于天下，天下皆为虏矣。不可与久游"。这给后人描述了秦王政的身体形态。那么，他究竟长什么样？尉缭说，又高又直的鼻梁，眼眶很小而细长，身体干瘪得能够看见肋骨，声音嘶哑而低沉。这种人通常是不讲什么感情的，城府很深。不如别人的时候，能够低三下四；一旦得志，就会目中无人。然而，他的志向是获得天下。在他的眼里，所有的人不过只是他的猎物。这样的人，做朋友都是十分危险的，何况他还是堂堂的一国之君呢！

于是，尉缭找了一个机会，逃跑了。秦王政发觉，立即派人快马加鞭，连夜把他请了回来；待之依然如故，官阶也了提升，更加受到重视。个中的原因，是尉缭的战略和决策，特别是军事思想，符合秦国强国、强军的主流趋向。而且，秦国的一大群将领们，对他也是推崇备至。毕竟，他是当时为数不多，甚至是首屈一指的军事思想家和理论家。

《尉缭子》受到历代兵家推崇。北宋时期，颁行《武经七书》，即有《孙子兵法》《吴子兵法》《六韬》《司马法》《三略》《尉缭子》《李卫公问对》，乃是中国古代军事著作的精华。

尉缭提出的"国贼""什伍连坐法"和"战诛之法"，主要在于军队统领与管理效能。其中，《重刑令》规定，率领千人以上的军官，战败、投降、临阵逃脱的，视其为"国贼"，不但"身戮家残"，还要削除户籍、挖掉祖坟、尸体要示众，家属要变卖做奴隶。如此，"内畏重刑，则外轻敌"。《伍制令》规定，率领10人以上的下级军官，一直到左、右将，上下级相互担保，遇到违犯军令的，揭发者免罪，如果知情不报就要一并治罪。《束伍令》的"束伍之令"和"战诛之法"，规定士兵的兵制、军官战死的递补顺序、上级军官诛杀下级的权利等。"令如斧钺，制如干将，士卒不用命者，未之有也。"非兵不用，用之肃然。

《尉缭子》重刑治军、以法治军的思想，与商鞅的刑赏思想相比，更加尖锐，更加直接。无论是战略战术，还是行军布阵，乃至约束管制，等等，远远超出春秋时期。一方面，取消旧贵族享有的厚赏轻罚的特权，体现新兴地主阶级的进取精神，打通下层士兵晋升上流社会的渠道。另一方面，中下阶层的将士们浩浩荡荡、奋勇直前，好战、喜战、嗜战，全然成为永不停息的国家机器，加剧了平民百姓的战争承受力，增大了争夺天下的残酷性，也波及许多无辜的生命。

最为严重的是，奴隶社会尚存的一点贵族风度、君子心性，荡然全无，这与秦国重视法家、排斥儒家息息相关。如此，在残酷的兼并和征伐过程中，什么出奇的战略，什么诡异的战术，不再是新鲜事了。军事思想只注重结果，只关注效果，与春秋时期的孙子相比，走得更远、走得更偏。

（二）姚贾

姚贾是魏国人，其父是看管城门的监门卒，地位低下。年轻的时候，估计是因为偷盗，他被魏国通缉，逃到赵国；后来好不容易做到中层级别的官吏，又因为犯事，被赵国驱逐出境；于是来到秦国，慢慢地也做到一定级别的官吏。

秦王政上台的时候，韩国、魏两国连续承受秦国的打击，军事实力显然不如以前。齐国的宰相后胜及其门客，经常收受秦国使者的黄金，怂恿国君一不维修城池，二不救援诸侯。楚国、燕国、赵国、魏国眼看情况不妙，准备联合起来对付秦国。

消息灵通的秦王政十分震惊，命令大臣们商议。这时，姚贾站了出来，自愿出使四国，搅乱联盟。秦王政十分高兴，准备100多辆豪车，1000多斤黄金，甚至还把自己的衣服、宝剑赏赐姚贾。想象一下，站在豪车上面的姚贾，穿着国君的衣服，带着国君的佩剑，多么神气活现、风光十足。

等到姚贾把钱花光了，四国联盟也不见了。秦王大喜，封赏姚贾，拜为上卿。《史记》记载，有人上书，指责姚贾行为不端、假公济私。秦王政立即召见，质问姚贾。后者申辩说，用金银财宝贿赂四个国家的丞相、将领和国君的左右，都是在为国家做事。如果是自己交朋友，怎么能够破坏先前的联盟？我有这么多的钱，早就溜之大吉，也不必回来见您。同时，他对自己的贫贱出身也不隐讳，列举姜太公、管仲、百里奚等名相，说明出身低贱、名声不好，并不妨碍自己发挥才能，效忠明智的君主。秦王政点头认可，表示不再追究。

（三）顿弱

秦王政的用人原则，就是不怎么计较礼节，也不计较个人恩怨，更不怕携款外逃。只要符合国家利益，就敢于任用，也非常信任高端人才。

顿弱的史料很少。据说，平定嫪毐叛乱之后，秦王政准备召见顿弱。面对使者，顿弱说，我不会行参拜之礼。如果可以，我就去；如果不行，不必见面。这极其无礼，甚至是挑衅。

但是，秦王政同意了。二人见面。顿弱说，世界上有三种人，一种是有其实而无其名，商人就是这样，不用劳作，却有万贯家产。一种无其实而有其名，农夫就是这样，日夜劳作，非常辛苦，却只能粗茶淡饭。还有一种，无其名又无其实者，就是国君您呀！您表面上拥有良将豪车，却没有孝顺的名声，把母亲放逐到千里之外，也没有孝顺的事实。听到这里，秦王政勃然大怒。

顿弱好像没有看到秦王政的发怒，继续说，秦国以东的诸侯国，都不能掩盖您的威严；不能善待母亲，人们无法尊重您。这是不对的呀。秦王政已经有言在先，谁要提及软禁母亲的事情，就要杀头。但是，毕竟是自己主动召见顿弱，就转移话题，问如何攻打东方。

于是，顿弱让国君拿来地图，比划着说，韩国地处战略要道，是争夺天下的咽喉；魏国四通八达，是争夺天下的软腹。如果您能够拿黄金万斤，让我出门游说，我就能够让韩国、魏国退出与其他国家的结盟，与秦国结交。这样的话，就能够争夺天下了！这其实和尉缭、李斯的建议一致。

秦王政把手一摆，摇头说道，你的想法很好！可是，秦国很穷，拿不出这么多钱呀。顿弱继续说，天下就是两件事。一个是诸侯们联合起来，攻打秦国，这是"合纵"；一是秦国与诸侯结交，各个击破，这是"连横"。合纵成功，楚国统一天下，您的钱多钱少，都归楚国的国君所有。连横成功，您就是天下的帝王，天下的百姓都要供养您！家产富足够的诸侯们，就是您面前的一碟小菜，想吃就吃，不想吃就扔掉。到了那个时候，他们的性命都难以保全，哪里还有心思积攒财产呢！

听到这儿，秦王政点头，于是拿出一大堆黄金，让顿弱游说去了。至于顿弱如何贿赂、说服、打动诸侯国的宰相、大臣和将领们，实在无从考证。他到了韩国、魏国，结交将相们；又游走燕国和赵国，设计陷害赵国的名将李牧。

李牧自杀的消息传开，正在前线、焦头烂额的秦国将领们，一扫颓势、欢呼雀跃。战场解决不了的问题，间谍居然解决了。齐国也派遣使者到秦国，重申保持战略结盟关系。这些，都是顿弱的功劳。

由于尉缭的思想与指挥，姚贾、顿弱间谍行动的实效，他们得到军界高级将领和士兵们广泛拥护,也是自然而然的了。

七、罚恶:不妄诛能

与驾驭军事将领不同的是,秦王政(始皇帝)对待国家重臣,特别是中高层官吏,显现了难得的耐心和忍让。当然,这也是有一个共同的、永远不会谈判、也永远不会让步的重要前提,那就是不能作乱,不能谋反,更不能叛国。这从他执政的时期,车裂嫪毐、流放吕不韦、赐死高渐离、处置诸侯国君和权贵,能够清晰地体现出来。

(一)吕不韦、嫪毐

前237年,嫪毐之扰平定,秦王政罢免丞相吕不韦,将其遣出京城、迁至封地。

次年,秦王政得知,诸侯国的宾客使者络绎不绝前往吕不韦的封地问候,深感不安。于是,他写信给吕不韦说,你对秦国有什么功劳,封在河南,食邑10万户?你和秦王有什么血缘关系,而号称仲父?你与家属们都迁到蜀地去住吧!吕不韦拒绝迁蜀,服毒自杀。

吕不韦死后,对于他的旧部,以及参加葬礼的宾客,秦王政分而治之:对于出身六国的门客,无论是否参加葬礼,一律驱逐出境;对于参加葬礼、俸禄在600石以上的秦国官员,剥夺其爵位,流放至房陵(今湖北房县);对于俸禄在500石以下的秦国官员,若未参与葬礼,同样流放至房陵,却保留爵位。个中之秘,实难判定。

不久,秦王政又让流放到蜀地的嫪毐门客、流放到房陵的吕不韦门客,分批回到咸阳。同时下诏警告说,如果胆敢仿效吕不韦、嫪毐,就会剥夺官职,家人充公为奴。

成蟜、樊於期、嫪毐属于叛国、叛乱性质,处罚很重。而对于吕不韦,秦王政还是网开一面、严加训斥,只是赐死(一说逼死)。至于他的部下、门客们,虽然处罚面较广,却也留有余地。

(二)高渐离

慷慨悲歌燕赵市,买花载酒吴越间。燕国人高渐离,容颜俊美、气质忧郁,擅长击筑,与荆轲结交。

荆轲行刺失败后,秦国通缉太子丹和荆轲的门客。高渐离更名改姓给人家当酒保,隐藏起来。后来,很多人听到击筑的声音,赞赏不已。于是,他被主人发现,尊为上宾。宾客们慕名而来,都是听得十分动情,经常流泪而去。

秦王政（始皇帝）闻讯，诏令高渐离进宫。左右迅速指认，这是刺客荆轲的知己好友高渐离，不能任用呀。可是，始皇怜惜他的才华，赦免了其死罪。左右眼见于此，只好建议，弄瞎高渐离的眼睛，做一点防范措施。秦王政同意了。十分难得的是，他吩咐侍从不要用利器刺瞎，而是用点燃的松枝升起的青烟，慢慢地熏瞎他的眼睛，还安排专人服侍和引路，衣食也是规格比较高的。

高渐离进宫击筑，来客皆悦。他的身份和地位逐渐提高，座位离秦始皇越来越近。一天，他借口维修，暗中留下几个铅块，塞进筑，带进宫。等到大家拍手叫好的时候，他猛然把筑拿起来，循着声音，重重地砸向秦始皇，却没有击中。始皇帝不得不决断，下令优杀高渐离。也就是说，方法自选、全尸入葬。这是国君权力的极限。此后，始皇帝受到惊吓，身边再也不敢用六国的故人，直至死去。

(三) 六国贵族

秦国对付诸侯国的国君、贵族们的政策，也在不断调整。早期的时候，多采取笼络政策。比如，太后与义渠国国王长期淫乱，算是外交手段。又如，夺取蜀国之后，只是派遣大臣前往，与先前的国君共同治理，并没有触动既得利益集团。对于一些很小的国家，比如巴国，则是把国君弄到咸阳扣留，直接派遣官吏治理。这也造成很多的麻烦，外派的大臣勾结先前的国君和贵族们，乘着秦国到处打仗、兵力空虚的时候，发动叛乱。

到了战国后期，特别是秦王政的时候，处置诸侯国的国君、贵族、高级官吏们，已经很有经验，也比较成熟了。总体来说，就是"圈禁国君、整治贵族、酌用官吏"原则。所有的国君都在被俘后迁离故地，安置到边远地区，任其自然消亡；然而，一旦发动和参与叛乱，则是格杀勿论，甚至诛族。贵族阶层属于被打击和整治的对象，一部分随国君迁离，一部分暂时保留身份或降为奴仆，一部分放任自流。至于中高层官吏，只要不是作恶多端的，都予以留任。即使如此，实际操作的时候，也还是区别对待的。

韩国是最早灭亡的。由于秦国军队从东周、西周公国的交界地带突然远袭，韩王安稍作抵抗，就投降了，遂被迁离，一度还在咸阳住宿，衣食待遇还不错。王室、贵族们被流放到下邑。这是秦王政做给诸侯们看的，类似于样板工程。前226年，韩国旧贵族在故都新郑，发动武装叛乱。秦国随即出兵平定。韩王安涉嫌其中，旋即被杀，彻底根除隐患。

赵国是第二个灭亡的。当年，王翦大破赵军，杀死大将赵葱，颜聚逃跑，俘虏赵王迁。公子嘉奔代称王，已是名存实亡。秦国在赵地设邯郸郡。不久，大将王贲扫灭燕、赵残余势力，俘获代王嘉，流放到今四川广元南一带。由于赵国激烈抵抗，亡国后的赵国贵族已经所剩无几，多被降为奴仆。

魏国是第三个灭亡的。为了攻破坚固大梁城，秦王政放黄河水淹城。3个月后，魏王假装投降，旋即被发觉、处死。贵族们遭到灭顶之灾。当时，一个魏国公子还没有找到，秦王政下令，"得公子者，赐金千斤；匿者，罪至十族"。遂斩杀干净。

楚国是第四个灭亡的。秦王政平定楚国之后，俘虏楚王负刍。后来，他借口弑君之罪，将负刍废为庶人。大姓家族都被迁徙到陇西。

燕国是第五个灭亡的。前226年，王翦率军攻破燕都蓟城，燕王喜及太子丹率公室卫军逃辽东。大将李信带兵乘胜追击，消灭燕军主力。燕王杀太子丹向秦求和，秦国没有同意，暂停进攻。前223年，秦王政灭楚、魏之后，派王贲率军进攻辽东，俘获燕王喜。

齐国是最后一个灭亡的。王贲绕开重兵把守的齐国西部要塞，从燕国南下、直捣国都，没有遇到多少抵抗。齐王建投降之后，全家迁移到太行山下，福利是没有的，待遇也很差。不久，齐王建饿死山林，家属失散。长期为秦国服务的宰相后胜，秦王政找了一个很不起眼的借口，当众把他诛杀了。其他的王室、贵族们，死的死，逃的逃。

秦国平定天下，六国贵族失去经济基础和政治依靠。一些人委曲求全，或投靠朝廷，或隐藏山林，得以善终。另外一些人潜心学术，成就也还不错。比如，研究《诗》的浮丘伯、申公、穆生、白生，研究《易》的田何，研究《礼》的高唐生，研究《春秋》的公羊，等等。还有一些残余贵族及其子孙，转入地下活动，伺机复燃。比如，韩国宰相张平之子张良，楚国名将项燕之子项梁、之孙项羽，等等。

章炳麟对"千古第一帝"秦始皇的用人政策和态度，给予很高的评价。他说道，世人都认为始皇帝威严、刻薄，却不知道始皇帝惩治和处死官吏，非常谨慎，从不妄杀。在这个方面，汉武帝与之相比，始皇帝是高山，他只能算是水潭；即使与知人善任的汉文帝相比，始皇帝仍然要胜出一等。

正是如此，人们很有必要回顾秦王政（始皇帝）这张人生成绩单：

前259年，政出生。因在赵地，也称赵政。前250年，秦庄襄王即位。东躲西藏、流落民间8年多的赵政母子，被送回秦国。前247年，庄襄王莫名死去，13岁的秦王政得以上位，尊称吕不韦为仲父。前238年，

21岁的秦王政完成加冠礼，亲理朝政，平定嫪毐之乱，放逐吕不韦。

前230年，韩国降将腾率秦军灭韩国，俘韩王安，韩亡，置颍川郡。那年，秦王政29岁。前228年，秦军王翦率军攻入赵国国都邯郸，赵王迁投降，置邯郸郡、钜鹿郡、太原郡。前227年，燕太子丹派荆轲刺杀秦王，未遂。王翦领兵攻燕。次年，攻破燕都蓟，燕王喜退守辽东，杀太子丹以求和。

前225年，王贲率领10万大军攻打魏国，包围魏都大梁，引黄河鸿沟水灌大梁。3个月后，大梁城破，魏亡。王翦率领60万大军攻打楚国，屯兵练武，坚壁不战，以逸待劳。次年，又渡过淮水，围攻楚国都城寿春，楚将项燕自杀。又次年，楚军撤军。王翦追击，消灭楚军主力，占领楚都寿春，俘虏楚王负刍。昌平君被立为新的国君。王翦又率军渡过长江，平定了江南，置会稽郡。楚亡。

前222年，王贲打下辽东，俘燕王喜；接着又打下代城，俘赵代王嘉。燕、赵彻底灭亡，置雁门郡。

前221年，王贲率领大军南下，攻打最后的诸侯国——齐国。齐王建不战而降，遂亡。38岁的秦王政一统天下，自称"始皇帝"。

六国毕，四海一。

后　　记

　　2017年，恰好是现代猎头的百年纪念。这次，我同时出版《中国猎头史（先秦）》《现代猎头》《日本猎头史》等著作，真是如释重负、感慨万千。

　　1999年哲学硕士毕业之后，我转向全球猎头的理论和实践研究，相继成为中国猎头领域的第一个博士、博士后；2005年，出版《猎头VS反猎头》；2010年，出版《政府猎头》；2017年春，初定8册、160多万字的《中国猎头史》书稿完成。屈指一算，12个春秋，已然走过。

　　统稿之际，赵行易、余文莉、何满亮、赵挺、李粤霞、邹忻彤、唐婧、曾楚君、秦毅敏、蓝媛、梁丽莹、黄予敏、卓焕婷、林烨诸位同学，担当了搜集、整理和校对工作。在此，一并致谢。

　　中国猎头的史学研究，头绪很多、难度很大。然而，浸润其中，愈挫愈奋。本来希望能够在更沉稳、更扎实、更精确的时候，推出一家之说，但转念人生苦短，就此抛砖引玉。

　　我们将以前所未有的勇气和自信，面对纷繁复杂、日新月异的世界；中国正在进入全新的时代，我们身在其中，为之奋斗。

宋斌
2017年5月